行进在

哲学与生活之间

哲学生活

郝清杰 著

在哲学与生活之间徘徊，
是思想者的生活常态。
崇高的理想如何面对纷繁复杂的现实？
琐碎的现实如何得到升华？
愿这本小书能为在理想与现实之间求索的行者提供一条小路。

人民出版社

目录

Contents

1

在哲学与生活之间徘徊
（代序）

在哲学与生活之间徘徊，是思想者的一种生活常态。哲学扎根于生活，又超越着生活，承载着思想者的崇高追求。然而，一旦我们从理论殿堂走向现实生活，现实生活的纷繁复杂就会扑面而来。一旦我们从哲学天国沉降到世俗人间，高雅的理论就会受到世俗社会的无情挑战。一旦我们把飞扬的思想拉回到客观实际，崇高境界的美妙就会受到冷酷现实的强烈冲击。但越是被世俗生活困扰，我们对哲学理论的追问就越迫切。哲学与生活的这种纠缠纷扰，是理论工作者面临的现实境遇，也成为我们探求哲学真谛的不竭源泉与强大动力。

如果从初中开始读《实践论》、《矛盾论》算起，我学习马克思主义哲学已经二十余年了。在这二十余年间，特别是参加工作的十多年里，如何达到理想与现实的统一、实现在哲学与生活之间的"自由行走"，始终是我苦思冥想的现实问题。可以说，自己的成长历程，也是学习和实践马克思主义哲学的过程，是追求崇高理想与挑战现实生活的过程。也正是在这样一种生活实践中，我越来越深刻理解了哲学与生活的密切联系。

在这种生活实践中，随着生活经验的积累和理论学习的不断深入，我对哲学理论与生活实践关系的认识越来越深刻，沟通理想与现实的道路在心目中越来越明晰。二十余年的理论学习，使我在学习马克思主义哲学的基础上，比较系统地把握了马克思主义的基本理论，窥探到了它的思想精髓，领略了它的伟大力量。可以说，它已经深深地融入我的思想血液之中，贯穿到日常学习生活工作之中。十余年的工作经历，充满着酸甜苦辣、生活的磨炼、工作的考验。我的个人身份也由学生到教师，由教师到科研人员，由科研人员到服务管理与科学研究"双肩挑"。经历的这些转变，使我有更多机会面对社会，面对人生，体验过学生时代指点江山、激扬文字的狂妄，体验过教师教学的艰辛与快乐，体验着科学研究的苦闷与清雅，体验着服务管理的繁杂与困倦。特别是在从事服务管理工作的时间里，我扮演着科研、服务、管理等多重角色，感受更为深刻，思想上充满了困惑：面临着服务管理工作的考验，担负着科学研究的责任，承受着来自社会、单位、家庭等各个方面的压力；取得了一点点成绩，也经历了从未有过的挑战；素质和能力得到了不断提高，但锐气和精力也被磨去了不少；心胸开阔了，但原则性减弱了，灵活性提高了，也增添了一些庸俗；千头万绪的日常生活无法超脱，高雅清幽的哲学思考也难以割舍。当然，无论在何种情况下，我都没有放弃过马克思主义哲学的学习，没有忘记对崇高境界的追求，没有停止积极的理论思考。正是在这种现实生活的奋斗中，在哲学理论的探索中，我孕育产生了不少思考心得，探索着由世俗走向崇高的现实道路，由理想走向现实的有效途径，由哲学走向生活的科学方法。

回顾自己走过的历程，感受最为深刻的是，马克思主义哲学给了我提升思想认识的武器，把握时代脉搏的法宝，平衡理想与现实的支点，激发人生动力的不竭源泉。《行进在哲学与生活之间》，就是我学习研究马克思主义哲学的产物，是从事实际工作的经验总结。对于从事理论研究的学者来说，它显得浅薄了些；对于从事实际工作的朋友来讲，又显得深奥了些。如何把握好深入与浅出的"度"，一直是写作过程中面临的两难选择。这种两难选择，恰恰也是理想与现实的又一种表现形式，是学习研究马克思主义哲学的一种现实挑战。

说小一点儿，《行进在哲学与生活之间》是我向关心、帮助、支持自己的各位老师、领导、同学、朋友交出的一份答卷，做出的一个汇报。说大一点儿，它还是展示自己研究心得，以期获得学界同仁批判的载体；是实际工作者开展理论思考的经验交流；是引导即将或刚刚从事实际工作的同学们适应社会、做好工作、获得发展的启蒙读本。说严格一点儿，它以马克思主义哲学为核心，涉及西方学术和中国传统文化；以哲学研究为基础，延伸到伦理学、经济学、政治学等学科。它的每一篇章，都不是无病呻吟，而是多年来学习研究的心得，近一半内容已经公开发表，表征了自己的心路历程；都不是故弄玄虚，而是有着较强的现实针对性，是对当前理论界或大众普遍关心的热点问题的一种回应；都不是闭门造车，而是置身于我国哲学社会科学发展的大潮之中，对现实生活中重大问题的思考与追问。

今后，我仍将行进在哲学与生活之间，希望会有越来越多的思想者同行。

郝清杰

2010 年 8 月于北京

导　论

改革开放以来，以什么样的"主义"引领社会主义现代化建设事业，一直是受到普遍关注的热点问题；以什么样的"主义"指导我们的日常生活，一直是人民群众关注的焦点问题；以什么样的"主义"指导理论研究和文化发展，一直是理论界关注的难点问题。哲学与生活、主义与问题，成为人们共同关注的重大话题。

20世纪80年代以来，各种西方思潮纷至沓来，人道主义、个人主义、自由主义、功利主义等都曾盛行一时，躲避崇高、崇尚世俗、张扬个性、追求自我价值，成为社会的一种时尚。马克思主义面临着诸多方面的挑战，学习研究马克思主义似乎"不合时宜"，以马克思主义指导和引领实践似乎"已经过时"。选择什么的"主义"指导建设、引领实践，是理论工作者面临的重大挑战。进入21世纪以来，随着中国特色社会主义建设取得伟大成就，马克思主义的科学性得到了进一步印证，哲学社会科学出现了繁荣发展的新局面。正是在这种大的时代背景下，中央开始实施马克思主义理论研究和建设工程，作为指导思想的马克思主义迎来了令人欣喜的"春天"。特别是党的十七大报告提出，要巩固马克思主义指导地位，坚持不懈地用马克思主义中国化最新成果武装全党、教育人民，推动当代中国马克思主义大众化。这是时代对马克思主义理论工作者提出的一项重大历史任务，也是理论工作者应当担负起的一项神圣使命。

时代的需要可以产生巨大的推动力量。在马克思主义的"春天"里，实现马克思主义哲学与现实生活之间的沟通，是理论工作者宣传普及马克思主义的重要责任。理论来自于社会实践，又是社会实践的升华，是实际工作的指导思想和准则。理论只有掌握群众，才能转化为强大的物质力量。所以，深入学习理论，是对人民群众社会实践的尊重；自觉运用理论，是顺利开展具体工作的重要保证。但是，理论往往是抽象的，实际工作却多是具体的，要具体问题具体分析、具体解决。因此，要真正把工作做好，既需要较高的政策水平，又需要较强的灵活机动能力，需要把理论与实践真正结合起来，这就要求理论的普及，要求把握理论与实践辩证统一的"度"。如何把握好这个度，既需要对理论的深刻认识，又需要对实际情况的全面了解。把握好这个度，也就具备了理论与实践相结合的基本素质和能力。

实现马克思主义哲学与现实生活之间的沟通，是实际工作者渴望获得科学理论指导的强烈愿望。随着工作经验的积累和人生阅历的增加，很多人越来越感觉到，要把实际工作做好，要想在思想认识和工作能力上有大的提高，必须学习研究哲学，特别是马克思主义哲学，这是一种强烈的内在要求。在高校学习期间，每个人的学习是分专业的，但人生是不分专业的。在现实社会生活中，每个人遇到的大多数问题，仅仅依靠专业知识是不能够解决的。现实生活要求的是综合素质和多方面能力，专业以外的知识对一个人的影响可能会更多、更大。从专业角度讲，没有一个广博的知识背景，学术研究很难取得大的突破；从实际工作角度讲，很多任务不但需要有深入的专业研究，还需要有宽厚的知识基础。任何社会现实问题的解决、理论思潮的批判，都不是某一个学科领域所能独立完成的，都需要不同学科的共同努力。但是，当代学科领域越分越细，人们的学术视野越来越狭隘，实现跨学科研究就显得越来越难能可贵。而事实表明，这种跨越式的、全景式的研究，常常是解决现实和理论问题的有效途径。实际上，专业学习研究达到了一定的高度，也就会与其他专业相通，达到触类旁通的效果。实现这种专业与全能的沟通，哲学理论是最有效的桥梁。

实现马克思主义哲学与现实生活之间的沟通，是一个人增强素质能力并不断前进的内在要求。我们学习的知识可以分为两大类，一类是工具性知识，如数理化等，只要你有一定智商，经过努力，这些知识都可以掌握。另一类是素质性知识，如哲学，相比之下比较难以掌握，因为它不但需要智商，还需要有道德人品的支撑，需要身体力行。哲学很高雅，但也很普通，只要有生活就会有哲学。哲学，特别是马克思主义哲学，面对的是当代人类的生存与发展问题，与实际生活和工作密切联系，是生活的逻辑。因此，马克思主义哲学不是教条，而是社会实践自身的逻辑，是开放的，与现实生活息息相通。从这个意义上，学习研究马克思主义哲学，就是要把它与自己的人生紧密结合起来，要用自己的社会实践来体验它、验证它。也正是在这一过程中，马克思主义哲学才能真正转化为内在的素质，才能促进一个人拥有开阔的理论视野，保持积极的生活态度，培养锐敏的洞察力，形成辩证的思维能力，获得无穷的精神力量，塑造健全的人品人格。拥有了这些优秀品质，也就拥有了沟通理论与现实的内在素质，获得了不断前进的强大理论武器。

实现马克思主义哲学与现实生活之间的沟通，是马克思主义本身不断丰富发展的根本途径。马克思主义哲学不是抽象的理论演绎，而是要揭示人类社会发展的客观规律，进而改变世界；它的出发点和落脚点不是在学者的头脑里，也不是在学校的讲台上，而是在改造现实世界的社会实践中。理论认识虽然是抽象的，但它只要具有真理性，就可以指导我们认识和改造社会现实，并在认识和改造世界中更加丰富和完善。列宁、毛泽东等正是在从事革命的实践中，把握了马克思主义的真谛，并根据革命实践的新需要和新经验进行理论创新，丰富和发展了马克思主义。从这个意义上讲，马克思主义的丰富和发展，不是对经典著作进行一字一句的机械解读，也不是用西方的一些"新思想"、"新理论"来重新诠释马克思主义，而是要在指导人民群众的生产生活实践中，在回答当代世界的重大理论和现实问题过程中，在与日常工作和生活的紧密结合中，实现创新与发展。

当前，在马克思主义哲学研究领域，每个月都有数百篇学术论文在报纸杂志上发表，每年都有上百部研究专著出版。在这种表面繁荣的现象之背后，存在着一个很多人都认识到，但又都不愿意真正面对的现实困境：不少学术研究越来越专业化，理论视野越来越狭隘，研究成果逐步脱离现实生活，既不能满足人民群众对理论的需求，也不能对社会发展产生应有的影响。不可否认，也有一些学者在对社会现实进行多角度的分析和批判的基础上，试图设计出解决问题、改造现实的理想方案。但是，现实特别是经济事实，却全然不顾这些思想，依然沿着自己固有的轨迹发展。这种鲜明的对比，难道不是思想理论界的悲哀！

如何解决哲学与生活、理论与现实的这一尖锐矛盾，实现理论创新与指导实践的真正统一，是当前学术界面临的重大而紧迫任务。艾思奇曾生动形象地揭示哲学与生活之间的关系："我们说在日常生活里，随时随地都可以找到哲学的踪迹；我们又说，千万人在生活中和社会斗争中所发生的思想里面，到处包含着哲学思想的根苗。这些话，有着两方面的意思：一方面是说，哲学这东西并没有什么神秘玄妙，它和我们的日常生活联系得很密切，书本上似乎很高深的哲学，和日常生活中我们的某些很平常的思想中间，并没有隔着铜墙铁壁。另一方面是说，日常生活的普通思想中，还不一定就有系统完整的哲学思想，它包含着哲学思想的一些根苗，没有它，就不能生长起哲学思想，就好像没有根苗就不可能生长起树木来一样。但是，完整的哲学思想必须是相当有系统的、明确的思想；日常生活中的思想却常常不是这样，它常常是片断的、含糊的、零零碎碎而前后不一贯的感想，因此它和完整的哲学还是多少有些差别的。"[①] 这给我们以深刻的启示，作为马克思主义研究的新生力量，我们在学习研究马克思主义经典著作的同时，始终不能忘记哲学与生活的紧密联系，不能忘记对社会现实问题的追问，不能忘记理论联系实际的优良学风。虽然，纯粹的理论探讨是枯燥无味的，正如登山探险，克服身心劳顿，拾级而上的过程是艰辛的，但这又是攀登高峰必经的阶段。经过努力跋涉到达顶峰，眼界就会豁然开朗，无限风光尽收眼底；经过艰辛的理论探讨，观察社会现象就会独具慧眼，解决现实问题就会获得强大的理论支持，就会真正体会到科学真理对社会生活深远而有效的指导和影响！

[①] 艾思奇：《大众哲学》，人民出版社 2009 年版，第 3 页。

第一章
大道成就伟业

　　从一定意义上讲，社会现实是由日常生活的琐碎小事构成的，崇高理想则体现为头脑中的宏伟大道。理想与现实的对立，在现实生活中就表现为宏伟大道与小事、杂事、难事的纠缠。小事虽细，做好也能见水平；杂事虽烦，做好亦能验人品；难事虽艰，做好方能鉴能力。无数的小事、杂事、难事，积累成为大事。大事虽繁，做好就能展宏图。马克思主义是我们改造客观世界和主观世界的强大理论武器，是社会主义意识形态的旗帜和灵魂，是当代中国的"大道"，也是做实做好小事、杂事、难事，成就大事的科学指导。可见，遵循大道做好小事，坚定理想激发动力，开阔胸怀提升境界，才能成就大器，建设伟大事业。

第一节 | 循大道做小事

在现实生活中，我们面临的事情成千上万，但遵循的道理常常是稳固不变的。在实际工作中，遵循大道做好小事，做好小事以弘扬大道，是社会建设的迫切需要和个人成长的客观要求。

一

大事看才，小事看德，小事常常是检验一个人世界观、人生观、价值观的"试金石"。现实生活表明，一个人的人品道德、内在素质和工作能力，与其学历层次、年龄大小、职务高低固然会有一定的关联，但与做小事所表现出来的本性却有着更为直接和内在的、必然的联系。在现实生活中，学历、年龄、职务、职称与人品、素质、能力并不一定成正比。在有些情况下，在有些人身上，两者恰恰成反比！可见，小事虽小，但做得如何，说轻了是思想认识，说重了是人品道德；说小了能反映一个人某个方面的工作能力，说大了能体现一个人的综合素质。

具体来说，小事能够反映一个人的思想认识，即反映一个人是否具有强烈的爱岗敬业精神，是否具有大局意识，能否超越个人利益思考和处理问题。小事能够反映一个人的人品道德。有的人，讲大道理时滔滔不绝，一旦面临蝇头小利就与他人面红耳赤、锱铢必较。这样的人，口才越美妙、大道理讲得越崇高，个人品质就表现得越渺小！小事能够反映一个人的综合素质和工作能力。做好一件有意义的小事（有时也可能关系着大局的成败）并不容易，并不是简单的体力劳动和技巧所能决定的，需要有对小事的正确认识，有高尚的人品道德，有一定的工作经验，有处理各类事情的语言表达、文字表述、组织协调等多方面的能力。小事能做好的人，也就有了做好大事的基础；连小事都做不好的人，大事很难成功。因为所谓的大事，常常是由许许多多的小事积累而成的。

对于大多数人来讲，日常工作中大部分时间和精力面对和处理的都是小事，而小事可谓是形形色色，人们处理小事的方式方法也是千差万别，充满了偶然性。但是，路遥知马力，日久见人心，透过一件件偶然的小事，却能够反映一个人观察和分析问题的思维方式和价值取向，体现他研究和处理问题的综合素质和行为模式，即展示其思想与行为逻辑的必然性。偶然性是变动不居的，但蕴涵在偶然性背后的必然性，即一个人思想言行所遵循的基本原则却是相对稳定的。这种必然性上升到理论，就是一个人的世界观、人生观、价值观，但它不是与生俱来的，而是在长期社会实践中，即在思考和处理问题过程中形成的。这种必然性的理论化形态，即历史上形成并在社会中发挥重大作用的思想学说体系，如儒家学说、佛教思想、个人主义、自由主义等，有可能成为人们的世界观、人生观、价值观。

实践证明，有什么样的世界观、人生观、价值观，就会有什么样的生活方式和理想追求，解决问题就会有什么样的行为逻辑。由此可见，只有以科学理论为指导，才能把小事做实做好。马克思主义哲学科学揭示了人类社会发展的客观规律，是社会主义革命和建设实践证明了的科学真理，是人们思想言行应该遵循的最基本原则，是科学的世界观、人生观、价值观。"两弹一星"功勋钱学森曾提出："应用马克思主义哲学指导我们的工作，这在我国是得天独厚的。从我个人的经历中，我的确深有体会：马克思主义哲学确实是一件宝贝，是一件锐利的武器。我们在搞科学研究时（当然包括交叉学科），如若丢弃这件宝贝不用，实在是太傻瓜了！"① 搞自然科学研究的科学家尚且如此重视马克思主义，对于从事实际工作或者理论研究的人来讲，难道不是更应该树立马克思主义世界观、人生观、价值观，学好、用好马克思主义哲学吗？一个人真正选择了这一科学信仰，解决好了世界观、人生观、价值观问题，即自觉遵循"大道"，就能够在纷

---

① 《钱学森同志言论选编》，《光明日报》2009 年 12 月 1 日。

繁复杂的社会实践中辨别是非曲直，抵制各种诱惑，从小事里看出大局，在小事中得到锤炼，磨砺品德修养，提高综合素质，培育科学的思维方式和行为模式，在日常工作中做实做好小事。

二

在人的一生中，做小事是成长过程不可逾越的阶段。小事虽然因为比较琐碎而容易被人轻视或忽略，但它能磨炼素质、提高能力，在关键时刻甚至能够决定一个人的人生走向，决定大局的成败。可见，小事虽小，但小中有大。所以，做小事要树立"小中见大"的意识，把小事放在大局中，深入思索，精心筹划；要强化"小中有大"的观念，在做小事中增强循大道的自觉性；要发扬"小中求大"的精神，做好小事以磨炼办大事的素质和能力。海不择细流，故能成其大；山不拒细壤，方能就其高。做好了日常工作中每一件有意义的小事，日积月累，综合素质和工作能力就会实现质的升华，由做小事到办大事的飞跃也就具备了现实可能性。从这个意义上讲，勿以恶小而为之，勿以善小而不为，应该成为我们从事实际工作中自觉遵循的一个重要原则。

正是在这个意义上，邓小平总结中国革命的成功经验指出："战士替居民挑水，官长替士兵盖被子，在火线上开'诸葛亮会'，保护俘虏的健康和自尊心，不搜俘虏的腰包，这些看起来都是小事，但是，一系列的伟大胜利，正是同这些小事分不开的。"① 由此可见，从一点一滴的小事做起，是革命事业取得成功的重要原因，"我们的事业总是要求精雕细刻，没有一样事情不是一点一滴的成绩积累起来的。难道我们的事业就是几个发明创造的人搞出来的？他们有他们的功绩，他们的功绩比一般人来说要大，一个人甚至要起很多人的作用。但是，归根到底，事情总是所有的人一点一滴地搞成的，这是最根本的。"②

---

① 《邓小平文选》第 1 卷，人民出版社 1994 年版，第 219—210 页。
② 同上书，第 287 页。

当然，实现由做小事到办大事的飞跃，还需要在科学理论的指导下，深入总结做小事的经验教训，探索做好事情的基本规律，不断提升认识水平和实践能力。李瑞环同志总结长期的工作经验指出："人们要提高自己认识世界和改造世界的能力，就必须学习哲学。哲学是'明白学'，许多事情只有学了哲学才能真正明白；哲学是'智慧学'，学了哲学可以使人变得聪明，脑子活、眼睛亮、办法多。不学哲学，天赋再好也不能算明白人。不懂哲学的领导者就不可能是一个清醒的领导。我接触过若干个很不错的同志，工作很努力，天赋也很好，就是在这点上不肯下功夫，工作上常常干糊涂事、吃糊涂亏、占糊涂便宜。"① 马克思主义汲取了人类的优秀文化成果，是指导人们改造客观世界和主观世界的强大理论武器。同时，它又具有最强烈的实践性，内在地要求与社会实践紧密结合起来，转化为观察和分析问题的综合素质，转化为研究和解决实际问题的工作能力。办大事需要大智慧，如果一个人能够自觉坚持和运用马克思主义这一科学理论，也就获得了由做小事向办大事飞跃的大智慧，即获得了办好大事的"法宝"。

三

在当代中国，办好中国特色社会主义建设这件"大事"，必须遵循马克思主义大道，这是推进经济、政治、文化和社会等方面协调发展的内在要求。

遵循马克思主义大道，是驾驭社会主义市场经济的内在要求。经过艰苦探索，我们找到了一条把社会主义与市场经济有机结合起来的建设道路，运用马克思主义解决了前进道路上遇到的种种困难和问题，经济建设取得了举世瞩目的伟大成就。当前，我国已经进入了人均国内生产总值从1000 美元向3000 美元跨越的关键时期，既面临"黄金发展期"，又面临"矛盾凸显期"。在这一关键时期，要求我们自觉运用马克思主义，全面把

---

① 李瑞环：《学哲学，用哲学》上卷，中国人民大学出版社 2005 年版，第 2 页。

握世界经济和科学发展的新趋势，深入分析我国改革开放的新形势，积极探索社会主义市场经济运行的基本特点和主要规律，适时提出和有效贯彻正确的方针政策，推动经济持续、快速、协调、健康发展。

遵循马克思主义大道，是完善社会主义民主政治的内在要求。经过长期探索，我国社会主义民主政治建设取得了可喜的成绩，人民群众的民主法制意识不断增强，政治参与的积极性不断提高，同时人民群众对发展社会主义民主政治提出了新要求，民主政治建设也出现了不少新情况、新问题，例如，如何更好地实现坚持党的领导、人民当家作主和依法治国的有机统一，如何最广泛、最充分地调动一切积极因素、不断为中华民族的伟大复兴增添新力量。发展和完善社会主义民主政治，解决政治体制改革中面临的新问题，不是要放弃马克思主义的指导，不是要脱离社会主义道路，而是要坚定不移地走中国共产党和中国人民自己选择的政治发展道路，坚持四项基本原则。唯有如此，才能深入研究人民群众对民主政治建设的新要求，努力探索解决政府自身改革的新思路，积极稳妥地推进政治体制改革，发挥社会主义政治制度的特点和优势，巩固和发展民主团结、生动活泼、安定和谐的政治局面，不断推进我国民主政治建设。

遵循马克思主义大道，是发展社会主义精神文明的内在要求。一个民族，只有物质和精神都富有，才能成为一个有强大生命力和凝聚力的民族。当前，我国精神文明建设呈现很多新情况，主流意识形态不断发展，各种思想观念相互交织、相互影响、相互激荡，人们受各种思想观念影响的渠道明显增多、程度明显加深，人们思想活动的独立性、选择性、多变性、差异性明显增强。在部分群众中间，不同程度地存在政治信仰迷惘、理想信念模糊、价值取向扭曲、诚信意识淡薄、社会责任感缺乏、艰苦奋斗精神淡化、团结协作观念较差等问题。要解决这些问题，要求我们不断提高运用马克思主义解决实际问题的能力，在各种思想观念相互激荡中不断巩固马克思主义的指导地位，在人民群众思想活动复杂多变中积极发挥先进文化的引导作用，在各种理论学说相互交织中大力弘扬伟大的民族精神和时代精神，激励人民奋勇前进。

遵循马克思主义大道，是构建社会主义和谐社会的内在要求。社会和谐是中国特色社会主义的本质属性，是国家富强、民族振兴、人民幸福的重要保证。目前，我国社会总体上是和谐的，但也存在不少影响社会和谐的矛盾和问题，城乡、区域、经济社会发展很不平衡，人口资源环境压力加大，就业、社会保障、收入分配、教育、医疗、住房、安全生产、社会治安等方面关系群众切身利益的问题比较突出。构建社会主义和谐社会是一个不断化解社会矛盾、解决社会问题的持续过程，要求我们自觉运用马克思主义，统筹协调各方面利益关系，妥善处理社会矛盾，形成科学有效的利益协调机制、诉求表达机制、矛盾调处机制、权益保障机制，把改善人民生活作为正确处理改革发展稳定关系的结合点，正确把握最广大人民的根本利益、现阶段群众的共同利益和不同群体的特殊利益的关系，统筹兼顾各方面群众的关系。

遵循马克思主义大道，是应对复杂国际局势和处理国际事务的内在要求。世纪之交，随着苏联的解体，两大阵营对立的世界格局发生了根本性变化，美国作为唯一的超级大国虽然存在，但力量相对衰落，各种政治力量迅速分化组合，多极化的世界格局处于不断变化之中。中国作为多极世界的重要力量，要在新的世界格局中发挥应有的作用，不但需要一个稳定和谐的国内环境，而且需要一个良好的国际环境和周边环境。面对政治力量多极化、经济组织多样化、思想文化多元化趋势加速发展的形势，要求我们自觉运用马克思主义，努力提高科学判断国际形势和进行战略思维的水平，科学把握世界的深刻变化，主动顺应维护和平、促进发展的时代潮流，正确应对世界多极化、经济全球化和科技进步的发展趋势，在复杂多变的国际形势中维护国家的根本利益。

遵循大道做好日常工作中每一件有意义的小事，都是坚持和运用马克思主义哲学的生动范例，都能体现科学理论的伟大力量。如果千百万马克思主义的信仰者能够在日常工作中自觉遵循"大道"，不断增强综合素质和工作能力，努力做好工作中的小事，那么，就能积蓄办大事的能量。如果千百万人都能在办大事的过程中自觉践行马克思主义，那么，就能全面展示马克思主义的科学精神，高扬马克思主义旗帜，积极发挥马克思主义的引导作用，为中国特色社会主义建设提供强大的精神动力和智力支持。

第二节 理想激发动力

领悟做小事的重要性，增强循大道的自觉性，就是要在做小事的过程中，把马克思主义转化为坚定的理想信念，用崇高的理想信念指导现实的生活实践。

一

实践证明，崇高的理想、坚定的信念，历来是推动党和人民事业前进的力量源泉。一个人，有了坚定的理想信念，就有了立身之本，站得就高，眼界就宽，心胸就开阔，就能自觉为党和人民的事业而奋斗。一个民族，有了坚定的理想信念，就能够凝聚人心，强基固本，有效整合社会各方利益诉求。一个国家，有了坚定的理想信念，就能在全社会形成共同意志，实现政治稳定、人民团结、社会和谐。

近代以来，在社会主义革命、建设和改革时期，无数中国共产党人，对共产主义理想坚贞不渝，对社会主义信仰矢志不移，为党和人民的事业鞠躬尽瘁，始终保持共产党员先进性，战胜艰难险阻，克服重重困难，取得了中国革命的伟大胜利，社会主义建设的巨大成就，改革开放的辉煌业绩。这充分表明，坚定的理想信念是一个人成长发展的指路明灯，是一项事业不断走向胜利的不竭动力。邓小平指出："对马克思主义的信仰，是中国革命胜利的一种精神动力。"① 同样，在中国特色社会主义建设进程中，对马克思主义的坚定信仰，仍然是强大的精神动力和信念支柱。

新世纪新阶段，改革开放和社会主义市场经济不断发展，各种思想文

---

① 《邓小平文选》第3卷，人民出版社1993年版，第63页。

化相互激荡，人们思想活动的独立性、选择性、多变性、差异性明显增强，西方敌对势力千方百计用它们的意识形态和生活方式来腐蚀我国人民，特别是青少年。在这种情况下，有的人在矛盾面前畏缩不前，在困难面前悲观失望，在诱惑面前不能洁身自好，甚至腐化堕落，其根本原因就是背弃理想信念，思想蜕化变质。大量事实说明，理想信念是思想和行动的"总开关"、"总闸门"。一个人只要有了崇高的理想、坚持的信念，那么，在现实生活中就会什么样艰难困苦都能够忍受，什么样恶劣环境都能够适应。相反，淡化了崇高理想信念，一个人的思想就会落后于时代；动摇了崇高理想信念，党员的行为就会失去先进性；背弃了崇高理想信念，干部的政治生命就会终止。可见，理想的滑坡是最致命的滑坡，信念的动摇是最危险的动摇。坚定崇高的理想信念，是应对各种挑战、激发人民斗志、保持现代化建设社会主义方向的内在要求和根本保证。

二

崇高理想信念是一个思想认识问题，更是一个实践问题。树立崇高的理想信念，既需要加强理论学习，也需要在实践中加以磨砺和巩固。

加强理论学习，就是要用马克思主义的科学理论武装头脑，认识人类社会发展的客观规律，保持清醒头脑，辨明前进方向，确保任何时候都在理想信念上不犹豫、不含糊、不动摇。也就是说要通过理论学习掌握大道理，从人类社会发展规律的高度来认识和把握当今世界的发展变化，既客观看待当代资本主义经济、科技发展的现实，又深刻认识资本主义社会的基本矛盾及其历史趋势；既正确看待社会主义发展过程中出现的曲折反复，又充分认识社会主义的强大生命力和巨大优越性；既要把理想信念更牢固地建立在科学分析的理性基础之上，又要自觉抵制各种错误思潮和腐朽思想的影响和侵蚀，永葆理论的先进性和思想的纯洁性；既要掌握大道理，又要做好小事情，在实际工作中实践大道理。还要广泛学习法律、科学、文化、社会、历史等方面的知识，学习现代化建设所需要的一切知识，用人类创造的优秀文明成果充实武装自己，掌握建设中国特色社会主义的本领，始终走在时代前列。

树立崇高理想信念的过程，实际上是一个实践、认识、再实践、再认识，循环往复，不断提高的过程。社会实践孕育理想信念，是检验理想科学性的唯一标准，也是判断信念坚定性的根本依据。崇高的理想信念本质上是科学真理，能够指导人们的社会实践。只有在实践中树立崇高的理想信念，才能保持思想的先进性，把理想转化为行动，把信念转化为力量，努力改造客观世界和主观世界，在中国特色社会主义建设事业中发挥先锋模范作用。只有通过社会实践，牢固树立正确的世界观、人生观和价值观，才能不断增强素质，努力提高本领，任何情况下都能迎接挑战、百折不挠、战胜困难。任何理想信念都是具体的、历史的，是不断发展的，崇高的理想信念也必然随着实践的发展而丰富。当代世界和中国正发生着深刻变化，树立崇高理想信念的经济基础、体制环境和社会条件也发生了深刻变化。只有在建设中国特色社会主义事业的伟大实践中，崇高理想信念的内涵才能得到丰富和发展，才能反映时代的要求，成为人们的最高价值追求。

三

在当代，西方社会的众多思潮在中国这个大舞台上一个接一个粉墨登场，具有强大的诱惑力，成为一些人的世界观、人生观和价值观。在这种形势下，邓小平告诫我们："一定要经常教育我们的人民，尤其是我们的青年，要有理想。为什么我们过去能在非常困难的情况下奋斗出来，战胜千难万险使革命胜利呢？就是因为我们有理想。有马克思主义信念，有共产主义信念。我们干的是社会主义事业，最终目的是实现共产主义。这一点，我希望宣传方面任何时候都不要忽略。"① 因此，加强宣传教育，树立崇高理想信念并始终不渝地去实现它，是时代的要求，是事业的要求。建设中国特色社会主义是一项伟大的事业，也是共产党员实现崇高理想信念

---

① 《邓小平文选》第3卷，人民出版社1993年版，第110页。

的根本途径。当前，应该着力从以下三个方面坚持崇高理想信念。

一是在坚持党的根本宗旨，始终不渝地践行立党为公、执政为民的过程中，实现崇高理想信念。全心全意为人民服务是我们党的根本宗旨。能不能坚持这个根本宗旨，是衡量一名党员有没有崇高理想信念的根本标尺。毛泽东指出："事情有大道理，有小道理，一切小道理都归大道理管着。国人应从大道理上好生想一想，才好把自己的想法和做法安顿在恰当的位置。"① 因此，实现崇高理想信念，要求党员树立和实践正确的群众观，始终牢记群众利益无小事，时刻把群众的安危冷暖挂在心上，为群众诚心诚意办实事，尽心竭力解难事，坚持不懈做好事；要求党员树立和实践正确的权力观，倾听群众呼声，反映群众意愿，集中群众智慧，为人民掌好权，为人民谋利益；要求党员树立实践科学发展观，按照客观规律和科学规律来谋划发展，一切从实际出发，求真务实，埋头苦干，促进经济发展和社会进步。

二是在坚持"两个务必"，永葆共产党人政治本色的过程中，坚定崇高理想信念。谦虚谨慎、艰苦奋斗，是我们党的优良传统和作风，是马克思主义政党的政治本色，是共产党员保持先进性的内在要求。坚持崇高理想信念，就要牢记我国的基本国情和我们党的庄严使命，树立为党和人民长期艰苦奋斗的思想，保持旺盛的革命意志和坚韧的革命品格；就要保持昂扬向上的精神状态，戒骄戒躁、不断进取，勇于开拓、善于创新，扎实做好各项工作；就要牢记党和人民的重托和肩负历史责任，自觉加强党性锻炼，坚持高尚的精神追求，培育高尚的道德情操，养成良好的生活作风，自觉防腐倡廉、拒腐防变，永远保持共产党人的蓬勃朝气、昂扬锐气、浩然正气。

三是在坚持勤奋工作，兢兢业业创造一流工作业绩中，坚定崇高理想信念。党和人民的事业是由无数具体工作推动的，实现崇高理想信念离不开千百万共产党人的不懈努力。每一名党员都是党和人民事业中的螺丝钉，作用不可低估。共产党员应该自觉地把自己的理想同党和人民的事业

---

① 《毛泽东选集》第 2 卷，人民出版社 1991 年版，第 348 页。

紧密联系起来，把自己的信念同国家发展和民族振兴紧密联系起来，爱岗敬业，勤奋工作，在平凡的岗位上做出不平凡的贡献，在改革发展稳定的各项工作中发挥先锋模范作用，带领群众推动经济发展和社会进步，努力创造出无愧于时代、无愧于历史、无愧于人民的一流工作业绩。

第三节　胸怀提升境界

胸怀是一种修养和境界，是个人品德修养、文化素质等的集中体现和自然流露，是对待世界万物的气量和风度，体现在工作和生活的方方面面，是做好小事的重要前提，是提升人生境界、成就大器的重要标准。

一

在五千年的历史发展中，中华民族形成了宽容大度、胸襟广阔的民族性格。《周易》中"君子以厚德载物"的至理，《论语》中"君子坦荡荡，小人长戚戚"的名言，都充分展示了中华民族的这一文化传统。宽容大度、胸怀坦荡成为君子的重要内涵，是成就大器的重要条件。

中国共产党以马克思主义为科学理论指导，继承了中华民族的优秀文化传统，担负着民族独立和国家富强的历史重任，是具有伟大胸怀与气魄的无产阶级政党。革命和建设实践充分证明，宽广的胸怀是一个人最具魅力的品质，是凝聚队伍的重要前提，是成就事业的内在要求。事实说明，胸怀推动事业，有多大的胸怀才可能干多大的事业。只有具备了宽广胸怀，一个人才会有做大事的胆识，成大业的抱负，其事业追求和生命境界才能不断提升。宽广的心胸、乐观的品格，是共产党人遇险不惊、临危不乱、战胜困难、闯出逆境必备的重要品质。同样，一个单位是否具有强大的战斗力，关键是看主要领导成员是否具有宽广的胸怀，领导班子是否团结；一个社会是否繁荣和谐，关键是看执政党是否具有宽广的胸怀，具有较高的领导水平和较强的执政能力。

当前，我国经济体制深刻变革，社会结构深刻变动，利益格局深刻调整，思想观念深刻变化，我们党要在世界形势深刻变化的历史进程中始终走在时代前列，在应对国内外各种风险和考验的历史进程中始终成为全国人民的主心骨，在建设中国特色社会主义的历史进程中始终成为坚强的领导核心，必须胸怀宽广，把人民群众的根本利益放在第一位，始终坚持全心全意为人民服务的根本宗旨，切实把立党为公、执政为民的要求深入落实到各项工作中去，不断增强领导水平和执政能力。

共产党员具有的宽广胸怀，就能够在人民群众中间树立良好的形象，产生巨大的感召力和广泛的社会效应，促进和谐文明社会环境的形成。党员领导干部心胸开阔，大事讲原则，小事讲风格，就能够培养一个相互信任、相互理解、相互支持的领导集体，形成民主、融洽的工作氛围。党员特别是党员领导干部的这种示范和引导作用，能给予人民群众良好的心理影响，产生强大的吸引力，使广大人民群众感到亲近、温暖、友好，切实有效地密切党群关系、干群关系，凝聚人民群众的伟大力量，推进各方面事业的发展。

二

一个人，特别是共产党员胸怀宽广，首先是指要胸怀大志，即树立崇高的共产主义理想信念。实践证明，崇高的理想信念，一致的思想行动，是我们化解矛盾，解决问题，战胜困难，争取胜利的成功经验，是我们党的事业兴旺发达的力量源泉和政治优势。

其次是指要胸怀全局，只有从全局的高度和长远利益出发，才能眼界宽广、思路开阔，真正做到为谋长远而谋好一时，为谋全局而谋好一域。毛泽东指出："共产党员必须懂得以局部需要服从全局需要这一个道理。如果某项意见在局部的情形看来是可行的，而在全局的情形看来是不可行的，就应以局部服从全局。反之也是一样，在局部的情形看来是不可行的，而在全局的情形看来是可行的，也应以局部服从全局。这就是照顾全局的观点。"① 有了这种胸怀全局的意识，那么，我们在实际工作中就会把小事放到全局中处理，从而提升小事的意义和作用，就不会局限于小是小非，认识上就会有新突破，工作上就会有新思路，就会实现战略上藐视与战术上重视的辩证统一。

再次是指要胸怀人民群众，即牢固树立全心全意为人民服务的根本宗旨。"我们共产党人区别于其他任何政党的又一个显著的标志，就是和最广大的人民群众取得最密切的联系。全心全意地为人民服务，一刻也不脱离群众；一切从人民的利益出发，而不是从个人或小集团的利益出发；向人民负责和向党的领导机关负责的一致性；这些就是我们的出发点。"② 所以，我们应该坚持权为民所用、情为民所系、利为民所谋，把"立党为公、执政为民"的根本要求切实落实到党和国家制定和实施方针政策的工作中去，落实到各级领导干部的思想和行动中去，落实到关心群众生产生活的工作中去。

当然，胸怀宽广并不是无原则的宽容，决不能宽容那些违背或损害人民群众利益的行为，决不能宽容那些为了个人或小团体利益而损害大局利益的行为，决不能宽容那些假崇高理想之名而谋个人名利的行为。

做到胸怀大志、胸怀大局、胸怀人民，那么，我们就能够克服重重困难、超脱种种局限。毛泽东语重心长地教导我们："以中国最广大人民的最大利益为出发点的中国共产党人，相信自己的事业是完全合乎正义的，不惜牺牲自己个人的一切，随时准备拿出自己的生命去殉我们的事业，难道还有什么不适合人民需要的思想、观点、意见、办法，舍不得丢掉吗？难道我们还欢迎任何政治的灰尘、政治的微生物来玷污我们的清洁的面貌和侵蚀我们的健全的身体吗？无数革命先烈为了人民的利益牺牲了他们的生命，使我们每个活着的人想起他们就心里难过，难道我们还有什么个人利益不能牺牲，还有什么错误不能抛弃吗？"③

---

① 《毛泽东选集》第2卷，人民出版社1991年版，第525页。
② 《毛泽东选集》第3卷，人民出版社1991年版，第1094—1095页。
③ 同上书，第1096—1097页。

三

宽广的胸怀，不是天生的品格，而是后天造就的，是一个不断学习、不断实践、潜移默化的过程。

培养宽广的胸怀，必须不断加强理论学习，特别是马克思主义基本理论的学习，积极投身火热的社会实践，自觉加强世界观、人生观、价值观的改造，提高自身的文化修养和各方面的素质能力。具体来讲，就是要加强理想信念教育，牢固树立远大理想和坚定信念，牢记党的宗旨，凡事从党和人民的利益出发，而不是为自己的功名利禄着想；就是要充分利用时间，尽可能地掌握哲学、历史、政治、经济、法律等方面的知识；就是要继承弘扬中华民族的传统美德，科学借鉴世界各民族的优秀品质，学习德国人的理论思维能力和严谨科学精神、英国人的归纳演绎能力和勇于探索的精神、美国人的综合创新能力和海纳百川的精神，等等；继承发扬党的优良作风，培养正心、诚意、修身、齐家、治国、平天下的优异品格。总之，要在工作中学习，在学习中工作，努力拓展自己的理论视野，训练自己的思维能力，开阔自己的心胸。

社会实践是检验真理的唯一标准，也是验证胸怀是否宽广的"试金石"。在丰富多彩的社会中，特别是在逆境、挫折、失意中，最能检验一个人的胸怀是否宽广。邓小平能够"三落三起"，关键就是他具有宽阔的无产阶级胸怀和高尚的共产主义道德品质。实际上，在复杂险恶的革命战争年代，特别是革命早期，毛泽东又何尝不是"几落几起"？何尝不是在艰苦卓绝的革命生涯中，磨砺了宽广的胸怀，大度的气质？纵观中共党史，朱德、周恩来、刘少奇等老一辈革命家，哪一个人生不是经历了太多的跌宕起伏?! 正是因为毛泽东等老一辈革命家具备这种宽广的胸怀，才能够把千百万革命志士团结起来，带领全国人民取得伟大的胜利。在新的伟大征程中，我们必将面临许多新情况、新问题，同样需要培养宽广的胸怀，遇到急事不急躁，遇到大事不糊涂，遇到难事不紧张，遇到好事不动情。

辉煌事业要求胸怀宽广，胸怀宽广能够成就辉煌事业。中国特色社会主义是代表了全国人民根本利益、反映了各族群众共同追求的辉煌事业，是史无前例的伟大事业，没有现成的经验可循，必然会面临这样或那样的矛盾和问题。人民群众是历史的创造者，是辉煌事业的建设者，是真正的英雄。解决这些矛盾和问题，必须紧密依靠人民群众，充分发挥广大人民群众的积极性、主动性、创造性。这就要求广大党员干部要具备宽广的胸怀，坚持走群众路线，"我们应该走到群众中间去，向群众学习，把他们的经验综合起来，成为更好的有条理的道理和办法，然后再告诉群众（宣传），并号召群众实行起来，解决群众的问题，使群众得到解放和幸福。"①唯有如此，我们才能团结和领导最广大的人民群众，激发人民群众的积极性、主动性、创造性，产生巨大的推动力，成就中国特色社会主义辉煌事业。

总之，在实际工作中，理解了做小事的重要性，增强了循大道的自觉性，树立了崇高的理想信念，培养了宽广的胸怀，也就具备了成就大器的基本条件。当然，成大器，并不一定能也不一定要做大事、当大官、挣大钱，但一定可以在平凡的工作岗位上，自觉遵循马克思主义大道，充分发挥聪明才智，为中国特色社会主义伟大事业贡献力量。

---

① 《毛泽东选集》第 3 卷，人民出版社 1991 年版，第 933 页。

第二章
实践激活经典

　　理解了做小事需循大道、循大道才能成大器创伟业的道理，也就会产生学习研究大道，即马克思主义的强烈要求。学习研究马克思主义，就是要实现马克思主义的返本与开新，既深入研读马克思主义经典著作，掌握这一科学的理论武器，又努力把理论学习与实际工作紧密结合起来，用丰富多彩的社会实践激发经典著作的内在活力，实现科学理论的内化。学习研究与理论内化的过程，也是提升现实生活品质的过程，是实现理论与实践相结合的过程。

第一节　科学解读经典

如何真正实现马克思主义哲学的返本与开新，是理论界面临的一个紧迫问题，也是实现由理论到实践必须解决的一个现实问题，是达到学以致用、学用相长的重要基础。

一

当前，对马克思主义经典著作进行文本解读成为一个热点。但是，这种返本研究是一把双刃剑，它既可以拓展马克思主义哲学研究的视野和领域，促进马克思主义哲学的发展和创新；又可能引导学者陷入抽象的理论困惑，走向纯粹的语言之争，囿于解释学的陷阱而不能自拔，进而遮蔽马克思主义的本质特征，偏离马克思主义哲学创新的正确道路。

对马克思主义哲学的返本研究，当然要返回到马克思、恩格斯等革命导师的经典著作，要进行文本解读。但是，任何脱离现实的抽象文本解读，都要依据相应的解读模式，都会产生一种理论困境，即出现有一千个读者就会有一千个哈姆雷特的现象：用存在主义解读经典著作，就会得出一个存在主义的马克思主义；用黑格尔哲学分析经典著作，就会得出一个披着马克思主义外衣的黑格尔主义；用精神分析学说研究经典著作，得出的只能是精神分析学派的马克思主义。这种现象，是用所谓"现代"、"时髦"的理论学说来重新解读经典著作，从而实现马克思主义向"纯学术"的回归，在推崇"纯学术"的同时，贬低和否定社会实践中发生并运用和发展着的马克思主义。这种现象表明，马克思主义哲学研究中存在一种不良的学术倾向，即依据西方某些所谓的新思想、新学说，解读经典著作，标新立异，一味地追求理论观点的新奇性，思维方式的特异性，语言表达的思辨性，这无异于要使马克思主义完全脱离社会实践，从而成为"学术精英"们在书斋里作学院式探讨的纯学术思想。

这种不良的学术倾向，脱离了对社会经济状况的科学分析，脱离了对现实政治斗争实践的直接参与，就只能在纯思维、纯逻辑、纯意识、纯直观甚至不可言说的纯情绪中迷失方向，重新回落到旧哲学的思辨和形而上学状态，增加文本研究的烦琐性、隐喻性，从而使人们对文本的理解更加不可"通约"。这种不良的学术倾向，表面上是要推动马克思主义的理论创新，实质上是宣扬西方的思想学说，即资产阶级的意识形态，从而消解马克思主义哲学的实践性、革命性和科学性，使马克思主义远离社会现实，远离人民群众，最终消解马克思主义在中国的指导地位。

要纠正这种不良的学术倾向，真正实现马克思主义哲学的返本研究，全面把握马克思主义的精神实质，必须明确马克思恩格斯等不是为写作而写作，而是要揭示人类社会发展的客观规律，进而改变世界；必须明确马克思主义哲学的出发点和落脚点不是在学者们的书斋里，也不是在大学里的讲台上，而是在人民群众改造现实世界的社会实践中。同时，还必须明确以下几点认识：第一，要认识到经典著作固然非常重要，但也只是马克思主义的"副本"。要真正全面把握马克思主义的科学内涵和精神实质，必须通过对"副本"的学习研究把握马克思主义基本立场、观点和方法，并以此为指导实现对"正本"即社会历史及其客观规律的探索。其次，要充分认识到经典著作即文本是"正本"的形式，通过形式可以把握内容。但正因为文本是形式，所以也就存在遮蔽内容的可能性。以某种原则或价值而不以社会现实为出发点的文本研究，很容易陷入纯粹的思辨演绎，成为抽象的学术之争。第三，经典著作是通往"正本"的桥梁，借助文本可以达到对马克思主义的科学理解。但是，正因为文本是桥梁，与"正本"之间也就存在分离的鸿沟。所以，返本研究既要深入文本，实现对经典著作的科学解读，又要能够从文本中走得出来，达到对"正本"的科学认识。

二

科学解读经典著作，必须根据原著或最好的原著译本，尽可能详尽地占有第一手材料，通过长期艰辛的研究，全面深入地把握马克思主义哲学的发展轨迹和基本理论。列宁在研究马克思的国家学说时就特别强调："在对马克思主义的种种歪曲空前流行的时候，我们的任务首先就是要恢复真正的马克思的国家学说。为此，必须大段大段地引证马克思和恩格斯本人的著作。……没有这样的引证是绝对不行的。马克思和恩格斯著作中所有谈到国家问题的地方，至少一切有决定意义的地方，一定要尽可能完整地加以引证，使读者能够独立地了解科学社会主义创始人的全部观点以及这些观点的发展。"① 但应该注意的是，当前一些人热衷于解读马克思恩格斯没有发表的、修改前的甚至于删除了的文本，企图从这里面发现微言大义即真正的马克思主义，这就是舍本逐末了。对这些材料，我们同样要认真地研究解读，但要把它们放到马克思主义的整个发展历史中去把握，与那些成熟的、公开发表的文本联系起来解读；放到当时的历史背景中去理解，与在社会实践中广泛运用、长期检验、不断丰富的马克思主义基本理论联系起来解读；要在人民群众的社会实践中加以运用和检验，而不能用"此马克思主义"否定或歪曲"彼马克思主义"，刻意追求理论创新。

科学解读经典著作，不但要详尽占有第一手材料，而且要把经典著作放到它所处时代的历史背景下，放到当时社会发展的总体形势下，特别是共产主义运动实践中加以研究。需要强调的是，这里的历史背景主要是指社会发展史背景，特别是生产发展史、阶级斗争史，其次才是文化思想史。不能颠倒主次，不能仅用思想文化史的发展去解释理论学说的演进。因为最终决定包括思想文化在内的社会发展的原因不是绝对精神、纯粹理性，"一切社会变迁和政治变革的终极原因，不应当到人们的头脑中，到人们对永恒的真理和正义日益增进的认识中去寻找，而应当到生产方式和

---

① 《列宁选集》第3卷，人民出版社1995年版，第112—113页。

交换方式的变更中去寻找；不应当到有关时代的哲学中去寻找，而应当到有关时代的经济中去寻找。"① 这既是马克思主义研究理论的基本要求，也被证明是正确的方法论原则。

科学解读经典著作，还必须在运用马克思主义哲学认识世界、改造世界的过程中，加深对经典著作的理解和把握。理论认识虽然是抽象的，但它只要具有真理性，就可以指导我们认识和改造新的社会现实，并在认识和改造世界中更加丰富和完善。列宁、毛泽东等并不是在教条式地通读了经典著作之后才把握马克思主义的，而是在他们从事的革命实践中理解了马克思主义的真谛，并根据革命实践的新需要和新经验进行了理论创新，丰富和发展了马克思主义。而那些自诩掌握了经典著作最新资料的学术精英们，运用所谓的最新模式对马克思主义进行重新解读，自称得到了不少新认识、新发现。深入分析就会发现，这些新认识、新发现大多数是重复西方学者的思想，重蹈西方马克思主义研究的覆辙。实践证明，马克思主义的真理性、现实性和巨大力量，表现在它是否有能力以及在多大程度上干预和改变这个世界的实际进程（但它在任何时候都不能左右历史的发展），而不是理论观点的新颖和语言文字的新奇。那种脱离人民群众的社会实践和具体社会历史背景的解读，不管怎样高深莫测，不论是如何自我标榜，都不可能被人民群众所理解和掌握，不可能转化为推动社会发展的动力，其解读效果和真正价值大可质疑。所以，运用马克思主义分析社会发展，指导人们认识世界、改造世界，也是实现科学解读经典著作的重要途径。

三

对经典著作的解读是否科学，对马克思主义哲学的把握是否全面准确，都要在社会实践中得以检验。

当前，马克思主义哲学研究中出现思辨化、烦琐化和隐喻化的倾向，

---

① 《马克思恩格斯选集》第 3 卷，人民出版社 1995 年版，第 741 页。

其结果是人们对经典著作的理解日益混乱，对马克思主义哲学的解释五花八门，在把马克思主义推向纯粹学院的神秘殿堂的同时，使人民群众对马克思主义望而生畏、敬而远之。经典著作是经典作家探索现实社会及其客观关系的主观思考，是主观反映客观的结果。经典著作的思想内涵、价值取向、社会影响和历史地位等，虽然可以有多种解读，但并不是说任何有根据的解读都是等价的，并不是说没有一个客观的评价尺度，不能人为地把经典理论引向神秘化。"全部社会生活在本质上是实践的。凡是把理论引向神秘主义的神秘东西，都能在人的实践中以及对这个实践的理解中得到合理的解决。"① 是否正确反映社会历史发展的客观规律，能否满足历史发展和社会实践的需要，能否以自身的彻底性代表人民的根本利益并掌握群众，正确指导群众的生产生活实践，是检验人们对经典著作理解是否科学的根本标准。

"哲学家们只是用不同的方式解释世界，问题在于改变世界。"② 这一经典论述，给我们以深刻的启示，即要由对经典著作的文本研究，达到对马克思主义基本理论、科学方法和根本精神的把握，达到对人类社会历史发展规律的把握，从而指导认识世界、改造世界的实践，这才是真正意义上的返回研究，才能达到对马克思主义的全面科学理解。

第二节　返本推进开新

从本质意义上讲，科学解读经典，开展马克思主义哲学返本研究，其最终目标和归宿就是推进马克思主义哲学的开新和发展。但是，这种开新不是对经典著作进行一字一句地机械解读，不是语言形式的创新，不是纯粹的理论演绎，也不是用西方一些"新思想"、"新理论"来解读马克思主

---

① 《马克思恩格斯选集》第 1 卷，人民出版社 1995 年版，第 56 页。
② 同上书，第 57 页。

义哲学，而是要在把握马克思主义基本原理的基础上，通过艰辛的理论思考，总结人民群众改造世界的新实践，回答当代中国面临的重大现实和理论问题，开辟马克思主义发展的新境界，把马克思主义的根本精神融入自己的血液之中，指导我们的生产生活。

一

实现马克思主义哲学的开新，应该深入总结人民群众丰富多彩的社会实践。

人民群众是直接从事生产劳动的主体，是思想文化发展的主体，也是实现思想创新的主体。人民群众最了解自己的现实利益，最了解经济发展的基本动向，具有最丰富的创造能力。历史表明，新思想、新创造归根到底都是来自于人民群众的社会实践。所以，真正意义的创新，必须首先以人民群众丰富的实践经验为基础。任何假人民之名而行个人或集团利益之实的"理论创新"，都是没有生命力的，都不可能真正为人民所接受。马克思主义的创新不是从理论到理论的推演，而是要坚持群众路线，总结人民群众的意见，概括人民群众的社会实践。

但是，也必须明确，由于受社会实践、认识能力、教育水平等因素的制约，人民群众对于自己的根本利益和长远目标，对于社会发展的基本规律，对于社会生活中的种种现实问题，不可能系统深入地把握和理解。同时，产生于人民群众当中的经验、情感、舆论、思潮等等，往往处于感性认识的阶段，还没有经过系统的总结和深刻的研究，不可能达到规律性的认识，还需要进一步提高为理性认识。所以，实现马克思主义的创新，不是从理论到理论的推演，不是简单概括人民群众的意见（或是无原则地符合来自群众的所有愿望），不是机械地总结人民群众的实践经验，而是要通过理论工作者的辛苦努力，把人民群众的意见加以集中提炼，对人民群众的实践经验进行理论概括。

实现这一理论飞跃，不但需要理论工作者树立坚定马克思主义立场，即时刻站在维护广大人民群众的根本利益立场上，总结人民群众的实践经验；而且需要自觉运用马克思主义的认识方法，去伪存真，去粗存精，由此及彼，由表及里，科学把握人民群众的思想动态，实现对人民群众思想的提升，集中代表人民群众的根本利益和长远目标。也正是在这一过程中，理论工作者的社会价值得以充分展示。

二

实现马克思主义哲学的开新，还应该着眼于研究和解决当代中国面临的重大理论和现实问题。

中国特色社会主义是不断发展的事业，是前无古人的伟大创举。我们对社会主义市场经济形势的认识还不成熟，对社会主义民主政治建设不了解、不熟悉的东西还很多，建设社会主义精神文明的道路还处于探索之中，必然会面临这样那样的新情况，遇到这样那样的新问题，应对各种难以预料的风险和挑战。如何切实抓好发展这个党执政兴国的第一要务，如何建立完善的社会主义市场经济体制，如何推动整个社会走上生产发展、生活富裕、生态良好的文明发展道路，如何更好地实现坚持党的领导、人民当家作主和依法治国的有机统一，如何最广泛最充分地调动一切积极因素、不断为中华民族的伟大复兴增添新力量，如何在新的历史条件下不断巩固马克思主义在意识形态领域的指导地位，等等，这些都是我们面临的重大理论和现实问题。

解决这些重大的理论和现实问题，必须坚持马克思主义的学习和研究态度，"在这种态度下，就是要有目的地去研究马克思列宁主义，要使马克思列宁主义的理论和中国革命的实际运动结合起来，是为着解决中国革命的理论和策略问题而去找它的立场，找观点，找方法的。这种态度，就是有的放矢的态度。'的'就是中国革命，'矢'就是马克思列宁主义。我们中国共产党人所以要找这根'矢'，就是为了要射中国革命和东方革命这个'的'的。这种态度，就是实事求是的态度。"① 解决这些重大现实和

---

① 《毛泽东选集》第3卷，人民出版社1991年版，第801页。

理论问题的过程，也就是中国特色社会主义建设稳步前进的过程，是实现马克思主义开新的过程。

实现马克思主义哲学的开新，还必须用马克思主义指导实际工作。理论是灰色的，而生活之树常青。如果能够把理论真正运用到日常生活之中，那么，理论就会在日常生产生活中变得鲜活起来，日常生产生活也会在科学理论的指导下变得更加符合人们的意愿。把马克思主义运用到日常生活之中，就是要把马克思主义的基本立场、观点和方法，自觉内化为鲜明的政治立场、不变的行为准则、强大的理论武器，即内化为坚定的理想信念，内化为指导日常生产生活的行动指南。运用马克思主义指导日常生产生活，研究社会实践中出现的新情况，解决工作过程中产生的新问题，是实现马克思主义创新的现实方式。在马克思主义指导下，人们就能够培养坚定的理想信念，积极向上的人生态度，辩证的思维能力，健康的人格，不断提高社会实践能力，更加自觉地为党和人民的事业而奋斗。也正是这一过程中，才能真正实现马克思主义的返本与开新，用发展着的马克思主义指导新的实践。

三

实现马克思主义哲学的开新，必须积极应对各种各样理论思潮的挑战。

当前，个人主义、自由主义、功利主义、西方马克思主义、民主社会主义、复兴儒学等等社会思潮，是实现马克思主义理论创新必须应对的严峻挑战。面对这些思潮，必须积极防御，守住底线。马克思主义的发展和创新不是要纯粹针对原理和文本，而是要面对现实和问题，否则就只能是陷入西方解释学的陷阱；不必太局限于名称、体系之争，不要成为书斋哲学，而要更多关注现实，从问题出发进行研究，深化内容，更新形式，突出实践性，因为理论之争都有深刻的时代背景和社会现实根源。为应对这些思潮，必须培养一流的马克思主义学者，发扬马克思主义科学性、批判性和实践性，回应社会主义运动面临的种种挑战。通过对当代影响较大的一些思潮、学说、言论的应答，澄清一些基本认识，阐明马克思主义的基本精神，从而体现出马克思主义在当代的价值和意义，实现理论发展和创新。

总之，我们应该科学对待马克思主义，在坚持基本原理的前提下，全面推进马克思主义的理论创新与发展。"马克思主义是我们立党立国的根本指导思想，是全国各族人民团结奋斗的共同理论基础。马克思主义的基本原理任何时候都要坚持，否则我们的事业就会因为没有正确的理论基础和思想灵魂而迷失方向，就会归于失败。这就是我们为什么必须始终坚持马克思主义基本原理的道理所在。马克思主义具有与时俱进的理论品质。如果不顾历史条件和现实情况的变化，拘泥于马克思主义经典作家在特定历史条件下、针对具体情况作出的某些个别论断和具体行动纲领，我们就会因为思想脱离实际而不能顺利前进，甚至发生失误。这就是我们为什么必须始终反对以教条主义的态度对待马克思主义理论的道理所在。"① 这应该成为我们学习研究、宣传运用马克思主义的一个基本原则。

第三节 | 理论之内化

马克思主义哲学的返本与开新，最终目的是要正确把握其立场、观点和方法，并把这一科学理论内化为自己的世界观、人生观，转化为实际的工作能力。

一

理论是抽象的，但一切科学的抽象，都更深刻、更正确、更完全地反

_____

① 《江泽民文选》第3卷，人民出版社2006年版，第282—283页。

映着客观世界的本质和规律。马克思主义深刻揭示了人类社会,特别是资本主义社会的发展规律,科学总结了无产阶级革命的斗争实践,是人类优秀文化成果的结晶,是指导共产主义运动的强大理论武器。马克思主义的基本立场,既是"热情的理性",是崇高道义的批判,也是"理性的热情",即运用科学方法,经过长期艰苦的研究,通过对资本主义生产方式的科学批判,揭示了资产阶级灭亡与无产阶级胜利是同样不可避免的历史规律,始终代表了最广大人民群众的根本利益和人类社会发展的客观趋势,始终坚信共产主义理想。坚持这一基本立场,不是一句空洞的口号,不是一时的热情,而是要在社会实践中,时时尊重人民群众创造历史的积极性、主动性,尊重社会发展的客观规律,事事从如何代表和实现最大多数人的根本利益出发。

"批判的武器当然不能代替武器的批判,物质力量只有用物质力量来摧毁;但是理论一经掌握群众,也会变成物质力量。理论只要说服人,就能掌握群众;而理论只要彻底,就能说服人。"① 马克思主义的基本观点表面上看起来比较抽象,但并不是纯粹的理论说教,也不是教条式的思想宣传,而是社会实践的理论升华,是革命导师毕生研究得出的科学结论,是人民群众社会实践特别是无产阶级革命运动经验教训的深刻总结,是对资本主义社会及人类历史发展规律的科学概括,体现了马克思主义的世界观和历史观,具有非常丰富的理论内涵和实践意义。坚持马克思主义的基本观点,实际上是对人民群众社会实践和无产阶级革命运动经验的尊重,是对人类社会发展规律的尊重,代表了社会生产力和思想文化的发展要求,代表了最大多数人的根本利益。

"马克思的整个世界观不是教义,而是方法。它提供的不是现成的教条,而是进一步研究的出发点和供这种研究使用的方法。"② 矛盾分析方法、阶级分析方法、由抽象到具体的研究方法等,构成了马克思主义方法论的基本内容。历史表明,马克思主义的基本方法不是思想自身演变的方

---

① 《马克思恩格斯选集》第 1 卷,人民出版社 1995 年版,第 9 页。
② 《马克思恩格斯选集》第 4 卷,人民出版社 1995 年版,第 742—743 页。

法，不是由原则到原则的纯逻辑推理，而是科学的研究方法，是指导我们探索事物发展规律的强大理论武器，也是加强党的执政能力建设的根本方法。

二

马克思主义具有与时俱进的理论品质。全面准确地把握马克思主义的立场、观点和方法，不但要深入研究马克思主义的经典著作，而且要系统学习马克思主义中国化的重大理论成果——毛泽东思想、邓小平理论、"三个代表"重要思想和科学发展观等重大战略思想，深入把握社会主义核心价值体系和中国特色社会主义理论体系。在实际工作中，要自觉把这些科学理论内化为科学的世界观、人生观，内化为实际的工作能力。

第一，要把理论内化为调查研究的能力。没有调查就没有发言权，没有决策权。"对于只懂得理论不懂得实际情况的人，这种调查工作尤有必要，否则他们就不能将理论和实际相联系。"① 毛泽东的这一思想，在今天仍然具有重大的指导和警示意义。要实现由理论学习研究到开展实际工作的转变，调查研究是必经的环节。调查研究的内容很多，关键要把握三个方面，一是要立意高远，调查研究宏观形势，要了解整个时代的发展趋向，了解党和国家的大政方针，了解从事工作的大局，才能站得更高，视野更开阔；二是要脚踏实地，制订切实可行的工作计划，明确担负的主要责任，分析面临的矛盾困难，吸取以往的经验教训，探索正确的工作思路；三是要深入群众，了解人民的需要，汲取蕴藏在老百姓中间的聪明才智和巨大力量，寻求解决矛盾和问题的思路；四是要科学分析，从大量的调查数据材料中把握事物的本质和发展规律。

第二，要把理论内化为矛盾分析的能力。一个人从事实际工作的过程，也就是发现矛盾、研究矛盾、解决矛盾的过程，因此，必须掌握矛盾

---

① 《毛泽东著作专题摘编》上卷，中央文献出版社 2003 年版，第 215 页。

分析的方法。从事任何工作都无法回避矛盾，所以要培养敢于揭露矛盾的自觉意识，把发现矛盾作为实际工作的着眼点。很多工作常常是多个矛盾的集合体，要培养善于分析矛盾的能力，通过调查研究，从错综复杂的矛盾中找出决定事物发展的主要矛盾和矛盾主要方面，把握解决矛盾的关键环节。完成工作任务的过程也就是解决矛盾的过程，要充分发挥主观能动性，既勇于解决主要矛盾，又能够统筹兼顾、照顾到方方面面，解决好次要矛盾，顺利实现既定的工作目标。

第三，要把理论内化为集思广益的能力。科学理论是广大人民群众生产生活实践的深刻总结，是人类社会发展经验教训的理性概括，是我们解决新问题、完成新任务的强大武器。因此，要把科学理论内化为集思广益的能力，向人民群众学习，因为群众是真正的英雄，而我们却是幼稚可笑的，这里的人民群众既是指工人、农民，也包括你身边的同学、同事、朋友等；向历史学习，历史是不可重复的，但历史经验是应该汲取的，通过总结重大事件的经验教训，指导自己的实际工作；向杰出人物学习，杰出人物往往处在时代的风头浪尖之上，集中展示着人类某一方面突出的才能和品质，因此，应该认真学习他们从事实际工作的经验教训、心得体会和理论主张。

第四，要把理论内化为科学决策的能力。人生就是在不断选择中前进的，在日常工作和生活中，能否科学决策，关系工作的成败，关系生活的走向。恩格斯关于历史合力的思想①启示我们，在复杂多变的形势下，既要充分考虑世情、国情和党情等各个方面因素，掌握国内外各个社会阶层的动态和力量，统筹兼顾，探寻事物发展的各种可能性，又要发挥积极性、主动性、创造性，提高科学决策的能力，采取力所能及的一切手段，努力影响事物发展的趋势，使事物尽可能地朝着符合大多数人的根本利益和意愿的方向发展。

第五，要把理论内化为探索规律的能力。要掌握科学的认识论，在工作实践中及时总结成功的经验和失败的教训，这里的经验既包括自己的经

---

① 参见《马克思恩格斯选集》第 4 卷，人民出版社 1995 年版，第 697 页。

验教训，也包括他人的、历史的经验教训。在总结经验过程中，有意识地发挥主观能动性，在头脑中对这些经验教训进行加工，去伪存真，去粗存精，由此及彼，由表及里，探求事物发展变化的客观规律和从事社会实践的工作规律。毛泽东曾经指出："我们有两种经验，错误的经验和正确的经验。正确的经验鼓励了我们，错误的经验教训了我们。"① 所以，掌握从事实际工作的基本规律，总结成功经验重要，分析错误的经验、失败的教训同样有用，因为在错误和失败中更能暴露一个人的不足和缺陷，明确一个人前进的障碍。深入分析一次次失败的教训，纠正一个个错误，也就是一个人成长的一个个阶梯。

三

当前，我国改革发展处在关键时期，社会利益关系更为复杂，新情况、新问题层出不穷。在机遇和挑战并存的国内外条件下，我们党要带领全国各族人民完成历史任务，必须大力加强执政能力建设。这是关系中国社会主义事业兴衰成败、关系中华民族前途命运、关系党的生死存亡和国家长治久安的重大战略课题。

理论的内化是为了素质的增强，能力的提高是为了实际工作的开展。把马克思主义转化为实际的工作能力，对于执政党来说，就是获得了提高执政能力的"法宝"。获得这一"法宝"，就能够按照推动社会主义物质文明、政治文明、精神文明协调发展的要求，不断提高驾驭社会主义市场经济的能力、发展社会主义民主政治的能力、建设社会主义先进文化的能力、构建社会主义和谐社会的能力、应对国际局势和处理国际事务的能力。提高了执政能力和水平，我们党就能始终站在时代前列，始终代表和维护最广大人民的根本利益，始终成为社会发展的主心骨。

同样，把马克思主义哲学内化到个体之中，对于一个人来讲，就是具备了不断进步的"诀窍"，思想境界就会明显提升，知识结构就会更加完

① 《毛泽东文集》第 8 卷，人民出版社 1999 年版，第 338 页。

善，认识水平就会日益提高，调查研究的能力、矛盾分析的能力、科学决策的能力等都会有一个质的飞跃，今后的工作和成长就会更加顺利。

第四节 结合中谋创新

如何真正实现马克思列宁主义与中国革命和建设结合，是我们党自从成立之日起就面临的重大现实问题，也是实现马克思主义理论创新面临的重大理论问题。

一

我们党八十余年的奋斗历程，就是马克思列宁主义与中国革命和建设实践相结合的过程。努力实现理论与实践科学结合，一直是贯穿我们党的建设的一条红线，是推动马克思主义理论创新的科学方法和根本途径。

纵观马克思主义的发展历程，我们可以发现，与社会实践紧密结合，是马克思主义理论的本质特征和内在要求。毛泽东指出，马克思列宁主义的伟大力量，就在于它是和各个国家具体的革命实践相联系的。对于中国共产党说来，就是要学会把马克思列宁主义的理论应用于中国的具体的环境。理论和实践密切结合，是我们共产党人区别于其他任何政党的显著标志之一，也是一种新的工作作风。马克思列宁主义的普遍真理一经和中国革命的具体实践相结合，就使中国革命的面目为之一新。他形象地指出："马克思列宁主义和中国革命的关系，就是箭和靶的关系。有些同志却在那里'无的放矢'，乱放一通，这样的人就容易把革命弄坏。有些同志则仅仅把箭拿在手里搓来搓去，连声赞曰：'好箭！好箭！'却老是不愿意放出去。这样的人就是古董鉴赏家，几乎和革命不发生关系。马克思列宁主义之箭，必须用了去射中国革命之的。这个问题不讲明白，我们党的理论水平永远不会提高，中国革命也永远不会胜利。"① 我们党八十余年的伟大实践证明，我国社会主义革命和建设的胜利，都是马克思列宁主义的胜利。把马克思列宁主义的理论和中国革命的实践密切结合起来，这是我们党的一贯的思想原则。毛泽东思想就是马克思列宁主义与中国革命和建设相结合的产物，是理论与实践相结合的典范。

改革开放之初，邓小平指出，现在要搞现代化建设，全党必须再重新进行一次学习，"学习什么？根本的是要学习马列主义、毛泽东思想，要努力把马克思主义的普遍原则同我国实现四个现代化的具体实践结合起来。"② 党的十七大报告指出："《共产党宣言》发表以来近一百六十年的实践证明，马克思主义只有与本国国情相结合、与时代发展同进步、与人民群众共命运，才能焕发出强大的生命力、创造力、感召力。"由此可见，马克思主义与社会实践相结合，是我们改革开放取得成功的重要理论保障。

二

改革开放30年来，我国取得了举世瞩目的伟大成就，根本原因归结起来就是："开辟了中国特色社会主义道路，形成了中国特色社会主义理论体系。在三十年的创造性实践中，我们经过艰辛探索，积累了宝贵经验。概括起来说，就是党的十七大阐明的'十个结合'。"结合改革开放30年的伟大历程，这"十个结合"给了我们十个方面的启示。

把坚持马克思主义基本原理同推进马克思主义中国化结合起来，解放思想、实事求是、与时俱进，以实践基础上的理论创新为改革开放提供理论指导。这个结合给我们的启示是：改革开放30年，也是马克思主义与中国建设实践相结合的30年，是马克思主义在中国取得巨大胜利。在这30年中，我们既坚持马克思主义的基本原理，又推进了马克思主义的中国

---

① 《毛泽东选集》第3卷，人民出版社1991年版，第819—820页。
② 《邓小平文选》第2卷，人民出版社1994年版，第153页。

化，取得了邓小平理论、"三个代表"重要思想和科学发展观等重大成果，使之成为指导中国特色社会主义的强大理论武器。30 年的伟大成就充分表明，解放思想、实事求是、与时俱进，是我们应该长期坚持的思想路线，以实践基础上的理论创新为改革开放提供科学理论指导，是坚持马克思主义基本原理、实现马克思主义发展和创新的科学方法和正确途径。

把坚持四项基本原则同坚持改革开放结合起来，牢牢扭住经济建设这个中心，始终保持改革开放的正确方向。这个结合给我们的启示是：30 年的风雨历程证明，以经济建设为中心是我们应该长期坚持的基本方针，要牢牢扭住经济建设这个中心，坚持聚精会神搞建设、一心一意谋发展，通过促进经济和社会发展解决建设过程中出现的问题，不断解放和发展社会生产力。同时，又要吸取国内外经济建设和社会发展的经验教训，始终保持改革开放的社会主义方向，这是经济和社会全面、协调、可持续发展的根本保证。

把尊重人民首创精神同加强和改善党的领导结合起来，坚持执政为民、紧紧依靠人民、切实造福人民，在充分发挥人民创造历史作用中体现党的领导核心作用。这个结合给我们的启示是：人民群众是历史的创造者，党的领导核心作用集中体现在尊重人民的首创精神、充分发挥人民创造历史的积极性、主动性、创造性。坚持立党为公、执政为民，是我们党的根本宗旨；坚持群众路线、紧紧依靠人民，是我们党的力量之源；实现好、维护好人民群众的根本利益、切实造福人民，是我们党得到人民拥护和支持的根本保证。

把坚持社会主义基本制度同发展市场经济结合起来，发挥社会主义制度的优越性和市场配置资源的有效性，使全社会充满改革发展的创造活力。这个结合给我们的启示是：经过 30 年的艰辛探索，我们终于找到了一条把社会主义与市场经济结合起来的正确道路，即中国特色社会主义道路。中国特色社会主义道路之所以完全正确、之所以能够引领中国发展进步，关键在于我们既坚持了科学社会主义的基本原则，又根据我国实际和时代特征赋予其鲜明的中国特色。在当代中国，坚持中国特色社会主义道路，就是真正坚持社会主义。

把推动经济基础变革同推动上层建筑改革结合起来，不断推进政治体制改革，为改革开放和社会主义现代化建设提供制度保证和法制保障。这个结合给我们的启示是：30年来的伟大实践，生动展示了马克思主义指导经济和社会建设的伟大力量，特别是上层建筑对经济基础的巨大推动作用。经济基础领域的重大变化发展，迫切需要上层建筑的积极变革，需要不断推进政治体制改革。以发展社会主义民主政治为核心，我们党积极稳妥推进政治体制改革，为改革开放和现代化建设提供了制度保证和法制保障，展现了社会主义民主政治旺盛的生命力。

把发展社会生产力同提高全民族文明素质结合起来，推动物质文明和精神文明协调发展，更加自觉、更加主动地推动文化大发展、大繁荣。这个结合给我们的启示是：当今时代，文化越来越成为民族凝聚力和创造力的重要源泉、越来越成为综合国力竞争的重要因素，丰富精神文化生活越来越成为我国人民的热切愿望。坚持社会主义先进文化前进方向，激发全民族文化创造活力，提高国家文化软实力，使人民群众的文化权益得到更好保障，使社会文化生活更加丰富多彩，使人民精神风貌更加昂扬向上，既是发展社会生产力的内在要求，也是推动物质文明和精神文明协调发展的重要内容，是推动文化大发展、大繁荣的根本任务。

把提高效率同促进社会公平结合起来，实现在经济发展的基础上由广大人民共享改革发展成果，推动社会主义和谐社会建设。这个结合给我们的启示是：要保持经济全面、协调、可持续发展，提高效率是重要手段，实现社会公平是重要保障。提高效率为实现公平提供坚持的基础，实现社会公平也是提高效率的重要前提。不考虑公平的效率，最终可能导致严重的两极分化，甚至是经济危机、社会动荡。不考虑效率的公平，必然会制约人们积极性、主动性、创造性的发挥，导致严重的平均主义，阻碍社会的发展。只有把提高效率与促进社会公平结合起来，人民创造历史的积极性、主动性、创造性才会被激发出来，社会主义和谐社会才能被稳步推进。

把坚持独立自主同参与经济全球化结合起来，统筹好国内国际两个大局，为促进人类和平与发展的崇高事业作出贡献。这个结合给我们的启示是：中国发展离不开世界，世界繁荣稳定也离不开中国。只有坚持独立自主，始终不渝走和平发展道路，才能更为主动有力地参与到经济全球化的发展之中，在国际事务中发挥越来越重要的作用，为促进人类和平与发展的崇高事业作出贡献。

把促进改革发展同保持社会稳定结合起来，坚持改革力度、发展速度和社会可承受程度的统一，确保社会安定团结、和谐稳定。这个结合给我们的启示是：保持社会稳定是改革开放的根本前提，是中国特色社会主义建设的重要保障，是人民群众的根本利益之所在，稳定压倒一切。各项改革措施的实施，经济社会的发展速度，都要以人民群众的可承受程度为标准和依据。同时，实现社会安定团结、和谐稳定，也必须通过改革开放提供坚实的物质基础，必须通过经济社会建设解决影响和谐稳定的问题。

把推进中国特色社会主义伟大事业同推进党的建设新的伟大工程结合起来，加强党的执政能力建设和先进性建设，提高党的领导水平和执政水平、拒腐防变和抵御风险能力。这个结合给我们的启示是：以改革创新精神加强党的建设是推进中国特色社会主义伟大事业的迫切要求，以加强党的执政能力建设和先进性建设为主线是新时期党的建设的根本任务。要把党建设成为立党为公、执政为民，求真务实、改革创新，艰苦奋斗、清正廉洁，富有活力、团结和谐的马克思主义执政党，必须以坚定理想信念为重点加强思想建设，以造就高素质党员、干部队伍为重点加强组织建设，以保持党同人民群众的血肉联系为重点加强作风建设，以健全民主集中制为重点加强制度建设，以完善惩治和预防腐败体系为重点加强反腐倡廉建设。

三

党的十七大提出的这十个结合，展示了理论与实践相结合这一科学方法的精神实质，明确了马克思主义实现理论创新的正确途径。中国革命和建设实践证明，什么时候做到了理论与实践的真正结合，我们的事业就会顺利前进，不断取得胜利；什么时候没有做到理论与实践的真正结合，我们的事业就会出现这样那样的失误和挫折。同样，这十个结合，对于我们开展日常的实际工作，也有以下几方面的重要启示：

第一，理论与实践相结合。这不但是解决中国特色社会主义建设中重大现实和理论问题的重要原则，也是解决实际工作中各种问题应遵循的重要原则。

第二，行动与方向相结合。既要脚踏实地地做好各项实际工作，又要时刻保持清醒的头脑，坚持正确的政治方向，这不但是对一个单位的要求，也是对每一个人的内在要求。

第三，物质与精神相结合。在经济建设取得达到一定水平之后，在坚持经济建设中心的同时，更应该注重精神文明建设，把两个文明建设真正结合起来。以加强精神文明建设促进物质文明科学发展，是现代化建设的必然选择，也应该是每个人自我发展的必然选择。

第三章
批判推进建设

    随着学习和研究经典著作的深入，我们越来越发现批判精神是马克思主义的根本特征。完整准确地把握这一科学批判精神，有助于我们充分认识马克思主义的科学性和革命性，深刻理解为何在遭受各种歪曲、批判、诋毁、打击甚至扼杀的情况下，在国际共产主义运动出现低潮的时代中，马克思主义仍然能够被越来越多的知识分子和人民群众接受，成为指导共产主义运动的科学理论武器，在近现代世界历史发展中发挥重大作用。掌握了这一科学批判精神，就可以指导我们比较全面地认识工作中面临的一系列问题，全面推进社会发展，实现人的自由全面发展。

第一节 | 批判精神的魅力

马克思对资本主义社会现实的、科学的、内在的批判，展示了马克思主义的批判精神，是价值批判与科学批判的辩证统一，是唯物主义与辩证法的完美结合，是批判与建设的真正整合。

一

在马克思的著作中，"批判"是出现次数较多、运用频率较高的概念之一，根据不同的标准，可以从不同角度对它进行考察。按照批判所指向的对象，可以划分为：理论批判，指对资本主义的哲学、政治思想和经济理论等意识形态的批判；现实批判，指对资本主义社会政治、经济、现实状况的批判。按照批判所展示的基本逻辑，可以划分为：价值批判，指从某种价值观出发，对资本主义社会中的异化现象和物化现实进行鞭挞；科学批判，指立足于无产阶级和人民群众的根本利益，从对社会生产总过程的实证分析入手，运用唯物辩证法，科学揭示社会发展的内在规律，正确预测未来社会的基本发展趋势。按照批判结果的表达方式，可以划分为：复现式批判，如通过对货币产生过程的批判，复现货币产生的历史；判决式批判，如通过对资本生产总过程分析，得出资本主义必然灭亡的结论。

在马克思的思想发展进程中，批判具有多重含义，而现实的、科学的、内在的批判，则是马克思主义批判精神的基本特征。首先，这种批判是现实的，因为"一切社会变迁和政治变革的终极原因，不应当到人们的头脑中，到人们对永恒的真理和正义日益增进的认识中去寻找，而应当到生产方式和交换方式的变更中去寻找；不应当到有关时代的哲学中去寻找，而应当到有关时代的经济中去寻找。"① 所以，只有通过对资本主义社会生产方式的深入批判，才可能实现对资产阶级意识形态的真正批判。其次，这种批判是科学的，因为它是与共产主义革命实践相联系的，是从无产阶级的立场出发，通过对社会现实的科学实证分析、考察，达到对资本主义社会基本发展规律的科学认识。再次，这种批判是内在的，因为它不是依据外在的、先验的道德观念和价值理性对社会现实进行批判，而是运用唯物辩证法，通过研究事物发生、发展的客观过程，揭示其内在矛盾和基本发展规律，从其内部提炼出衡量事物存在的现实合理性和历史局限性的标准，并据此预测未来社会的发展趋势。

总之，马克思的这种批判，根本的立场是无产阶级和广大人民群众的根本利益，运用的理论武器是唯物辩证法，主要的研究对象是客观的社会存在，特别是人类的生产实践和阶级斗争实践，最终的目标是通过革命的实践改变世界，推动社会的全面进步和人的自由全面发展，实现共产主义。

二

在写作《1844 年经济学哲学手稿》等著作时期，青年马克思的思想处于成长发展过程之中，马克思主义还没有真正成熟。马克思对国民经济学和"当前的经济事实"展开的批判，其批判支点主要是人本主义，表现为价值批判，得出的基本结论是异化劳动理论，深刻揭示了资本主义剥削压迫的残酷真相。但是，批判的武器不能代替武器的批判，单纯的价值批判恰恰是对现实的一种变相肯定。随着对德意志意识形态和资本主义经济现实批判的深入，马克思逐渐转向了历史唯物主义，认识到物质力量只能用物质力量来摧毁，科学的批判只能依靠彻底的理论说服和掌握群众，理论一经掌握群众，就会转变为物质力量，成为改变世界的强大武器。同时，在这一时期，马克思对黑格尔的唯心主义辩证法有了更为深刻的认识，并

---

① 《马克思恩格斯选集》第 3 卷，人民出版社 1995 年版，第 741 页。

开始对它加以唯物主义的批判改造，使之逐步成为科学批判的主要武器。以《关于费尔巴哈的提纲》和《德意志意识形态》为主要标志，马克思扬弃了以人本主义为支点的价值批判，开始运用唯物辩证法这一主要的批判武器，展开对资本主义客观现实和意识形态的科学批判。

马克思思想的这一转变过程表明，马克思主义既继承了德国古典哲学的批判精神，又扬弃和发展了这一传统。马克思的批判指向，不再仅仅局限于纯粹的概念、学说、理论等意识形态，而是转向社会现实，特别是资本主义生产方式。马克思的批判支点，已经逐步从以人本主义为核心的价值悬设，转向唯物史观。这正是马克思主义不同于德国古典哲学和现代西方哲学的重要标志。它表明，马克思主义的批判精神，不单单体现于对西方社会中各种非人道现象和各种思想学说的价值批判之中，更根本地体现于对资本主义社会现实的科学批判之中。可见，价值批判和科学批判是马克思主义批判精神的两个基本维度。但是，必须指出的是，成熟之后马克思的价值批判，已经不同于青年时期的价值批判，前者依据的价值尺度已经不再是人本主义，而是代表无产阶级根本利益的科学社会主义。这种价值批判揭示了资本主义社会的异化现象和物化现实，为科学批判指明了前进的方向，提供了探索的动力。但是，这并不是说价值批判可以代替或脱离科学批判，"科学批判不是说不应当得出价值结论，而是说它用来作为理论的出发点和评价尺度的必须是历史的事实和客观的逻辑，而不是抽象的伦理观念。在历史研究中，价值批判虽然可以起导向作用，表现人们的道德意向，但这不能作为历史研究的基础和出发点。马克思总是从历史事实、从现实发展的客观规律出发去引申出价值问题。所以在马克思看来，价值目标的提出和实现是建立在现实发展的客观规律的基础之上的，如果不从现实出发，不研究和发现现实运动的规律，不根据这些规律提出价值目标并改变它们起作用的条件，价值目标或者就提不出来，或者提出了也不能实现。因此，在马克思看来，价值批判不能与科学批判脱节，更不能代替科学批判。"①

---

① 孙伯鍨：《卢卡奇与马克思》，南京大学出版社 1999 年版，第 6 页。

　　同样，在马克思主义的批判精神中，科学批判与价值批判之间也不存在不可逾越的鸿沟。纵观马克思对资本主义的批判历程可以看到，科学批判只有立足于维护人民群众的最根本利益这一基本价值观，才能超越资产阶级意识形态的历史局限性，才能实现对资本主义社会的全面透视。这种科学批判，揭示了资本主义固有的内在矛盾和发展运动的基本规律，论证了这一社会制度存在的现实合理性和历史局限性，预测了未来社会的前进方向，探索了人类走向自由和全面发展的正确途径。同时，这种科学批判所得出的基本结论即科学社会主义，代表和反映了广大人民群众的最根本利益，具有极为崇高的价值意义，是一种崭新的价值观。所以，马克思主义批判精神是科学批判与价值批判的辩证统一。

三

　　马克思对资产阶级意识形态的批判，不但揭示了意识形态的本质特征，而且集中展示了唯物主义与辩证法完美结合的马克思主义批判精神。

　　马克思通过对德意志意识形态的批判指出，不是意识决定存在，而是社会存在决定社会意识。"意识在任何时候都只能是被意识到了的存在，而人们的存在就是他们的现实生活过程。如果在全部意识形态中，人们和他们的关系就像在照相机中一样是倒立呈像的，那么这种现象也是从人们生活的历史过程中产生的，正如物体在视网膜上的倒影是直接从人们生活的生理过程中产生的一样。"[①] 可见，意识产生于人们的生产生活之中，并且随着社会发展出现物质劳动和精神劳动的分离获得相对独立的形态，进而与社会物质生活的关系变得模糊不清了，某些社会意识形式甚至可能发展成为指导人们言行的主要力量。这一批判表明，对意识形态的批判，必须立足于唯物史观，从对社会存在的分析出发，才能科学把握意识形态产生的社会根源。

　　马克思站在无产阶级立场，揭示了资本主义（剥削阶级）意识形态产

---

① 《马克思恩格斯选集》第 1 卷，人民出版社 1995 年版，第 72 页。

生与发展的阶级根源。他指出，意识形态是思想家直接依据精神文化传统（而不仅是现实的物质利益）创造出来的，他们常把所属阶级的意识形态论证为全社会成员利益的体现。"因为每一个企图取代旧统治阶级的新阶级，为了达到自己的目的不得不把自己的利益说成是社会全体成员的共同利益，就是说，这在观念上的表达就是：赋予自己的思想以普遍性的形式，把它们描绘成唯一合乎理性的、有普遍意义的思想。"① 古典政治经济学向庸俗经济学的转变，充分证明在阶级社会中，"统治阶级的思想在每一时代都是占统治地位的思想。这就是说，一个阶级是社会上占统治地位的物质力量，同时也是社会上占统治地位的精神力量。支配着物质生产资料的阶级，同时也支配着精神生产资料，……占统治地位的思想不过是占统治地位的物质关系在观念上的表现，不过是以思想的形式表现出来的占统治地位的物质关系；因而，这就是那些使某一个阶级成为统治阶级的关系在观念上的表现，因而这也就是这个阶级的统治的思想。"② 这表明，只有站在无产阶级立场，代表广大人民群众的利益，才能跳出资产阶级学说的逻辑，认清资本主义意识形态的阶级本质和价值取向。

马克思的意识形态批判，鲜明地体现了唯物主义与辩证法的完美统一。只有坚持历史观中的唯物主义，才能真正揭示意识形态产生的社会根源；只有坚持辩证法，才能深刻把握意识形态的认识论根源和阶级本性。这说明，唯物主义只有与辩证法相结合，才能更加彻底和科学。同样，辩证法只有与唯物主义与相结合，才能真正把握客观事物的发展规律。同时，在马克思主义发展过程中，坚持唯物主义和辩证法，与坚持无产阶级和广大人民的根本立场，是一个统一的整体。坚持唯物主义和辩证法，才能科学批判资本主义社会，揭示人类社会发展的基本规律，揭示人民群众创造历史的客观真理。坚持无产阶级和广大人民的根本立场，才能不被资产阶级的意识形态宣传所迷惑，才能真正坚持彻底的唯物主义和辩证法，发扬马克思主义的批判精神，认清社会发展的正确方向。

---

① 《马克思恩格斯选集》第 1 卷，人民出版社 1995 年版，第 100 页。
② 同上书，第 98 页。

四

通过对德意志意识形态的批判，马克思开始把批判的锋芒转向对资本主义经济现实，即资本总生产过程的批判，这是马克思主义批判精神最为全面的展示，实现了批判与建设的真正整合。

马克思从资本主义社会众多的经济现象中抽象出商品这一范畴，作为批判资本生产总过程的逻辑起点。马克思运用了矛盾分析的方法，对商品进行了辩证的分析，考察了商品所包含的价值与使用价值、具体劳动与抽象劳动、私人劳动与社会劳动等矛盾及其运动形式，揭示了商品拜物教、货币拜物教、资本拜物教产生的奥秘。商品作为一个矛盾统一体，已经蕴涵了资本矛盾的萌芽。货币是社会生产力发展和商品矛盾运动的产物。在商品经济条件下，货币从商品中独立出来，同样包含了观念形式与实质内容、质与量、目的与手段等矛盾，开始了自己的矛盾运动。货币所包含的这些矛盾运动，为资本的产生与发展奠定了基础。商品生产和发达的商品流通，使货币具有新的形式和功能，货币转化为资本。在资本主义社会，资本生产也是一个充满种种矛盾的过程。通过对资本生产过程的批判，马克思分析了资本与劳动力之间的矛盾运动，揭示了剩余价值产生的秘密。通过对资本流通过程的批判，剖析了货币资本、生产资本、商品资本的循环过程。通过对资本主义生产总过程的批判，阐明了价格、利润、利息、利率、信用等经济现象运动的内在机制，勾勒出了资本主义社会的轮廓。通过批判，马克思达到了对资本的具体认识，把握了资本主义社会发展的基本规律，肯定了这种生产方式的历史进步性，驳斥了资本主义永恒论，论证了它的历史局限性、暂时性和阶段性，预测了未来社会的前进方向。

马克思对资本主义社会的这种全方位、深层次的批判，充分展示了马克思主义批判精神的理论魅力。马克思的批判始终运用了矛盾分析方法和阶级分析方法，明确了商品、货币、资本发生发展的轨迹，揭示了资本生产总过程的动力机制，揭示了资产阶级剥削工人阶级剩余价值的奥秘。马克思的这一批判，运用抽象到具体的研究方法，从对商品范畴的分析入手，阐述了商品按其内在的固有的联系，发展为货币、资本的基本历程，剖析了资本的本质规定和资本总生产的内在矛盾运动，在思维中达到了对资本主义社会"具体"的把握。马克思的这一批判，体现了马克思主义鲜明的革命性。"辩证法，在其合理形态上，引起资产阶级及其夸夸其谈的代言人的恼怒和恐怖，因为辩证法在对现存事物的肯定的理解中同时包含对现存事物的否定的理解，即对现存事物的必然灭亡的理解；辩证法对每一种既成的形式都是从不断的运动中，因而也是从它的暂时性方面去理解；辩证法不崇拜任何东西，按其本质来说，它是批判的和革命的。"①

马克思的这一批判同时还蕴涵了建设性原则：一种是理论的建设，一种是对未来社会制度的建设性构想。运用矛盾分析和由抽象到具体的科学批判方法，马克思从理论上把握了资本主义孕育、产生、发展、繁荣、危机和最终走向灭亡的基本规律，在思维中建设性地再现了这一现实过程，构建了资本主义复杂的社会结构。建设性原则还体现在对未来社会制度的构想之中。这种构想不是建立在所谓的理性或空想基础上，而是建立在对资本主义社会内在矛盾和客观规律深入把握的基础上。这种建设性构想不是对未来社会的具体描述，而是对未来社会发展的基本方向、基本途径、基本依靠力量的科学预测。所以，革命导师一再强调他们的学说不是教条，而是行动的指南。可见，在马克思的视野中，没有对资本主义社会发展规律的科学批判和全面把握，就不可能有对未来社会的正确构想和殷切期盼。所以，马克思主义的批判精神实现了批判与建设的真正整合。

五

系统把握马克思主义的批判精神，深入发掘其中的建设性原则，可以使我们正确把握马克思主义的理论精髓。

当前，对于马克思主义作为一种信念和意识形态，有着很不相同的理

---

① 《马克思恩格斯选集》第 2 卷，人民出版社 1995 年版，第 112 页。

解，集中体现为把马克思主义分为"革命的马克思主义"和"制度化的马克思主义"两种不同的派别。实际上，这两者是可以统一的。"就意识形态功能而言，马克思主义的价值又可分为两种：一是革命性的批判功能，另一是制度化的辩护功能。作为前者，它是关于无产阶级解放条件的学说，是无产阶级和人民大众挣脱被压迫、被奴役的枷锁，使自己成为自己命运的主人的强大思想武器，此所谓'革命的马克思主义'之含义；而作为后者，它是新生社会主义制度的理论基础，是使这一制度为绝大多数人所认同并因此而巩固和发展的'黏合剂'和'水泥'，此所谓'制度化的马克思主义'之含义。应该承认，这两种功能是有差别的。一个目的在于否定和超越现存社会制度，一个目的却在于保护和促进现存社会制度。也正因为如此，也就有把这两种含义的马克思主义加以割裂的行为，就有认为两者水火不相容的观点。然而一般地说，革命变革功能和辩护功能并非绝对对立的，而是'破中有立'，'立中有破'。特殊地说，马克思主义作为一种科学的世界观和方法论，内在地包含了革命批判功能和建设辩护功能的统一。'批判旧世界，建设新世界'是马克思主义题中应有之义，不存在什么'革命的马克思主义'和'建设的马克思主义'的分裂。"① 这应该是我们把握马克思主义科学内涵的一个重要原则。

系统把握马克思主义的批判精神，可以使我们在现实社会面前保持一种独立思考的精神，不盲目迎合现实社会的需要，当现实社会体现了马克思主义精神，就要旗帜鲜明地加以维护；当现实社会背离了马克思主义精神，就要保持距离，并进行力所能及的抗争。我们坚持实事求是的原则，运用科学批判的方法，深入熙熙攘攘的社会表象之背后，从中发现隐藏的深层问题，揭示内在的矛盾。我们还应该从实现好、维护好、发展好人民群众的根本利益出发，积极探索解决问题的现实途径，创造解决矛盾的有效措施，提出建设性的意见建议，形成促进社会发展的长效机制。

总之，就是要在实际工作中，既要用敏锐的、批判的眼光看待问题，又要坚持少发牢骚多搞建设，少讲困难多想办法，少讲空话多干实事，少

---

① 侯惠勤主编：《正确世界观人生观的磨砺》，南京大学出版社1996年版，第7页。

谋待遇多做贡献，在批判中推进建设，用建设来应对批判，实现批判与建设的辩证统一。

第二节　颠倒世界的扬弃

在《资本论》等著作中，马克思对资本主义生产总过程进行了科学批判，把资本主义描述成为"一个着了魔的、颠倒的、倒立着的世界"，并在批判颠倒的世界中发现新世界，生动展示了马克思主义的科学批判精神。

一

马克思批判继承并改造了黑格尔和费尔巴哈的有关"颠倒"思想的论述，并把这一方法成功运用于对资产阶级意识形态的批判，集中展示了"颠倒方法"的基本特点。

在《神圣家族》中，马克思从认识论角度分析青年黑格尔派把意识与现实存在颠倒的过程。他以果实为例揭露了这种思维方式的秘密：思辨方法的第一步是把概念实体化，使抽象概念成为脱离感性事物的独立实体，它决定感性事物的本质，而现实的感性事物则是它的样态。这样，现实存在的苹果、梨等就成了"果实"这个实体虚幻的本质。第二步是把这种实体主体化，把实体看做是主体在自己的生命发展过程中自我设定的对象，不同的实体只是主体生命过程中千差万别的环节。"果实"一旦变为绝对主体之后，就把自己确定为苹果或梨，其差别只是"果实"内在差别的实现。经过这么一番变化，借助于具体概念，抽象概念就实现了从思辨世界向现实世界的过渡，抽象概念也就自然而然地颠倒成为世界的主宰。这是马克思对青年黑格尔派思维方式的科学批判，也是意识形态颠倒本质的认识论根源。

在《德意志意识形态》中，马克思从社会现实层面进一步探求这种颠倒的奥秘。他认为不是意识决定存在，而是社会存在决定社会意识。意识只能是被意识到了的存在，而人们的存在就是他们的实际生活过程。可见，意识产生于人们的生产生活之中，并且随社会发展出现物质劳动和精神劳动的分离获得相对独立的形态，"从这时候起，意识才能摆脱世界而去构造'纯粹'的理论、神学、哲学、道德等等。"① 意识与社会物质生活的关系变得模糊不清，某些社会意识形式甚至可能颠倒成为控制人们言行的重要力量。

意识形态颠倒还有着深刻的阶级根源。任何意识形态都是特定阶级的经济利益得以获得群众支持的中介。一种意识形态只是一定历史阶段中某阶级利益和意志的反映，却常被用来颠倒论证某种社会制度（代表了这一阶级利益和意志）为人类社会普遍永恒存在的天国。马克思指出，意识形态是思想家直接依据精神文化传统（而不仅是现实的物质利益）创造出来的，他们常把所属阶级的意识形态论证为全社会成员利益的体现。可见，意识形态对客观现实的反映是通过一定阶级、集团的目的、利益的三棱镜折射颠倒实现的。因此，意识形态在多大程度上反映社会发展的规律，取决于它所代表的阶级利益在多大程度上和社会发展相一致。以资本主义意识形态为例，在资产阶级革命上升时期，它虽然以唯心主义的颠倒和幻想方式存在，但仍反映了真实的历史进程——消灭封建制度，建立资本主义社会的必然性，在一定程度上成为广大人民利益的代表，包含了真理因素，成为革命的伟大精神动力。但随着资本主义社会的建立，资产阶级意识形态开始发生了某些根本性的变化——由饱含革命激情的精神信念转为维护现实的思想体系。

正是在对资本主义意识形态的批判中，马克思真正意识到，意识形态批判毕竟还是理论思想层面上的思考，要真正实现对资本主义的科学批判，还必须把"颠倒方法"运用到对社会生产生活的考察之中。

---

① 《马克思恩格斯全集》第3卷，人民出版社1960年版，第35—36页。

二

马克思认为，资本主义意识形态颠倒的核心是三大拜物教，而要揭示资本主义拜物教的奥秘，必须剖析资本生产过程和市场经济运行的复杂机制。

在资本主义市场经济中，商品本来是人劳动的产物，但在与其他产品的关系上却"用头倒立着"，以物的形式反映人与人之间的关系，这就是商品拜物教。"商品形式在人们面前把人们本身劳动的社会性质反映成劳动产品本身的物的性质，反映成这些物的天然的社会属性，从而把生产者同总劳动的社会关系反映成存在于生产者之外的物与物之间的社会关系。由于这种转换，劳动产品成了商品，成了可感觉的而又超感觉的物或社会的物。……这只是人们自己的一定的社会关系，但它在人们面前采取了物与物关系的虚幻形式。因此，要找一个比喻，我们就得逃到宗教世界的幻境中去。在那里，人脑的产物表现为赋有生命的、彼此发生关系并同人发生关系的独立存在的东西。在商品世界里，人手的产物也是这样。我把这叫做拜物教。劳动产品一旦作为商品来生产，就带上拜物教性质，因此拜物教是同商品生产分不开的。"① 货币出现，货币与商品关系发生颠倒，一种商品成为货币，似乎不是因为其他商品都通过它来表现自己的价值，相反，似乎因为这种商品是货币，其他商品才通过它来表现自己的价值，这就是货币拜物教。货币转化为资本，这种颠倒更加高级了。在资本与劳动力之间，本来是劳动者拥有劳动力，但在资本主义生产劳动过程中颠倒过来，资本已成为一种非常神秘的东西，因为劳动的一切社会生产力，都好像不为劳动者本身所有，而为资本所有，好像是从资本本身生长出来的力量。资本成为支配一切的上帝，这就是资本拜物教。它的最终完成是资本的最高形式——生息资本。在这里，"我们看到了资本的没有概念的形式，看到了生产关系的最高度的颠倒和物化：资本的生息形态，资本的这样一

---

① 《马克思恩格斯选集》第 2 卷，人民出版社 1995 年版，第 138—139 页。

种简单形态，在这种形态中资本是它本身再生产的前提；货币或商品独立于再生产之外而具有增殖本身价值的能力，——资本的神秘化取得了最显眼的形式。"① 这是主体劳动者与客体资本关系的颠倒。

这种拜物教颠倒的内在机制是资本主义生产的颠倒。从劳动过程来看，生产中工人并不是把生产资料当作资本，而只是把它当作自己有目的生产活动的手段和材料。"可是，只要我们从价值增值过程的观点来考察生产过程，情形就不同了。生产资料立即转化为吸吮他人劳动的手段。不再是工人使用生产资料，而是生产资料使用工人了。不是工人把生产资料当作自己生产活动的物质要素来消费，而是生产资料把工人当作自己的生活过程的酵母来消费，并且资本的生活过程只是资本作为自行增殖的价值的运动。"② 这就是主客体颠倒的进一步发展。资本获得了自己发展的独立性，成为生产中的主人，而工人主体却沉沦为资本生产的客体和附属物并且受到自己产品的支配。物的人格化与人的物化即主体与客体的颠倒成为普遍现象，人与物的颠倒成为资本主义社会的显著特征。深层次讲，这又是一种价值颠倒。由于竞争，在生产流通过程中，事物以颠倒的形式表现。工人供养资本家表现为资本家供养工人。工人与资本家的不等价交换表现为一天工作得一天工资的平等交易。剩余价值表现为利润、地租和利息。资本发展的内在规律也是颠倒表现的。生息资本是各种颠倒之母。总之，"在资本—利润（或者，更恰当地说是资本—利息），土地—地租，劳动—工资中，在这个表示价值和一般财富的各个组成部分同其各种源泉的联系的经济三位一体中，资本主义生产方式的神秘化，社会关系的物化，物质的生产关系和它们的历史社会规定性直接融合已经完成：这是一个着了魔的、颠倒的、倒立着的世界。"③ 这就是马克思以科学方法描述的颠倒的资本主义世界。

现实的颠倒借以表现的歪曲形式，自然会在这种生产方式的当事人的观念中再现出来。这种歪曲形式反映在资产阶级思想家的头脑中，就是所

① 《马克思恩格斯全集》第46卷，人民出版社2003年版，第442页。
② 《马克思恩格斯全集》第44卷，人民出版社2001年版，第359—360页。
③ 《马克思恩格斯全集》第46卷，人民出版社2003年版，第940页。

谓的庸俗政治经济学。庸俗政治经济学把资本主义颠倒的世界描绘成人类社会天然的存在形式。"庸俗政治经济学无非是对实际的生产当事人的日常观念进行教学式的、或多或少教义式的翻译，把这些观念安排在某种有条理的秩序中。因此，它会在这个消灭了整个内部联系的三位一体中，为自己的浅薄的妄自尊大，找到自然的不容怀疑的基础，这也同样是自然的事情。同时，这个公式也是符合统治阶级的利益的，因为它宣布统治阶级的收入源泉具有自然的必然性和永恒的合理性，并把这个观点推崇为教条。"① 这些观点在资本主义历史学、政治学、伦理学、哲学中理论体系化，形成了资本主义社会意识形态的总体系，颠倒的资本主义世界也因此而获得了永恒存在的合理性。

三

通观马克思的论述，在对象层面上我们可归纳出颠倒的四个层次：一、观念的颠倒。观念从具体事物中抽象出来，独立实体化，表现为观念主体化、现实从观念中产生，观念成为现实的本源，可谓是认识论颠倒。二、反映过程的颠倒，主要指意识形态的颠倒。一定阶级的思想家经过本阶级利益、目的这一"三棱镜"的颠倒，论证本阶级的利益为全体社会成员的利益，认为暂时的历史发展就是永恒的世界存在，歪曲地反映现实。三、表现形式的颠倒。资本主义社会中，由于竞争，经济过程颠倒地表现出来。人人关系颠倒表现为物物关系。剩余价值颠倒表现为利润、利息、地租形式。社会发展的一定阶段表现为永恒的历史形式。四、现实世界的颠倒。人创造了商品、货币、资本，在资本主义生产中颠倒为商品、货币、资本支配人和社会，人创造物质财富，物却控制了人和社会的运动，主客体发生了根本颠倒。资本创造了适应它发展的生产关系，这种生产方式却日益成为资本发展的枷锁。生产力的发展开始颠倒成为自己存在形式——资本主义生产关系的反对者。资本主义社会产生了摧毁自己的物质

---

① 《马克思恩格斯全集》第46卷，人民出版社2003年版，第941页。

基础和阶级力量。

综上所述，马克思始终站在历史唯物主义和无产阶级立场上，从对社会现实生产生活的分析出发，批判资本主义社会颠倒的现实，揭开假象把握真相，透过现象把握本质，总结偶然性发现必然规律，这实际上就是所谓的"颠倒方法"。运用这一方法，我们可以看到，社会生产生活中的种种现实和现象常以颠倒的形式表现出来，社会意识形式与社会存在关系也可能发生各种变化，特别是意识形态更会以异常明显的颠倒形式表现自己。因此，在认识社会现实和现象的过程中，必须要把"颠倒方法"作为我们思维的一个重要方法，这是我们认识客观世界的重要原则。

颠倒的世界必须重新颠倒过来。马克思明确提出：不是意识决定生活，而是生活决定意识。站在代表人类根本利益的无产阶级立场上，马克思揭开资产阶级意识形态颠倒的本质，揭示了资本主义社会颠倒的深层机制和原因。当然，批判的武器不能代替武器的批判，要真正解决现实的颠倒问题，只有变革资本主义的生产关系，解放和发展生产力，才可能彻底地实现颠倒的拨乱反正，使人类真正成为自己的主人，实现共产主义的崇高理想。

深入把握这种"颠倒方法"，可以科学地分析当前社会中出现的颠倒现象。在经济建设领域，我们要建设的社会主义市场经济实质上是道德经济，是诚信经济，但在现实生活中却是不道德的行为比比皆是，社会对诚信的呼声很高（这恰恰反映了现实中不诚信现象的严重）。在政治建设领域，有些人民的公仆忘记了自己的职责和使命，以"父母官"自居，俨然是社会的主人，而人民群众的主人公地位在某些方面却无法得到有效保障。在文化建设领域，马克思主义被明确为指导思想，但在日常生活中，指导思想常常成为空洞的宣传口号，对人们思想言行的指导力有限，而那些非主流的思想（如个人主义、自由主义、功利主义等）却成为一些人思想行为的准则规范。这种颠倒的现象，正如马克思对资本主义社会的分析那样，有其深刻的社会现实根源，如社会主义市场经济体制还不够完善，民主政治建设还不够成熟，文化建设还不能完全适应时代的需要，等等。

但是，这种存在着颠倒现象的社会大环境，并不能成为每个人在世俗生活中随波逐流的借口。客观地讲，社会主义制度的建立，为我们实现把这种社会现象颠倒过来奠定了制度基础。我们应该担负起改造社会的重任，在把颠倒的社会现象颠倒过来的过程中发挥自己的作用：不要抱怨社会，而要反省，我们自己尽到责任了吗？在日常的经济生活中，我们做到坚守诚信，独善其身了吗？在实际工作中，我们做到全心全意为人民服务了吗？扪心自问，我们自己的言行真正坚持马克思主义指导了吗？如果我们每个人都能够给出肯定的回答，那么，这种颠倒的现象一定会改变，我们个人的现实生活也会因之而变得高尚，中国特色社会主义的伟大目标一定能够早日实现。

第三节　建设之中求平等

追求全面的、实质的平等，是社会主义的应有之义和本质特征，但是，在我国改革开放取得巨大成就的同时，社会贫富差距也在不断扩大，公平正义的追求以颠倒的形式表现出来。这种贫富不均，不仅体现在具体的现实生活中，而且渗透到思想文化和心理意识之中，并由此引发了仇富笑贫、官商勾结、以权谋私等一系列的社会问题。冷静反思，这些社会问题，集中反映的是对不平等现象的强烈抗议，对平等的永恒追求。但是，平等不应是绝对的平均，也不应是重回贫困的平等，而应是在发展中追求平等，在建设中实现全面的平等。

一

近代以来，与自由、民主一样，平等是资产阶级的一个重要政治主张。人们对平等的认识和追求也从起点平等和机会平等到结果平等，呈现出一种客观的逻辑展开过程。

资产阶级的平等观首先是针对封建主义等级制度而产生的。皮埃尔·勒鲁继承卢梭的平等思想，阐发了具有法国历史和文化特点的平等观。他把平等理解为公民在刑法、政法、民法各个方面的平等，平等是一种原则、一种信条、一种信念、一种信仰、一种宗教。① 如何实现这种平等呢？皮埃尔·勒鲁依靠的是心灵的力量，"你们既然承认一种原则，那你们就必须承认它的后果。一个原则的内部蕴藏着许许多多的后果，而这些后果只能是断断续续地显示出来。一个原则，就像一个征服者那样向前迈进：在前进中获得力量。一旦某种概念在人类的心灵中出现，它就开始萌芽、发展并日益壮大，最后升向穹苍。"② 当资本主义制度建立起来之后，反映资产阶级愿望的平等观逐步贯彻到经济领域。约翰·密尔强调经济领域中的起点和机会的平等。他认为应当改革当前的私有制，纠正过去由于征服和暴力而造成的现存分配状态的不公平，追求一种新的公平，即起点和机会的平等。③ 密尔的经济平等观在西方社会得到广泛认同，成为支配资本主义市场经济运行的基本价值观念和指导原则。但是，这种平等观的盛行也带来了很大的负面效应，导致了明显的社会财富分配不公平，贫富分化严重，引发各种各样的社会问题，成为导致经济危机的一个重要原因。社会主义思想正是在这种大时代背景下产生的，追求结果平等也就成为社会主义吸引广大人民群众的强有力目标。可见，只是单方面的强调起点和机会的平等，也许可以解决生产发展中的效率问题，但并不能解决经济发展中的所有问题，还必须考虑到如何实现结果的平等。

马克思主义经典作家对资产阶级平等观的批判，为我们正确认识平等问题提供了科学指导。马克思指出，在资本主义社会，"资本是天生的平等派，就是说，它要求把一切生产领域内剥削劳动的条件的平等当作自己

① 参见［法］皮埃尔·勒鲁：《论平等》，商务印书馆1964年版。
② ［法］皮埃尔·勒鲁：《论平等》，商务印书馆1964年版，第65页。
③ 参见［英］约翰·穆勒：《政治经济学原理》上卷，赵荣潜等译，商务印书馆1991年版，第二编第一章。

的天赋人权"。① 这是资产阶级平等观的阶级本质，也是资本主义平等观的基本出发点。通过考察从古代平等观到现代平等观的发展轨迹，恩格斯指出："平等的观念，无论以资产阶级的形式出现，还是以无产阶级的形式出现，本身都是一种历史的产物，这一观念的形成，需要一定的历史条件，而这种历史条件本身又以长期的以往的历史为前提。所以，这样的平等观念说它是什么都行，就不能说是永恒的真理。"② 可见，平等是一个历史的观念，它随着社会实践的发展在不同时代、不同国家、不同阶级具有不同的内涵。不应该从抽象的平等原则来论证社会的发展，而是应该从现实的社会实践中去寻求实现平等的正确途径。所以，平等不应是建立在某种哲学基础之上的空洞理想，也不是纯粹理论推演的抽象说教，而应是经济社会不断发展的内在要求。

在批判资产阶级平等观的基础上，马克思和恩格斯阐明了无产阶级所追求的平等观。"从资产阶级由封建时代的市民等级破茧而出的时候起，从中世纪的等级转变为现代的阶级的时候起，资产阶级就由它的影子即无产阶级不可避免地一直伴随着。同样地，资产阶级的平等要求也由无产阶级的平等要求伴随着。"③ 工人阶级要求平等的愿望，在继承资产阶级平等观合理成分的基础上，又有了全新的内容，"无产阶级抓住了资产阶级的话柄：平等应当不仅是表面的，不仅在国家的领域中实行，它还应当是实际的，还应当在社会的、经济的领域中实行。""无产阶级平等要求的实际内容都是消灭阶级的要求。"④ 这就进一步扩展了平等观的理论内涵，阐发了社会主义平等观的精神实质。

在马克思主义看来，无产阶级平等要求的实现，不能依靠单纯的理性和信仰力量，也不能依靠抽象的道德呐喊，而是要求无产阶级及其政党团结和领导广大人民群众，通过社会主义革命，继承资本主义生产发展所取得的巨大成就，扬弃资本主义国家在实现平等中的经验和教训，解放和发

---

① 《马克思恩格斯全集》第44卷，人民出版社2001年版，第457页。
② 《马克思恩格斯选集》第3卷，人民出版社1995年版，第448页。
③ 同上书，第447页。
④ 同上书，第448页。

展生产力，进行社会主义现代化建设，在建设与发展中逐步实现真正的全面的平等。马克思主义的这种平等观，既继承资本主义的平等观和相应的政策，重视起点的平等和机会的平等，又发扬无产阶级的平等观，强调结果和实质的平等，达到了二者的辩证统一，其最终目标是消灭阶级、实现共产主义。同时，马克思主义也承认，任何社会中，都没有绝对的平等，平等本身就是由各种历史条件决定的，每一个时代平等的实现程度，根本上取决于当时的生产力发展和社会实践水平。

二

中国数千年来形成了根深蒂固的等级观念，传统文化中的平等观念比较淡薄。虽然历次农民起义都曾提出过包含平等要求的口号，但多是局限于对财富和土地的平均分配，没有也不可能找到实现全面发展的科学途径。社会主义的建立，为我国实现全面的平等奠定了坚实的制度基础。但是，在我国社会主义现代化建设过程中，我们对平等观的认识也曾经历了各种曲折。新中国成立之初，我们更多强调的是结果平等，这种选择在建国初期具有其现实合理性。但是，在以后的发展中，这也导致了越来越严重的平均主义，人们的劳动积极性受到压抑，生产效率降低，制约了经济社会的进一步发展。这种事实教育我们不能单纯地追求结果的平等，还必须加强对起点平等和机会平等的重视。

建设社会主义市场经济体制其中就包括建立良好的市场秩序，为每个人发挥自己的聪明才智提供平等的机会，为实现共同富裕创造物质条件。这种市场秩序的建立，必须从中国的基本国情出发，以马克思主义社会发展理论为指导，批判继承资本主义社会建立市场经济秩序的经验，探讨适合客观实际的发展模式。具体来讲，应该在生产、分配、交换和消费领域中，处理好生产力水平提高与人的全面发展的关系，处理好追求利益与信誉交往的关系，处理好效率与公平的关系，处理好生存享受与可持续发展的关系。但是，在一些行业和地区，却是为了生产而生产全然不顾人民的健康与安全，为了追求利益而失去了最基本的商业信誉，为了追求效率而不再讲基本的平等，为了当代的享受而不顾后代的可持续发展。这无疑是社会主义市场经济全面、协调、可持续发展的巨大制约因素。这些问题，集中表现为严重的社会不平等，具体体现为起点、机会和结果的不平等。

起点不平等最为典型地体现于城乡人民之间起点的不平等。农村居民及其子女不论是在经济基础、政治权利（实质而非理论的）还是文化教育方面的起点都无法与城市相比。这种不平等引发了数千万的农民涌进城市，城市的各种压力迅速增加，农业生产受到极大影响，农村建设步履艰难。在以农民为人口主体的中国，如果不给他们一个平等的起点，就会严重影响我们的现代化建设。可以说，没有农村的现代化，中国就永远不可能实现真正的现代化，也不可能实现真正的繁荣富强。所以，必须加大对农业生产的投入，加强农村城镇化建设，提高农民的文化教育水平，从根本上解决城乡差距问题，实现城乡居民在经济、政治和文化教育方面的起点平等，为现代化建设提供一个良好的社会环境。

机会不平等集中体现于不同社会阶层之间竞争机会的不平等。有些社会阶层的成员由于从事特殊的职业，具有其他社会阶层成员不具备的条件（或特权），在市场竞争中处于相当有利的地位，获得成功与发展的机会远远高于其他社会阶层。这也是引发行业腐败、社会问题丛生的重要原因。只有社会职位向所有人开放，消除某些行业特权，消除官本位思想，从制度上保障每个人都有一个平等的竞争机会，才能真正调动人们的劳动积极性，激发人们的创造活力，大大提高生产效率，保持社会稳定和良性发展。

收入不平等已经成为一个有目共睹的事实，并且发展到了相当严重的程度。解决不好这个问题，不但极大影响生产效率的进一步提高，而且会危及社会的稳定。收入不平等具体表现为地区与地区之间、行业与行业之间的不平等。在社会主义市场经济建设过程中，我们坚持的是以按劳分配为主体的多种分配形式，结果不平等恰恰违反了这一原则。客观地讲，并不是实施按劳分配的原则导致了相当严重的社会不平等（由按劳分配导致的社会不平等是大多数人可以接受的），而是一些人通过非法手段获得暴利而导致的不平等。所以，要实现分配结果的平等，必须真正贯彻按劳分配的原则，在起点和机会相对平等的前提下，充分发挥每个人的聪明才智，实现每个人的社会价值，使每个人获得应有的财富与荣誉。要实现分配平等，还必须科学对待按生产要素分配的原则，按照生产要素分配，必须看其所占有的生产要素是否合法，是否是其劳动所得。同时，进一步加强税收制度改革，加强社会保障体系的建设，也是实现分配平等的重要措施。

走向真正的、全面的社会平等是马克思主义的重要目标之一，也是社会主义现代化建设的一个重要任务。社会主义之所以能够在资本主义最为强盛的时候产生、发展，对广大人民群众具有如此巨大的吸引力，其原因之一就在于它为人们指出了一条走向真正平等的科学之路。否定了这一原则，也就是否定了社会主义的本来意义，就会失去广大人民的支持。当前，我们所要建设的社会主义和谐社会，应该是民主法治、公平正义、诚信友爱、充满活力、安定有序、人与自然和谐相处的社会。可见，追求平等，实现公平正义，是中国特色社会主义的重要内容。

三

邓小平强调："社会主义的本质，是解放生产力，发展生产力，消灭剥削，消除两极分化，最终达到共同富裕。"[①] 社会主义建设的这一根本目标，具体到个人的成长和发展来说，就是追求生活和工作中的平等，实现人的全面发展。但是，在实际生活中，人生起点、竞争机会和收入待遇等方面存在的不平等现象比较严重，这种社会现实的存在，是引起一些人个人思想观念发生扭曲、实际生活中违犯党纪国法的重要原因。如何面对现实中的不平等，追求理想中的平等，既是一个思想认识问题，也是一个实践问题。

我们应该正确面对人生起点的不平等。正如我们不能选择自己所处的时代一样，我们同样不能选择自己的人生起点。

---

① 《邓小平文选》第 3 卷，人民出版社 1993 年版，第 373 页。

　　一个人一出生，就由家庭出身决定了最初的人生起点。但是，无数事实证明，一个人的发展潜力常常是无法估量的。从发展的眼光来看，最初的人生起点并不能左右一个人今后一生的走向，出身贫寒、先天不足，常常可能成为激发一个人不断成长发展的强大动力。最初的人生起点也不能最终决定一个人的事业前景，身心磨难、挫折失败，常常是一个人取得成功和为社会作出重大贡献的成长阶梯。通过自己的努力，通过教育学习，增强素质提高能力，最大限度地弥补起点的不平等，实现最大可能的平等追求，难道不是人生的一种享受吗？

　　我们应该正确面对工作机会的不平等。有些人经常抱怨社会的不公平，埋怨他人没有给自己平等竞争的机会。但是，冷静思考，我们就会发现一种矛盾的现象：一方面，有些人常常抱怨怀才不遇，没有施展才华的机会；另一方面，社会各界求贤若渴，找不到真正能够胜任工作的人才。这种矛盾现象，既有社会环境的原因，也有个人素质能力的原因。不可否认，在现实生活和工作中，确实会在某个时期、某些事情上对一个人不公平，但从长远的历史的观点来看，社会发展毕竟存在着相对公平的竞争机会，机会对于每个人来讲又是平等的。工作机会平等与否的关键，不在于别人或社会是否给你提供平等的机会，而在于自己能否客观地认清优势和不足，及时抓住自己有能力把握的发展机遇。

　　我们应该正确面对各种结果的不平等。正如恩格斯提出的历史发展合力理论一样，一件事情的结果，同样是由具有各种各样意志和想法的人共同决定的。从唯物辩证的观点来看，这样的结果，往往是参与其中的每个人都无法事先预料的，因此，不要为那些自己无法控制和决定的结果而担忧。这样的结果，虽然对于一些人是不公平的，但对于参与其中的每个人来讲，又可能是现实条件下最平等的结局。因此，在很多情况下，我们应该跳出个人利益和得失的小天地，从集体、组织、社会和国家的角度来看待个人是否得到公正平等的待遇。在一些情况下，我们还应该养成换位思考的习惯，多从他人的角度来思考问题，也许对最终的结果会有一个全新的认识。

　　总之，以马克思主义及其平等观为指导，立足于大多数人的根本立场，用平常心去对待现实生活和工作中的不平等，我们才能在事业的不断发展中实现相对的平等，在社会主义和谐社会的建设中获得心灵的安宁。

第四节　人的自由全面发展

建设新世界，不但体现在社会制度的根本变革，表现在经济社会的重大进步，而且体现在人的全面发展。推进人的全面发展，同推进经济、文化的发展和改善人民物质文化生活，是互为前提和基础的。人越全面发展，社会的物质文化财富就会创造得越多，人民的生活就越能得到改善。而物质文化条件越充分，就越能推进人的全面发展。

一

马克思指出："人的本质不是单个人所固有的抽象物，在其现实性上，它是一切社会关系的总和。"① 这一经典论述，实际上是马克思主义研究人的科学方法论。马克思不是从抽象的共同人性（感性或理性）出发，而是从社会历史的客观现实出发，从复杂的社会表象中总结提炼出人的本质，运用由抽象到具体的辩证方法，通过对人的本质在现实生产生活中发展、充实的理论再现，从而达到对具有丰富社会属性的现实的人的科学认识，为实现人的自由全面发展提供科学的指导。

在《资本论》等著作中，与分析批判资本生产总过程研究思路相对应，马克思认为，在资本主义社会，人的发展也有一个客观的过程：人最初的抽象规定性应该是劳动，而劳动的物化，即劳动产品，表征了人的目的、能力和创造性等特点。产品商品化，是人与人交往的结果，也是人的

---

① 《马克思恩格斯选集》第 1 卷，人民出版社 1995 年版，第 56 页。

社会关系、社会属性实现一般化的基础。而这种交往的发展导致了商品的一般等价物的出现，货币也随之产生了。货币不是自然物，它是人类社会生产力和社会关系发展的表征，人的各种劳动能力及其产品都通过它来进行衡量。资本生产是资本主义社会的本质特征，它以越来越精细的社会分工为条件，劳动分化为各种各样的具体环节。同时它又以高度协作为前提，劳动又是多样性统一，总体劳动通过这种精细分工与相互协作共同完成资本总生产。如此导致的是局部工人与总体工人的区分。在资本总生产过程中，资本家是资本的人格化；在生产过程中，人作为劳动者在生产的各个环节发挥作用，具有基本的社会规定性，这种规定性甚至代替了人的所有规定性，如在机器大生产过程中，人不过是一个扳手、一个螺丝钉。在交换、分配领域，人又是交换者、分配者，进行各种交换、分配活动，变换着不同的社会角色。在消费领域，人们根据社会实践、知识水平、道德修养程度、民族传统等进行消费，并通过这些消费体现自己的社会存在。资本的社会化大生产决定了人们之间的普遍交往，人成为社会的人，具有普遍的社会联系。为了进行生产，人必须接受教育，所以人又是受教育者，不同的国家和民族，培养具有各种各样道德、文化的人，而哲学等理论也通过教育成为人们的社会规定性。

总之，人就是一个具有丰富社会属性的小世界，人的本质就是一切社会关系的总和，并没有一个亘古不变的人性。

二

从人的发展水平这一角度，马克思总结了社会发展的三大基本形态："人的依赖关系（起初完全是自然发生的），是最初的社会形式，在这种形式下，人的生产能力只是在狭窄的范围内和孤立的地点上发展着。以物的依赖性为基础的人的独立性，是第二大形式，在这种形式下，才形成普遍的社会物质变换、全面的关系、多方面的需求以及全面的能力的体系。建立在个人全面发展和他们共同的、社会的生产能力成为从属于他们的社会财富这一基础上的自由个性，是第三个阶段。第二个阶段为第三个阶段创造条件。因此，家长制的，古代的（以及封建的）状态随着商业、奢侈、货币、交换价值的发展而没落下去，现代社会则随着这些东西一道发展起来。"① 这就把人的成长放到了一个更为长远的社会发展中，从历史角度对人的社会规定性进行总结。在第一大形态中，没有个人的自由独立，社会主体是存在一定依附关系的群体，有的是对血缘家族、地域国家的依附关系。在第二大形态，人有了独立性，但是却以对物的依赖为前提，个人并没有真正的自由和个性。由第二大形态向第三大形态过渡，关键是要扬弃物的依赖性，由人的独立性变成人的自由。第二大形态为第三大形态创造了客观条件，所以不能完全否定也不可能真正超越人对物的依赖这一阶段。正是在这一认识基础上，马克思提出了人类实现自由解放的基本原则。

与西方个人主义传统不同，在马克思的视野中，自由不能仅仅从个人出发，把它限定为个人追求的目标，而是应该从社会出发，把它理解为一种社会状态。与西方的宗教传统不同，马克思认为自由不是脱离世俗社会存在于理想天国的宁静，而是产生于社会现实中的境界。与英美等国传统的自由观不同，马克思的自由观不是要完全摆脱国家政府的制约与干涉，而是以对社会制度的改造为前提条件。与德国传统的自由观不同，在马克思的思想中，自由不是单纯依靠个人理性的努力实现的，它必须通过整个人类的革命与建设实践。与后现代主义不同，马克思的自由观并不是要完全否定资本主义社会所创造的一切成就，它恰恰建立在这一现实基础之上，是对资本主义社会的扬弃。由此可见，马克思的自由观具有独特的性质，它以唯物辩证法为理论武器，以对资本主义社会的科学批判为支持，以无产阶级和全人类的根本利益为基本立场，既是对西方传统自由观的科学批判继承，也是对当代西方自由观的现实超越，更是指导我们今天走向自由全面发展的正确理论指导。

马克思并不否认资本主义社会的历史进步性，他甚至认为，资本主义社会在使人局部化和畸形发展的同时，也为个人发展提供了条件，"培养

---

① 《马克思恩格斯全集》第30卷，人民出版社1995年版，第107—108页。

社会的人的一切属性，并且把他作为具有尽可能丰富的属性和联系的人，因而具有尽可能广泛需要的人生产出来——把他作为尽可能完整的和全面的社会产品生产出来（因为要多方面享受，他就必须有享受的能力，因此必须是具有高度文明的人），——这同样是以资本为基础的生产的一个条件。"① 但是，资本主义社会为人的自由全面发展创造的只是必要条件，人成为具有高度文明的人也只是一种自发的社会行为，要真正实现个人自由全面的发展，必须超越这一社会制度。这里，马克思主义不是依靠西部牛仔式的个人奋斗，不是通过纯粹道德呼吁，不把希望寄托在貌似革命的哲学批判之上，而是以无产阶级革命和社会主义建设为基本途径、通过改造生产关系和发展生产力实现这一目标。

可见，不论是考察人的自由全面发展还是其他问题，都不能脱离马克思主义对资本主义社会的基本看法。否则，就会犯只见树木不见森林的错误，把马克思主义降低到形而上学的水平来认识。

三

总结马克思和恩格斯的相关论述可知，个人自由全面发展的具体内涵、实现途径和方法、实现程度等是由现实的社会关系和社会制度所决定的。马克思主义没有也不可能为每一个人设计实现自由解放的具体方案，但为人们提供了实现自由解放的基本原则、方法和途径，即继承资本主义社会所取得的一切有益于社会发展的成果，通过改造社会制度，解放和发展生产力，才能超越人类社会的动物（或经济）阶段。只有社会本身占有了生产资料，人们才会从自然界的支配下、社会的控制中和自身的约束里解放出来，一直统治着历史的客观力量，现在才会处于人们自己的控制之下。"只是从这时起，人们才完全自觉地自己创造自己的历史；只是从这时起，由人们使之起作用的社会原因才大部分并且越来越多地达到他们所

---

① 《马克思恩格斯全集》第 30 卷，人民出版社 1995 年版，第 389 页。

预期的结果。这是人类从必然王国进入自由王国的飞跃。"① 只是从这时起，人们才会完全自觉创造自己的历史，人类才会实现从必然王国到自由王国的飞跃。也只有从这时起，每个人才能真正获得自由全面发展的基本社会条件。

在当代中国，由于各个地区经济、文化发展较不平衡，从西部边陲经中原内地到东部沿海，从工人农民到知识分子，人的自由全面发展程度具有较大的差别。马克思主义为中国的现代化建设指明了一条切实可行的崭新道路，为实现人的自由和全面发展指明了方向：社会生产力和经济文化的发展水平是逐步提高、永无止境的历史过程，人的全面发展程度也是逐步提高、永无止境的历史过程。这两个历史过程应相互结合、相互促进地向前发展。人的自由和解放并不完全是一个悬设的理想目标，每个人都有可能达到时代决定的最高境界。人的自由和解放没有一个固定的模式，而是随时代发展不断变化的，每个人都处于这一过程之中，每个过程都是人类争取自由与解放漫长历史的一个阶段。具体到每个人来讲，就是要胸怀远大理想，脚踏实地成长，遵循科学大道，做实做好小事，学以致用，学用相长，在实际生活中实现具有时代可能性的自由全面发展。

---

① 《马克思恩格斯选集》第 3 卷，人民出版社 1995 年版，第 634 页。

第四章
旗帜引领思潮

　　随着改革开放的逐步深入，思想文化界呈现出"百花齐放，百家争鸣"的可喜局面。这既有利于马克思主义的发展和创新，同时也使马克思主义面临着个人主义、自由主义、功利主义等思潮的挑战。这种理论挑战，实质上也是对每个人价值观念的挑战，是每个人思想世界中各种观念斗争的一种真实表现。运用马克思主义，批判考察各种理论思潮，是培养理论思维能力，确立正确世界观、人生观、价值观，提高综合素质和能力的过程。唯有如此，才能高扬马克思主义的伟大旗帜，在现实生活中站稳脚跟，正确引导社会思潮的发展，切实有效地应对思想文化领域的各种挑战。

第一节 应对挑战引领思潮

　　每个人都生活在各种各样社会思潮的包围之中，都受到它们这样或那样的影响。如何科学应对社会思潮的挑战，确定指导思想言行的科学原则，引领文化发展的正确方向，巩固马克思主义的指导地位，既是构建社会主义核心价值体系面临的一个重大理论问题，也是每个人每时每刻面临的一个重大实践问题。

一

　　对待各种社会思潮，要有正确的态度，既不能盲从，也不能盲目否定，应该采取科学理性的研究方式，把它们放到整个时代和中国国情特别是经济发展中来考察。因为"一切社会变迁和政治变革的终极原因，不应当到人们的头脑中，到人们对永恒的真理和正义日益增进的认识中去寻找，而应当到生产方式和交换方式的变更中去寻找；不应当到有关时代的哲学中去寻找，而应当到有关时代的经济中去寻找"①。

　　当今世界正在发生着广泛而深刻的变化，经济全球化趋势日益明显，各国思想文化交流日益密切。当代中国也正在发生着深刻的变化：经济体制深刻变革，逐步形成了中国特色社会主义市场经济模式；社会结构深刻变动，各个社会阶层在很多方面都有大的改变；利益格局深刻调整，形成了多样化的利益群体并提出了不同的利益诉求。这种广泛而深刻的时代变化，反映在思想文化领域，就表现为百家争鸣、百花齐放的局面：中国传统文化呈现复兴趋势，良莠不齐的西方文化和思想观念纷至沓来，主流意

①《马克思恩格斯选集》第3卷，人民出版社1995年版，第741页。

识形态既面临严峻挑战，又面临难得机遇。在这种情况下，人们思想活动的独立性、选择性、多变性、差异性明显增强，各种思想空前活跃，价值观念呈现多样化趋势，各种文化相互渗透、相互激荡的形势更加复杂。我们处在一个思想日益活跃、观念不断碰撞、文化相互交融的时代当中，先进文化与落后文化同在，健康文化与腐朽文化并存。这是多样化社会思潮产生和繁荣发展的时代背景和现实基础，也是我们正确应对挑战的重要理论前提。

在社会生活的各个领域，各种社会思潮广泛存在，如政治生活中，有新自由主义、社团主义、民粹主义、新左派、新儒家等；经济生活中，有享乐主义、消费主义、拜金主义等；伦理道德领域中，有功利主义、新个人主义、新集体主义等；哲学思潮中，有后现代主义、西方马克思主义、新康德主义、新黑格尔主义等。这些社会思潮不是一般的、个别的思想观点和学术流派，更不是某个学者的学术思想，而是反映一定阶级或阶层利益和要求的思想文化趋势和潮流，具有相对稳定而独特的价值诉求，其中包含具有一定社会公认度的代表人物，一定时期内得到广泛传播，并具有广泛的社会影响。多样化的社会思潮是社会进步和人的解放程度提高的体现：它充分体现了改革开放事业的伟大进步，展现了社会开放性的长足进展，社会创新性的充分激发，社会活力的有力增强。

二

思想一旦离开利益就会出丑，同样，思想一旦面对利益，就会显出原形。因此，确立正确的思想立场，是应对各种社会思潮的关键。

各种社会思潮常常是对同一种社会现实的主观反映，因此主体的思想立场不同，看待问题的态度、得出的结论也会不同，甚至完全相反，这也是社会思潮呈现多样化的一个重要原因。从个体或某个团体、某些精英阶层的立场出发，也许可以提出"石破天惊"的思想观点，形成独树一帜的理论学说，构建严谨缜密的逻辑体系，但常常很难深入人心，被广大人民群众所接受，很难在社会进步中发挥应有的作用。只有跳出个人或小团体私利的禁锢，从广大人民群众的根本立场出发，才能真正认清这些社会思潮的本质，明确思想文化发展的正确方向，发挥马克思主义的引领作用，构建社会主义核心价值体系。

应对各种社会思潮，是一个理论问题，更是一个实践问题。应该把解决人们的思想观念问题与解决实际问题联系起来，在解决实际问题过程中，实现思想观念的转变；通过思想观念的提升，推动实际问题的解决。身教重于言传，事实胜于雄辩。用社会主义核心价值体系引领社会思潮，需要强大的舆论宣传工作，更需要政府和领导干部的实际行动。在实际工作和生活中，人们对各种社会思潮的理解，常常会因为政府的工作部署和领导干部的实际表现而产生大相径庭的效果：如果政府和领导干部能够真正全心全意为人民服务，解决人民群众实际生活中面临的突出问题，那么，社会主义核心价值体系就会真正深入人心、深得民心，发挥积极的指导作用；如果领导干部口头讲的是大公无私，行为却是损公肥私、损人利己，那么，我们的理论宣传就是成为空洞的口号，不良的社会思潮就会乘虚而入，占领我们的思想宣传和意识形态阵地。

应对各种社会思潮，应该建立切实有效的长效工作机制。要充分发挥各级宣传部门的主导作用，组织力量开展研究，深入回答干部群众普遍关心的重大理论和实际问题，不断赋予当代中国马克思主义鲜明的实践特色、民族特色和时代特色。要把各级各类学校作为思想文化的主阵地，把社会主义核心价值体系融入全民教育体系当中，大力推进中国化马克思主义理论成果的大众化和普及化，使马克思主义真正深入人心。同时，加强意识形态建设，决不只是思想宣传部门和教育战线的任务，也是经济管理、政治建设和社会发展等其他部门的重要职责，应该在现代化建设的各条战线上都树立这种意识，采取多种形式，使社会主义核心价值体系深入到人们的头脑当中，转化为评价人们思想言行的价值标准；渗透到精神心理层面，强化为人们的信仰自律；深化为日常生活的准则，全面指导人民群众的生产生活。

三

我们应对社会思潮的基本态度应该是尊重差异，包容多样，在积极应对挑战中引领思想文化发展的正确方向，巩固马克思主义在意识形态领域的指导地位，构建适应中国特色社会主义要求的核心价值体系。

在众多的社会思潮中，西方哲学理论的影响比较广泛。在当代，西方哲学研究重点由传统的世界观和历史观向人生观转变，能够满足人们个性化和自我表现的欲求；由关注宏大叙事转向关注个体生存，诉说生存遭遇，在紧张的市场竞争中可以调整生活情绪，宣泄生命压力；开拓了思想研究的新领域，如对语言的追问，对游戏的探索，对无意识的分析等等，提出了许多令人耳目一新的观点，得到不少人的吹捧和追随。这对于繁荣思想文化，推进社会科学研究，具有一定的积极意义。但是也不可否认，在这种繁华的表象背后，存在着一些令人警惕的现象：哲学的主观化和多元化倾向越来越明显，从而使哲学没有一个客观的标准，成为纯粹的个人言说，完全的主观感受，不论是在科学研究、道德规范还是审美领域，都呈现出相对主义的趋势；消解世界观、取消宏大叙事，不再关注共同理想和共同的价值观；最基本的伦理道德被彻底否定，人生意义呈现出虚幻化的趋势，人们对集体和社会的责任感越来越淡薄，人们的悲观情绪越来越浓厚，各种极端行为时有发生，邪教势力大增；哲学由此成为非批判、无标准的主观产物，我国的主导意识形态——马克思主义世界观和信仰面临严峻的挑战与危机。

马克思主义不但不排斥思想与哲学的多元化，而且始终提倡文化研究和艺术创作的百家争鸣、百花齐放。社会生活多样化，思想文化和个人世界观、价值观多元化，都有其产生的现实基础，也有其存在的合理性。这不但不与马克思主义相违背，而且正是它丰富与发展的重要前提。自然界创造了丰富多彩的世界，既然没有完全相同的两片树叶，又怎么能要求自然界的宠儿——人具有一模一样的思想观念呢？马克思主义本身就是建立在人类优秀文化成果基础之上，多彩的社会生活和活跃的思想文化是其产生和发展的源泉，是其保持永恒生命力的重要基础。所以，不能把马克思主义完全与其他思想学说对立起来（但也不能完全混合），而是要它们联系起来，在现实生活中来进行充分比较，在鉴别中认识马克思主义的科学性和强大力量。

当然，在承认社会生活丰富性和思想文化多元化的同时，不能否定马克思主义的主导地位和作用。但这不应该依靠行政强制，而是要依靠马克思主义本身的理论说服力和吸引力。哲学思想可以是多元的，但它产生与发展的客观现实却是一元的，即客观物质世界，特别是社会实践。个人主义、自由主义、存在主义、西方马克思主义、后现代主义、精神分析学说、语言学派、哲学解释理论等等，都对人与社会发展进行了各种各样的分析，得出了大相径庭的多元结论。但是，表面上看起来丰富多彩的理论观点，本质上都没有脱离资本主义这个一元化的社会形态。它们都有一个共同的局限，即不识庐山真面目，只缘身在此山中，都是在资本主义社会之中来讨论，而始终找不到真正实现社会健康发展和人类彻底解放的科学途径。

由此可见，马克思主义研究任何问题都不是独立的，而是要把它放到现实社会之中，运用唯物辩证法对客观物质世界，特别是社会现实进行科学分析，在对社会现实的科学分析基础上，认识各种社会思潮的本质。马克思主义通过对资本主义社会的辩证批判，实现了对社会历史发展规律的深刻把握，确立了科学的世界观。这种世界观不是个人的主观感受，而是对客观现实的正确认识；不是纯粹的个人言说，而是代表了广大人民群众，特别是无产阶级的根本利益。所以，它能成为世界各国无产阶级和人民群众的科学世界观，不是一种偶然的现象；它能在中国成为主导意识形态，不是哪些人或哪个社会集团的强制力量，而是人民的选择、历史的必然；它能成为我们应对多样化社会思潮挑战的有力武器，不是主观的臆断，而是由于其内在的科学性。

第二节 个人主义之透视

自 20 世纪 80 年代以来，宣扬个人主义价值观、为个人主义正名的论调始终没有停息，并曾引起关于集体主义与个人主义的大讨论。这一讨论，既是两种思潮的对立，也是两种价值观念的竞争。如何把握个人主义的历史脉络，透视其深层本质，揭示其内在矛盾，展望其在当代的命运，重树集体主义精神，是理论工作面临的一个重大挑战。

一

从一定意义上讲，个人主义是一个活生生的"精神主体"，有独特的发展规律。回首它在西方发展的历史，有助于透视个人主义在我国张扬的原因。

西方文化以个体为中心，是个人主义产生的深层根基。虽然中世纪人完全沦为神的奴隶（但基督精神又是关于个人灵魂的拯救），但是到文艺复兴时期，人文主义精神的发育为个人主义打下了思想基础。个人主义是19世纪的词汇，是法国大革命启蒙思想的产物。系统使用个人主义的是19世纪20年代的圣西门主义者。到托克维尔，个人主义被认为是民主的必然产物。德克海姆的思想最典型地表达了个人主义的内涵：个人在社会、政治、道德上孤立无助，与社会目标和社会规则疏离，社会凝聚力被削弱甚至走向崩溃。与法国不同，德国的个人主义继承浪漫主义"个性"的含义，即个人的独特性、创造性和自我实现。在英国，个人主义虽然有较为复杂的含义，但主要是指自由主义的经济原则，强调竞争原则和政府较少干预经济。以个人奋斗和自我实现等为特征的个人主义成为美国民族精神的重要内涵。

史蒂文·卢克斯总结了个人主义的理论内涵和基本精神：人的尊严，单个人具有至高无上的和内在的价值或尊严；自主性，个人的思想和行为是他自己的，并不为不受他控制的外部力量或原因所左右；隐私，个人不应该受到别人的干涉，能够做和想他所中意的任何事情——按照他自己的方式去追求他自己的利益；自我发展，每个人都应该以不同的方式表现自己的独特人格和个性；抽象的个人，个人具有天赋的或前定的兴趣、愿望、目的和需要，这是个人主义的基本内涵。它的外延包括政治个人主义、经济个人主义、宗教个人主义、伦理个人主义、认识论个人主义、方法论个人主义等。个人主义的核心是本体论的个人主义，认为社会是个人的简单集合体，个人先于社会，是本源，社会和国家是个人为了保障自己的权利和利益组成的人为机构，除了个人目的外，社会和国家没有任何其他目的。与之相连，认识论的个人主义强调认识的个人特征，否认客观真理，坚持经验主义，典型者沦为怀疑主义。个人主义中最重要还是伦理个人主义，它否认道德的绝对性，强调道德在本质上是个人的，善恶纯粹是个人主观意向的产物，是个人的选择和判断。政治个人主义包括：个人权利至高无上的原则，政府的目的在于保护个人的权利，实现个人的利益，政府的建立必须基于社会成员同意，政府权威的合法性来自公民的同意，即民主原则。经济个人主义的核心是强调个人谋求自己经济利益的合法性，强调个人通过竞争与市场经济实现个人利益，强调政府较少干预经济。① 当然，个人主义还表现为利己主义，个人主义的极端化则是无政府主义。个人主义否定社会的有机整体性和独特职能，会导致社会无政府状态、个人堕落且与社会规则背离、破坏社会团结、侵害社会公德、个人孤独无助等。只有完整地了解了个人主义，才能够科学地认识其本质，揭示其矛盾，把握其发展趋势。

个人主义是西方文化发展的一条主线。经验主义哲学为个人主义的产生和发展提供了哲学和认识论基础。个人主义者大都认为感性经验是认识的来源，承认认识的相对性，否认认识的绝对性，强调感性经验的真实性和独特性，否认理性的普遍适用性。在西方文化中作为主体的人基本上是作为个人而存在，即具有独立人格的个人，这是一种主体性形而上学思维模式。这一特点突出表现为个体本位和个人主义被当做一切道德和价值观念的基础和出发点，功利主义和道义论都无法超出这一范围。个人主义的表现不仅在此，它还贯穿于政治经济学之中：每个人都在谋求自己的最大利益，通过自由竞争，达到公共利益和社会进步。个人主义是自由主义和保守主义的核心内容之一。自由主义的主旨即个人的自由、个人独立的经

---

① 参见［英］史蒂文·卢克斯：《个人主义：分析与批判》，朱红文等译，中国广播电视出版社1993年版。

济活动，国家较少干预经济等等。在西方，自由主义与保守主义是相通的，保守主义即保守自由之义，同样没有超越个人主义。由此可见，个人主义贯通哲学、伦理学、经济学、政治学之中，作为资本主义意识形态的核心，深深植根于资本主义生产方式之中。

二

个人主义从它产生之日起，就受到各个方面的批评，这些批评为我们正确认识个人主义提供了有益的参考。

个人主义容易使人把社会看做"人对人像狼"的社会，导致人与人之间无休止的冲突和争斗，破坏社会稳定和谐，个人的集体感丧失，破坏个人生活的统一性和完整性，导致个人生活的支离破碎及拜金主义、享乐主义的泛滥。个人生活出现雷同化，导致了众多无个性的"单面人"。金钱和财富成了新的"上帝"，个人主义走向了自由和平等的反面。个人主义的这种消极影响，在思想上表现为主观主义和怀疑主义盛行，造成光怪陆离和扭曲痛楚的"现代主义"和"虚无主义"。在政治上表现为民主和三权分立，导致人与人之间的残酷的生存竞争，造成了人们"时代的神经质"。道德上使个人腐化堕落，甚至在长远决策中成为诱使人们把非常狭隘的利益，置于公共利益之上的根源。这种个人主义化的经济制度，造成了严重的资本主义经济矛盾。总之，个人主义盛行必然会带来一系列问题：出现了"孤独人群"的社会现象，社会分解危险日益逼近，西方社会因失去共同目标沦入虚脱状态。R. 尼斯贝特指出："美国人终于象孔德、托克维尔和涂尔干那样，逐渐明白了，个人主义使社会组织分散瓦解成为一盘散沙，它使社会内人们共同的志趣和共同的利益汇集而成的社会团体，变成为充其量不过是一个沙砾堆。若从最坏的方面看，个人主义是一片被孤独邪恶、以掠夺为生的人们所占据的热带丛莽。"①

但是，不论受到何种批判，只要私有制存在，个人主义就有生存的基

---

① ［美］R. 尼斯贝特：《个人主义》，《世界哲学》1991 年第 2 期。

础，就无法从人们的思想中彻底清除，就仍然是当代西方社会的主流意识形态。在当代资本主义社会，资产阶级个人主义的世界观和人生观还支配大多数人的头脑。直至今天，西方居于主导地位的价值观仍然是个人主义，后现代理论等激进学说也祛除不了个人主义。R. 尼斯贝特指出："人们常说，在 20 世纪的美国，个人主义已经衰败了。事实上并非如此。如果说它变化，那只能说它现在比美国任何历史时期的个人主义都更加丰富多样，并更明显地在人们生活中表现出来。"① 可见，个人主义在西方社会的流行，既有其社会现实基础，又有其思想文化传统。可见，个人主义是社会发展过程中一个必经阶段的理论结晶，是具有历史意义的重大转折和进步。它代表了新兴资产阶级的利益，反映了现代生产方式的进步性。资本主义的经济体制规划、政治民主建设和社会制度构造，都是在以个人主义为核心的经济思想、政治学说和社会理论的指导下进行的。

个人主义的张扬，是资本主义社会的现实，但若仅仅局限于承认这一现实，则会陷入这一意识形态不能自拔。要超越之，必须运用马克思主义的批判方法和武器。对个人主义的批判，就是要考察分析其发展过程，认识其本质内容，揭示其内在矛盾，把握其发展趋势。

马克思通过对资本主义的批判，揭示了个人主义产生发展的深层现实根源。他指出，资本主义是人类发展的第二大社会形态，是"以物的依赖性为基础的人的独立性"阶段。在这一社会形态，"一切产品和活动转化为交换价值，既要以生产中人的（历史的）一切固定的依赖关系的解体为前提，又要以生产者互相间的全面的依赖为前提。"② 一方面，在新的社会形态中，以往社会历史的、经济的、政治的、文化的、伦理的种种固定的人依赖于人的关系，都将在市场经济的冲击下解体，人们成为独立自由的"抽象人"——失去了生产资料、脱离封建传统的依附关系、只有自己劳动力的人。当然，"抽象人"也是过去历史发展的产物，有着丰富的社会内涵；另一方面，市场经济以物和人的完全自由流通、平等交换为特点，

---

① ［美］R. 尼斯贝特：《个人主义》，《世界哲学》1991 年第 2 期。
② 《马克思恩格斯全集》第 30 卷，人民出版社 1995 年版，第 105 页。

人开始实现了自身独立化、经济个体化和精神主体化，个人获得自我发展的客观条件，成为社会的"单子"。此时人们面对的是一个物化的社会，"活动和产品的普遍交换已成为每一单个人的生存条件，这种普遍交换，他们的互相联系，表现为对他们本身来说是异己的、独立的东西，表现为一种物。在交换价值上，人的社会关系转化为物的社会关系；人的能力转化为物的能力。"① 人与人之间的关系转化为物化关系，个人的生产生活产生的却是凌驾于个人之上的、独立于个人的物化社会权力，个人与社会处于明显的对抗关系，人与人之间表现出了绝对的独立状态：个人的孤立无助，个人的封闭，个人的寂寞，个人的堕落，成为普遍的社会现象。这是西方个人主义产生的现实基础。

个人与社会的对立构成了个人主义的基本矛盾，如何认识与解决这一矛盾，是批判个人主义的关键问题。在马克思主义的视野中，个人是寓于社会关系之中的，解决个体的存在与命运问题首先必须解决社会关系的进步与发展问题。与西方学者运用自由竞争、社会感情、道德说教解决这一矛盾不同，马克思不是从抽象的个人出发，而是赋予个人丰富的社会属性。"现实的个人"是具有丰富的社会关系和社会实践经历的人，其现实性是由所处时代的生产力水平和社会进步程度决定的。可见，个人的利益和需求及其实现的手段都是由社会现实规定的。但马克思主义并未完全忽略个人，恰恰相反，个人全面自由的发展是其重要内容和最终目标之一。马克思认为，资本主义社会在使人局部化和畸形发展的同时，客观上也为个人发展提供了一定的条件。但这是一种自发的社会行为，真正扬弃个人主义，实现个人全面自由发展，必须超越这一社会制度。这里，马克思主义以无产阶级革命和社会主义建设为基本途径、通过改造生产关系和发展生产力来实现这一目标。

总之，对个人主义的扬弃不是哲学批判和道德谴责所能完成的，必须依靠社会制度和生产方式的改造，个人全面自由的发展也必须在社会生活中、通过实践活动才可能真正实现。

---

① 《马克思恩格斯全集》第30卷，人民出版社1995年版，第107页。

三

在我国，改革开放以来，人们的社会关系发生了巨变，利益多元化和个体化，导致的个人自身独立化、经济个体化、精神主体化，个人主义在当代社会被越来越多人认同。这是个人主义在中国得以张扬的现实基础。西方个人主义思潮涌入，也为其泛滥提供了理论依据。当然，它在中国也有私有制的根基。虽然在儒学传统中，家是传统文化的出发点，个体只是家庭中的一个成员，集体中的一个角色，国家的一个分子，由家而推演出国，国是家的放大。但也不能否认，中国也有个人主义思想的萌芽，我们不能用思想文化的运演来代替历史的真实发展，深埋地下的巨大暗流是对个体发展的向往和追求，基本精神即个人主义。这在市井小说等文学艺术作品中表现得最为明显。正是由于这些因素的影响，在社会主义市场经济建设过程中，个人主义成为很多人的行为准则，这不是用理论批判所能消除的，它有其存在的现实基础。但有学者对个人主义基本持肯定态度，认为个人主义并非是思想异端和洪水猛兽，现代文明就是建立在个人主义之上，个人主义对于现代中国更具有现实意义，中国落后是因为没有个人主义基础。这种社会思潮实际上是倒果为因，个人主义产生的首要原因是社会生产方式的发展，而不是文化思想抽象的逻辑演变。中国落后与先进决不是哪一种社会思潮能够决定的，它有着复杂的历史原因。

个人主义的诸多消极影响，在当代中国社会的各个领域都有不同程度的表现，"个人主义本质上就是多元主义、相对主义、经验主义和反英雄主义的，因此，连同上帝一起被埋葬的就还有历史的规律、为实现历史规律而奋斗的理想以及为理想而献身的英雄。我们终于迎来了一个'凡人'的世界：七情六欲，全凭感觉；功名利禄，牵肠挂肚。然而，这又是一个可怕的世界：没有激情、理想和对未来的展望，没有伟大的献身精神和崇高的追求，只有冷冷的钱在流动，只有孤独的'我'在徘徊。"① 这种现

---

① 侯惠勤主编：《正确世界观人生观的磨砺》，南京大学出版社 1996 年版，第 4 页。

实，与消解崇高、淡化理想的思潮相响应，对于巩固中国特色社会主义共同理想产生了消极的影响，这不能不引起我们高度重视。

中国是一个有集体本位传统的社会。个人主义与集体主义既是认识个人与社会关系的两条思路、两个层次，是个人与社会这一矛盾在社会发展不同阶段的理论反映，也是两种思想道德体系对立的集中反映，本质上体现了资本主义和社会主义两种社会制度在思想理论上的对立。没有对个人主义及其现实社会基础，即资本主义社会的科学批判，就不会有对集体主义和社会主义的深刻理解；没有对社会主义和集体主义的坚定信仰，就不会有对资本主义和个人主义的科学评判。实际上，这两种思想在现实社会中相互补充，相互影响，共同作用于社会。有学者预言21世纪的中国必将是理性个人主义新纪元。对此笔者不敢认同，因为不论何种个人主义，都不可能超越个人主义基本精神、克服其基本矛盾及消极影响。由于中国独特的现实国情，不同层次的个人主义在当代都有自己存在的市场，这是不可否认的事实。但是，承认事实只是社会发展和学术研究的第一步，更为重要的是，在此基础上揭示其不可克服的矛盾和内在局限性，寻求超越它的现实道路，达到更高的发展层次，即集体主义。

当代，以公有制为主体的社会主义市场经济，内在地要求弘扬集体主义精神；以科学社会主义为基本原则的社会主义民主政治建设，迫切需要发挥集体主义精神；以马克思主义为指导思想的社会主义精神文明建设，蕴涵着集体主义的诉求。中国特色社会主义是一项伟大而艰巨的事业，需要全国人民发扬集体主义精神，团结一致，共同奋斗。所以，我们坚信，在21世纪中国特色社会主义建设过程中，以马克思主义为基础的集体主义必将成为一种主导的意识形态。此时的集体主义既是对个人主义的扬弃，又是社会主义现代化建设的理论结晶，具有更加丰富的理论内涵和更加现实的实践基础。

通过对个人主义的全方位透视和批判，还可以得出这样的结论：在继承和发扬中国传统文化的基础上，在中国特色社会主义建设进程中，在马克思主义的指导下，虽然个人主义有一定市场和影响，但当代中国的主导价值观念仍然是集体主义。具体的个人只有在现实的集体中才能得到成长，通过集体的关心得到发展，依靠集体的支持实现进步，个人脱离集体奋斗只能是空中楼阁，要在为集体作贡献的过程中实现个人追求，要在实现共同理想的过程中获得全面发展。社会实践也证明：在现实生活中，各方面的业绩的取得常常是集体共同努力的结果，每个人的进步与发展常常需要通过组织关心和支持；企图通过纯粹的个人奋斗，甚至是损人利己、损公肥私的手段，来实现个人的理想或野心，最终结果往往是事与愿违、得不偿失。

第三节　自由主义之批判

自由，是长期以来人们普遍向往的一种崇高理想。自由主义，是西方学者探讨自由的内涵、实现自由的途径和方法的集中成果，反映了这种强烈的社会愿望。但是，什么是真正的自由、如何实现自由全面的发展，不同理论却有着大相径庭的主张。在当代中国社会主义市场经济条件下，自由主义得以张扬，呈现出方兴未艾之势，是一个不争的事实。同时，自由主义也不断受到来自各个方面的批判。每个学术观点都是一种社会声音，背后有支撑它的深刻现实原因，代表了某些社会集团的利益。20世纪90年代以来，中国有些学者以自由主义者自居，大力张扬自由主义，甚至提出应该用自由主义取代马克思主义的主张，自以为激进，但又往往成为"后殖民主义"在中国的代言人，陷入资本主义意识形态而不自觉。马克思主义敢于承认现实，但又不局限于此，而是从自由主义的发展轨迹中，寻找其内在矛盾，揭示其深层的社会根源，把握其演进规律，展望其未来前景。

一

个人主义是自由主义的基石和核心原则之一，自由主义是个人主义的扩展和合规律的延伸。自由主义首先强调的是消极的自由，但随其发展，它转而开始注重的是积极的自由，开始承认国家和政府的干预是其本身应有的内涵。自由主义有以下几种类型：政治自由主义，人民享有选举和参与政治、选择政府形式的权利，代议制民主是其基本政治制度。它是与资产阶级冲破封建专制统治、要求基本政治权利的斗争相适应的。以洛克、贡斯当和密尔代表。在资产阶级取得政治权利，建立资本主义政权之后，经济自由主义又成为自由主义的重心。它强调经济个人主义和自由企业制度，坚持个人有生产与消费、缔结契约关系的权利，其基础是私有财产、市场经济和国家较少干预控制经济。从 19 世纪中后期起，自由主义开始关注社会问题，这就是社会自由主义，它关注社会平等和正义，关注弱者和社会福利。哲学自由主义，坚持个人至上，"任何人的行为，只有涉及他人的那部分才须对社会负责。在仅只涉及本人的那部分，他的独立性在权利上则是绝对的。对于本人自己，对于他自己的身和心，个人乃是最高主权者。"① 强调个人的价值和权利，它是自由主义学说的理论基础。除个人主义之外，自由主义还有一些重要原则：1. 自由原则，密尔认为"进步的唯一可靠而永久的源泉还是自由"②，如思想与言论的自由。政治自由即个人能够在不受他人阻碍的情况下活动的空间与个人的权利与自主，自由又是法治下的自由，追求自由与秩序的平衡，个人还有选择自己特殊生活方式的自由，在不伤害他人利益的前提下从事社会、经济、政治和其他活动的自由等等。2. 平等原则，强调权利的平等和形式的平等，不接受实质平等的主张，每个人都有同等的价值与权利，它是个人主义的必然延伸。3. 民主原则，大多数自由主义者也是民主主义者，如边沁和密尔，其实质是为了私人利益而从事公共事务，提出了有限政府和宪政原则，成为资本主义政治制度的核心原则。

自由主义与资本主义是一对孪生兄弟，是资本主义市场经济的基本精神，得到普遍的认同和弘扬，成为 17、18 世纪的显学，为资本主义在全世

---

① ［英］约翰·密尔：《论自由》，程崇华译，商务印书馆 1959 年版，第 10 页。
② 同上书，第 75 页。

界的普遍推行提供了理论和舆论支持，是一种主要的意识形态。虽然此后曾经一度日益衰退，但是到近20年又得以复兴，成为主流意识形态。实际上，当代资本主义社会只有一种意识形态即自由主义，保守主义要保守的仍然是自由的传统，激进主义是要以激进的方式达到自由的实现。

自由主义从一开始就受到社群主义和保守主义的批判。他们的批评或集中于自由主义的核心原则即个人主义，认为个人主义最大弊端是削弱了社会稳定和秩序赖以建立的基础；或揭示其内在矛盾，如自由主义在关键时刻无法作出决断；或指明其实际效果，即其多元主义的主张可能导致国家内乱，人们将全部注意力集中到私人生活，过度追求消费主义，不顾公共事务等等。自由主义始终无法解决普遍主义与特殊主义之间的矛盾：一方面，可能忽略自由主义的特殊主义特征，误把某种特殊主义的价值作为普遍主义的价值强加于人；另一方面，又可能过分强调自由主义的特殊主义性质而忽略其普遍主义价值。最先实施自由主义政策的英国，恰恰成为第一个奉行帝国主义强权殖民的国家，这不能说不是对自由主义的一个极大讽刺。

在当代，虽然资本主义社会有了进一步发展，工人的生活水平有了大的提高，从表面上获得了更多的自由、平等和民主，但是并没有真正改变自己的命运，自由主义也并没得到全面实现。实际上，在资本主义的新阶段，人们在更广泛和深刻的程度上甚至是越来越不自由，丧失了现实批判能力、完全屈从、同化于社会，即受到全方位的控制与奴役，成为"单向度的人"[①]。这种状况，反映了西方由理性走向非理性，由争取自由导致全面奴役的轨迹。现代西方哲学理论，往往不再是追求向外的自由解放，不是依靠于现实的社会革命和实践，而是转向对理性本身的批判和抛弃，这实际上不是真正的自由解放，充其量只能算是一种解脱，是对现实社会的情绪化表达。自由主义还存在自我约束和自我实现间的矛盾：自由主义要求最少的自我约束，但是这会导致自我实现失去动力和标准，最终走向自我放纵，甚至退化到动物水平。这是自由主义始料不及的结果。

---

① 参见［美］赫伯特·马尔库塞：《单向度的人》，张峰等译，重庆出版社1988年版。

这些批评在一定意义上指明了自由主义的局限性，但要真正从深层社会根源揭示其发生发展的规律，还需要马克思主义的批判武器。

二

在当代社会，有些人在研究社会问题时，有意无意回避马克思主义，其原因主要有：一是不屑一顾，以为马克思主义不值一谈，实际上，他们往往是对马克思主义一窍不通或知之甚少；一是不敢一顾，这些人对马克思主义有较多的认识，但又无法超越它，只好闭口不谈，假装它在自己的视野之外。在对自由主义的认识问题上也是如此。

马克思主义从来不去抽象地评判一种学说，而是把它放到对资本主义社会现实的科学分析之中，对自由主义的认识也是如此。马克思从对资本主义社会的剖析中认识到，所谓的自由平等具有很大的局限性。对于工人来讲，自由一是指自己是自由人，自由得一无所有；一是指工人自由地出卖自己的劳动力。工人与资本家自由平等交换只是表面形式，其内容则是，资本家用他总是不付等价物而占有别人的已经物化的劳动的一部分，来不断再换取更大量的别人的活劳动。自由平等对于资本家来讲，则是自由平等地剥削工人。"平等地剥削劳动力，是资本的首要的人权。"① 由此可见，自由的观念，无论以什么形式出现，反映哪个阶级的根本利益，其本身都是一种历史的产物，都是由当时的经济和社会发展条件决定的。在资本主义社会，自由主义的理论主张，反映的只能是资产阶级的根本利益，每个人实现自由的水平和程度，都是由资本主义的根本制度和经济发展状况决定的。资产阶级的自由要求也与无产阶级的自由要求相伴随。工人阶级要求自由的愿望也随着资产阶级自由观逐步产生、发展，形成无产阶级自由观，它是社会主义运动的主要内容之一。这种自由观继承了资产阶级自由观的合理成分，并且具有全新的内容：自由应当不仅是表面的，不仅在国家的领域中实行，它还应当是实际的，还应当在社会的、经济的

_____

① 《马克思恩格斯全集》第44卷，人民出版社2001年版，第338页。

领域中实行。无产阶级的这种自由要求，一是针对明显的社会不自由，一是从资产阶级自由要求中吸取了某些正当的要求，用资产阶级本身的主张反对资产阶级。这一要求的实现，在马克思主义看来，不是依靠单纯的信仰力量，也不是抽象的道德规范，而是无产阶级通过社会主义革命，继承资本主义生产发展所取得的巨大成就，扬弃资本主义国家在实现自由中的经验和教训，实现社会主义条件下自由的实现。

马克思和恩格斯认为，自由的最高境界是向自由王国的飞跃，而自由王国只有在由必需和外在目的规定要做的劳动终止的地方才开始，它存在于真正物质生产领域的彼岸，"这个自由王国只有建立在必然王国的基础上，才能繁荣起来。工作日的缩短是根本条件。"① 由此可见，自由、平等和民主不是依靠单纯的理论论证和道德呼吁，而必须在社会实践过程中才能实现。恩格斯同样认为，一旦社会占有了生产资料，人们将会从自然界的支配、社会的控制和自身的约束中解放出来，一直统治着历史的客观力量，将处于人们自己的控制之下，人们才完全自觉地创造自己的历史，实现从必然王国进入自由王国的飞跃。也只有从这一角度出发，才能真正解决自我约束与自我实现间的悖论：个人自由全面的发展和自我实现，只有在充分认识自然、社会和人自身的约束基础上，在社会实践中才能真正实现。

三

20世纪80年代，自由主义东山再起，形成一股强劲的新自由主义思潮。

新自由主义在继承古典自由主义基本原则的基础上，提出了一些新的经济学思想和政策主张，宣扬个人主义，提倡放任自由的市场经济，崇拜市场的自发调节力量；主张对政府的活动进行限制，国有资产私有化，解除对金融和企业的管制，减少公共支出和投资，实行紧缩的货币政策，取

---

① 《马克思恩格斯全集》第46卷，人民出版社2003年版，第929页。

消和减少社会福利项目；反垄断，特别是反对"妨碍经济自由的垄断力量"——工会垄断，限制工会的作用；实行国际自由贸易；实行金融自由化，实现国际货币自由流动等。这些政策构成了经济发展的一种模式，被称为"华盛顿共识"。

20世纪80年代以来，新自由主义逐渐被英美等西方发达资本主义国家所采纳。1979年，撒切尔夫人开始推行新自由主义，虽然取得了一定的效果，但也产生了一些问题：通货膨胀率大幅度下降，失业率上升，经济增长率下降，贫困人口增加，公共部门的工作岗位大量减少。里根政府大力推行新自由主义的改革方案，同样也是喜忧参半：通货膨胀有明显降低，联邦政府收入占GDP的比例降低，失业率提高，财政赤字扩大，经济增长速度放慢。这表明，新自由主义在一定程度上反映了当代资本主义发展的客观需要，适应了经济全球化条件下资本扩张的要求，对经济发展确实起到了推动作用。但是，这种改革并不是解决资本主义社会基本矛盾的灵丹妙药。

在西方发达国家的鼓励和支持下，一些发展中国家如墨西哥、巴西、阿根廷等不加分析地把新自由主义奉为治国良方，脱离本国的实际国情，盲目推行国有资产私有化，解除国家对金融和企业的管制，实行国际自由贸易和金融自由化。其结果却与其初衷大相径庭，经济形势一落千丈，民族产业被打垮，人民生活水平下降，西方发达国家的大财团坐收渔翁之利。阿根廷曾被誉为拉丁美洲的粮仓，有丰富的能源、农业自然资源，其经济发展和人民生活水平曾一度居发展中国家前列。1989—1999年在梅内姆任总统期间，阿根廷全面推行新自由主义政策，取得了一定的成绩：抑制了通货膨胀，资本大量流入，经济出现了好转，1991—1997年间年均经济增长率达到了5.7%。但是，世纪之交，这种经济繁荣的泡沫很快破裂。2001年12月，阿根廷爆发了经济、政治和社会危机，经济呈现急剧恶化态势，货币贬值、银行瘫痪、存款冻结，人民生活普遍大幅度下降，出现了遍及全国的贫困、饥饿现象，爆发了波及全国的社会动荡骚乱，成千上万的民众走上街头游行抗议，社会经济困境导致了政局动荡不已，短时间内就连续更换了5位总统。

分析这些发展中国家惨痛教训，特别是深入总结2007年底爆发的世界性金融危机，我们可以明确地认识到新自由主义的实质，认识到西方发达国家大力推行的新自由主义的真实目的。新自由主义提出，在经济全球化的形势下，民族国家和国家主权已经失去意义，应该限制政府的活动，弱化国家的职能，要求发展中国家减少国家对经济的干预，提倡贸易自由化、金融自由化，其实质是要发展中国家把国家主权让渡给国际货币基金组织、世界银行等国际经济机构，由西方发达国家担负起组织和管理世界经济的任务，阻止弱国拥有保护自己市场的机制和手段，帮助跨国企业对发展中国家的市场进行垄断和行使霸权。西方发达国家通过各种途径向发展中国家大肆宣传和输送新自由主义的真实目的，是垄断资本要求打破国家体制束缚、民族国家疆界和国家主权等障碍，在全世界得到进一步的扩张，使得西方发达国家的国家职能得到进一步强化。发展中国家在其面前被解除武装陷入危险中，西方发达国家的文化和商品输送到发展中国家，把大量财富运回本国，通过新的形式恢复殖民主义统治，把发展中国家纳入国际垄断资本主义统治的轨道中，从而最终实现对全世界的控制。

综上所述，新自由主义的学说反映了西方发达国家跨国公司全球投资、全球销售、全球生产的需要，是资本主义发展到以经济全球化为特征的国际垄断的产物，是西方发达国家为控制发展中国家而灌输的价值观念和意识形态，代表的是少数主导经济全球化的发达国家及国际垄断资产阶级的利益。正如西方学者所言："新自由主义是我们这个时代明确的政治、经济范式——它指的是这样一些政策过程：相当一批私有业者能够得以控制尽可能广的社会层面，从而猎取最大的个人利益。新自由主义首先与里根和撒切尔关联，最近 20 年，它一直是主流政治党派、大多传统左派和右派所采取的全球政治、经济趋向。这些党派及其实施政策代表了极端富裕的投资者和不到 1000 家庞大公司的直接利益。"① 2007 年以来，新一轮的金融危机席卷世界，这决不仅仅是资本监管不力等操作层面的原因，而是

---

① ［美］诺姆·乔姆斯基：《新自由主义和全球秩序》，徐海铭等译，江苏人民出版社 2000 年版，"导言"第 1 页。

由资本主义社会的根本制度导致的，是西方国家大力推行新自由主义的直接后果。这场危机，使我们更为清楚地认识到了新自由主义的理论本质。

四

毋庸讳言，自由主义是我国哲学社会科学，特别是经济学研究中的主流话语之一，是当前意识形态领域中与马克思主义分庭抗礼的对手之一，是西方国家对付社会主义国家的强有力武器之一。我们必须进行科学批判，有效应对。

事实告诉我们，一切意识形态的张扬，都应当到特定时代的经济发展中去寻找。所以，作为一种极具诱惑力的意识形态，自由主义在我国理论和实践领域得到普遍张扬，不能仅仅从哲学等理论层面去研究，还应该从当前我国社会主义市场经济建设的实践中去寻找其根源。墨西哥、巴西、阿根廷等发展中国家推行新自由主义的惨痛教训提醒我们，必须深入把握自由主义的实质，从我们经济建设的实践出发，全面揭示西方发达国家推行新自由主义的真实目的，坚定马克思主义在意识形态领域的指导地位，坚决反击新自由主义对我们改革开放的错误引导，推动中国特色社会主义沿着正确的方向稳步前进。

在当代中国，谈论自由主义不能脱离辩证唯物主义和历史唯物主义，否则就会陷入纯粹的学术争论而毫无结果。只有从中国实际国情出发，才能科学把握自由主义在中国的发展，认清它在现实社会中的积极和消极作用，深刻领会马克思主义对自由主义的超越之处。当前的中西文化比较与对话，表面上热热闹闹，但实质上很难逃脱西方文化的逻辑，还是企图让西方社会承认中国文化。在这种尴尬的困境中，不能丢失了唯物主义这一根本立场，唯物主义的基础在于大多数普通人的现实生活过程；不能脱离了中国的实际国情，这正是辩证唯物主义的根本要求。唯物主义不是太空了，而是内容太多了。当代西方哲学哪里还讲唯物主义，只有马克思主义独此一家！唯物主义太简单了吗？不，而是最复杂！谈西方哲学要有唯物主义理解力。改革开放中出现了许多问题，如何解决，西方哲学、中国传统哲学、马克思主义分别提出了不同的解决方法。自由主义的基本思路是经济上自由竞争，政治上各自为战，社会中以个人为中心。这种逻辑带来的后果在西方已经展现得再明显不过，经济上贫富差距悬殊，政治上争论不休，社会中道德沦丧。可是有些人仍然希望中国重蹈覆辙。马克思主义为我们指出了一条新的出路，即中国特色社会主义道路，中国改革开放30年的伟大成就已经充分证明，这才是中国走向繁荣富强的必由之路。

我们必须脚踏实地地解决自己的问题；中国的美好未来就是我们最大的希望！

第四节　功利主义之超越

随着改革开放的深入，人们追求"功利"包括"利益"的意识日益增强，到20世纪80年末90年代初，关于功利主义的大讨论，达到了一个高潮。这充分说明，在我国社会主义市场经济建设过程中，功利主义在经济、文化等领域得到全面张扬，对人们的思想观念产生了重大影响。如何科学批判功利主义全面张扬这一现实，是一个重大的理论和现实问题。

一

近代功利主义是资本主义主要意识形态之一，是欧洲思想发展史的重要环节，特别是英国走向现代化的精神支柱，代表了伦理学发展的一个基本方向，至今仍在社会各个领域得以张扬、发挥着巨大的作用。

近代功利主义的产生与发展，与西方国家资本主义的发展息息相关。在英国资产阶级革命时期，霍布斯和洛克继承英国经验主义传统，论证功利主义的人性基础——人趋乐避苦的本性，设想人们达到共同利益的方法和途径，初步充实了这一理论。18世纪法国资产阶级革命前夕，爱尔维修和霍尔巴赫把功利主义理想化，为反对封建社会意识形态提供了思想动力。与英法学者不同，黑格尔从纯理论思辨论证了功利论是启蒙运动的最终结果。19世纪，与英国资产阶级革命胜利相应，功利主义的剥削本质明显表现出来，它通过葛德文和边沁获得了进一步的发展。穆勒父子（穆勒，又译为密尔）把功利主义和政治经济学完全结合在一起，成了为资本主义制度辩护的思想工具。到亨利·西季威克那里则完全学院化了。

不同社会经历的人根据其认识和实践接受到不同意义上的功利主义思想，但其基本精神是一致的。它以感性经验为基础，从抽象人性出发，以功利（苦乐）为计算标准来判断人们行为的善恶。边沁指出："自然把人类置于两位主公——快乐和痛苦——的主宰之下。只有它们才指示我们应当干什么，决定我们将要干什么。是非标准，因果联系，俱由其定夺。凡我们所行、所言、所思，无不由其支配：我们所能做的力图挣脱被支配地位的每项努力，都只会昭示和肯定这一点。"[①] 在承认个人幸福的前提下，约翰·穆勒认为"功利主义的标准不是指行为者自身的最大幸福，而是指最多数人的最大幸福"。[②] 可见，功利主义的基本原则是，以经验主义和抽象人性论为哲学基础，以个人主义为出发点，以功利幸福为核心内涵，以行为效果为评价依据，以社会感情和自由竞争为纽带把个人与社会联系起来，以最大多数人的最大幸福为基本原则和最高理想。

功利主义不仅是一种道德哲学，而且有丰富的经济学思想。李嘉图的经济学思想达到古典政治经济学的顶峰，边沁对李嘉图的思想发展曾经产生过直接影响，边沁的密友、约翰·穆勒的父亲詹姆斯·穆勒本人也是古典政治经济学的重要代表，是第一个系统阐述李嘉图理论的人。约翰·穆勒指出了生产法则和分配法则的区别："财富生产的法则和条件具有自然真理的性质。它们是不以人的意志为转移的。不论人类生产什么，都必须按照外界物品构成和人类身心结构固有性质所决定的方式和条件来生产。"[③] 可见，他把生产规律当成一种自然的、永恒的规律，这就把资本主义生产关

---

① ［英］边沁：《道德与立法原理导论》，时殷红译，商务印书馆2000年版，第57页。

② ［英］约翰·斯图亚特·穆勒：《功利主义》，叶建新译，九州出版社2007年版，第29页。

③ ［英］约翰·穆勒：《政治经济学原理》上卷，赵荣潜等译，商务印书馆1991年版，第226页。

系偷运进来，从而论证了它的合理性。但是，他同时指出："财富的分配不是如此。这是一件只和人类制度有关的事情。一旦物品生产出来，人类就可以个别地或集体地随意处理。他们可按任何条件将这些物品交给自己中意的任何人支配。……因此，财富的分配要取决于社会的法律和习惯。决定这种分配的规则是依照社会统治阶级的意见和感情而形成的。这在不同的年代和国家内是很不相同的。并且，如果人们愿意，差别还可以更大一些。"① 财富的分配关系是人为的、历史的，因此只要改变分配关系，就可以达到大多数人的最大幸福，这是功利主义经济学的基本主张。

功利主义还有实现其理想的政治学说。边沁认为只有运用功利原则才能解释一切政治现象。在自然状态下，人性自私，彼此冲突，包含生存安全和富裕的快乐无法实现。人们衡量苦乐，感到服从一个或一些人（统治者）的利益大于彼此冲突、互不服从的利益，由此社会划分为统治者和被统治者，他们合起来构成国家，以求保障人们的安全和富裕。他还认为，应该以是否充分对人民有利为前提，以是否能为最大多数人谋取最大量的幸福为条件选择政体。各种政体中，最能体现功利主义原则的是民主政体：国家的权力在人民手中，执政者向人民负责，人民判断执政者的功过，以其为人民谋功利的实际效果为标准。实际上边沁的道德哲学只是他制定法律制度的伦理前提，他构建的法律体系，成为英国法律的重要源泉。约翰·穆勒认为增进人们的福利是政府的唯一目的，最好的政体应该是民主制，即代议制政府，只有它才能真正达到多数人的幸福。功利主义的政治思想是英国走向现代化的重要指导。约翰·穆勒还有丰富的社会主义理论，在《政治经济学原理》一书中提出了按劳分配原则和工人是未来社会主人的思想。他自称："因之可以肯定地说自己是一般所称的社会主义者。"② 他的理论曾被英国工联主义者当做他们的思想纲领，所以有人把他也纳入空想社会主义者行列，而他区别于其他空想社会主义者的地方也许就在于他还是一个经济学者，能够从经济角度来论证社会主义的合理

---

① ［英］约翰·穆勒：《政治经济学原理》上卷，赵荣潜等译，商务印书馆 1991 年版，第 226 页。

② ［英］约翰·穆勒：《约翰·穆勒自传》，吴良健等译，商务印书馆 1987 年版，第 136 页。

性，虽然这种论证有它自身的不足。

功利主义对英国现代化建设过程起到了巨大的指导作用，出现了所谓的功利主义运动，成为英国文化的特色。它代表了与康德义务论道德哲学相对的伦理学方向，其经济思想表明了古典政治经济学的基本特点，其政治和法律理论不但奠定了英国政治制度和法律体系的基础，而且还为其他国家的现代化提供了范式。

二

与康德义务论道德哲学相对，功利主义学说代表了伦理学的另一个发展方向。它以趋乐避苦为理论基础，以经验主义人性论为特征，与义务论相比更加贴近生活，容易为民众接受，这是它在英美等国家盛行的主要原因。

这一伦理学说以功利、利益为核心，体现了资本生产运行的鲜明特色，成为资本主义意识形态的主要形式。功利主义从个人出发，以个人苦乐为善恶标准，具有个人主义内涵，其基本原则和最高理想是最大多数人的最大幸福，反映了资本主义社会发展的客观规律和必然趋势。最大多数人的最大幸福原则和理想的实现不是依靠普遍理性和绝对命令，而是自由竞争和社会感情，这一思想触及了社会交往和经济运作，具有一定的现实可行性。所有这些都是功利主义在道德方面得以张扬的根源。因此，功利主义首先在原发型资本主义国家——英国盛行至今，成为英国伦理学的主要特色。功利主义在最发达的资本主义国家——美国演化为实用主义，被称为美国精神。在我国社会主义市场经济建设过程中，功利主义也得到了充分张扬。

功利主义得以张扬的深层原因即在于资本主义生产之中。资本主义脱胎于以人身依附为特点的封建社会，是一个个人关系单一化、经济独立化、精神主体化的过程。每个人都以自我为中心，这是个人主义存在的现实土壤。资本生产的目的是利益和价值的增殖，它成为人们生产生活的核心，每个人都以此为行为标准，即功利标准。这一现实的理论表现就是功利主义，故功利主义是资本主义的主要意识形态。古典政治经济学以功利主义为理论前提。在亚当·斯密和边沁的经济思想中，经济过程就是人们追求个人最大利益、通过自由竞争达到公共利益和社会发展的过程。"因为双方都只顾自己。使他们连在一起并发生关系的唯一力量，是他们的利己心，是他们的特殊利益，是他们的私人利益。正因为人人只顾自己，谁也不管别人，所以大家都是在事物的预定的和谐下，或者说，在全能的神的保佑下，完成着互惠互利、共同有益、全体有利的事业。"① 功利主义充分体现了西方经济学的发展线索，对当代经济学特别是马歇尔经济学和庇古的福利经济学产生了巨大影响。

功利主义的普遍张扬不仅在于它贴近生活，也不仅在于它根源于资本生产，而且还在于它对现实的超越，这就是它的政治思想。功利主义的政治思想主要体现于最大多数人的最大幸福这一理想，反映了社会化大生产的必然趋势，空想社会主义体现了人类对美好未来的憧憬。这是功利主义与科学社会主义相通的内在基线，也是它能成为人民大众重要精神寄托的原因之所在。功利主义其他方面的政治思想，如对专制制度的批判，对政治现象的功利性解释，确立民主政体，论证代议制政府，设计社会福利政策，开启西方法律体系先河等等，对资本主义国家特别是英国的现代化起到了巨大的促进作用。可见，功利主义的张扬不仅仅表现在道德和经济思想层面，而且已经渗透到了政治法律制度之中，成了实际运行的、实实在在的"客观精神"。

功利主义在伦理学、经济学和政治思想三方面得到张扬，这是资本主义社会的现实，但若仅仅局限于承认这一现实，则会陷入资本主义意识形态之中不能自拔。要超越这一意识形态，就必须运用马克思主义的批判方法和武器，达到对功利主义的科学认识。

三

对功利主义的批判，就是要考察分析其发展过程，认识其本质内容，

---

① 《马克思恩格斯选集》第2卷，人民出版社1995年版，第176页。

揭示其内在矛盾，把握其发展趋势。

第一，功利主义理论出发点（苦乐经验为内容的抽象人性）的形而上学化不能全面体现现实社会中人的丰富属性。这种抽象人性论以个人追求自己利益的理性行为为基本内涵，但是在实际社会生活中，我们关注的应该是具有丰富社会属性的、真实的人，经济并不是社会生活的全部。"事实上经济不是'脱离道德的'，经济不仅仅受经济规律的控制，而且也是由人来决定的，在人的意愿和选择里总是有一个期望、标准、观点以及道德想像所组成的合唱在起作用。人的行为遵循着极为复杂的想像，而其中有关经济的想像只占一部分。"[①] 这种人性观面临的问题是，把人性归结为趋乐避苦，只能把人降低到动物的水平。虽然功利主义者不断完善自己的理论，提出了物质享受与精神享受的区别，但是并没有找到科学的方法概括描述人类丰富多彩的社会属性。马克思主义认为，在其现实性上，人的本质是一切社会关系的总和，这就赋予人以丰富的社会属性。

第二，功利主义逻辑方法上表现出推理的机械化、工程化，不能真正再现社会实践生活的多样性。自由主义经济学和功利主义依靠的是同一种思路来达到由个人理性行为向社会普遍原则的飞跃，即由个人追求利益的恶达到社会公共的善，也就是经济学上"看不见的手"和伦理学上的社会感情或同情心。但是，这种逻辑思路不论在经济学还是伦理学上都受到了怀疑。可见，功利主义从它产生之始就包含了一个基本矛盾，即学者们攻击功利主义的一个重要理由——用于个人的原则如何能够成为社会的一个普遍原则，"假定一个人类社团的调节原则只是个人选择原则的扩大是没有道理的。"[②] 也就是说，这种逻辑推理的一个内在矛盾是完全忽略了个人效用之间的可比性。同样，企图依靠"看不见的手"和通过自由竞争完成市场的资源配置和产品分配也存在明显的缺陷，市场失灵已经成为资本主义市场经济本身和自由主义经济学者无法解决的难题。这一矛盾还包含个

①　［德］P. 科斯洛夫斯基：《资本主义伦理学》，毛怡红译，中国社会科学出版社 1996 年版，第 3 页。

②　［美］约翰·罗尔斯：《正义论》，何怀宏等译，中国社会科学出版社 1988 年版，第 26 页。

人利益与社会利益间的对立。边沁企图通过自由竞争实现个人利益与社会利益的统一，约翰·穆勒则依靠社会感情达到个人与社会的一致，其结果都不成功。马克思从对市场经济运行的现实出发，以对资本生产总过程的分析为依据，指出在社会化大生产中产生的个人与社会普遍联系有其客观必然性，但个人原则向社会原则的过渡是自发的，个人利益与社会利益的统一也只能是自在的。

由此可见，对功利主义伦理学的批判必须深入到社会生产层面。功利主义的初衷是以追求功利和利益为手段达到趋乐避苦、生活幸福的目的。但是在资本主义社会中，功利本身却颠倒成为目的，而人的幸福生活、自由全面发展却变得并不重要了。这集中体现在资本家和工人为了追求更多的利益而不惜牺牲自己的身心健康甚至人格尊严。这种颠倒又根源于资本生产的特殊方式。使用价值表征了商品的物质属性，交换价值则代表了商品的社会关系属性。但在资本主义社会，商品的使用价值和交换价值的地位和重要性发生了颠倒。买是为了卖，追求价值的增值成为生产的核心目标，商品满足人的消费只是实现资本增值的手段而已，人不再重要，价值、利益和物成为中心。这就是人与物的颠倒和异化，即人的社会关系转化为物的社会关系；人的能力转化为物的能力。这是个人与社会矛盾的根本原因之所在。这一矛盾与资本主义社会中的社会化大生产与生产资料私有制间的矛盾、生产与分配矛盾、生产与消费矛盾、社会进步与人的发展间的矛盾等等有密切联系。其中生产与分配矛盾在约翰·穆勒的经济思想中得到论证。这些矛盾的产生发展本身就已经包含了矛盾解决的契机，所以功利主义关于社会变革的思想不但是其学说逻辑发展的结果，而且是社会发展和时代进步不可逆转趋势的产物及其理论表现。

第三，功利主义的最高理想具有庸俗化的倾向。功利主义的最高理想是最大多数人的最大幸福。为实现这一目标，功利主义学者设想了通往幸福之路：边沁依靠上帝无所不能的预定和谐，约翰·密尔依靠社会感情、自由竞争和改变人的观念与习惯。但是他们都没有触及资本主义社会的根本制度，物支配人的现实并没有真正改变，反而深入到人们的灵魂甚至潜在意识之中。同时，不管如何把功利主义提升，如何强调追求精神幸福，但都不得不承认，现实中确实存在着把人的幸福低级与庸俗化的倾向。把人的幸福归为以对物质财富的占有与享受，甚至把人的幸福降低到动物层次，导致幸福观的多元化和混乱化，这在当代世界成为一个普遍现象。

在幸福观问题上，马克思主义不是禁欲主义，也不是纵欲主义。它并不反对人们对肉体享受的追求，而且认为这是追求更高幸福的基础，所以它不主张禁欲；它认为人的本质规定并不仅是它的生物属性，而是其社会规定性，人应该有高于肉体享受的更高层次的幸福，而不应该跟着感觉走，沦为动物，所以它不主张纵欲。它并不否认金钱在现实社会中的积极意义和作用，但它更重视分析金钱流动所反映的社会关系（生产关系）的合理性，更警惕金钱对人的奴役与控制，更重视解决追求个人利益与社会利益实现之间的矛盾。它也承认社会地位和声望名誉的客观存在，但更注重搞清楚社会地位、声望名誉是否存在形式与内容相背离的情况，它赞赏的是脚踏实地地为社会奉献的幸福观。它重视人们追求个体幸福的合理性，但更注重以无产阶级为代表的广大人民群众的最大幸福。

第四，功利主义最高理想的实现途径存在着固有的空想性。约翰·穆勒把财富的生产和分配法则区别开来，认为只要改变分配关系，就可以达到大多数人的最大幸福。这一特点决定了依靠自由竞争和社会感情达到社会公共利益、实现最大幸福的功利主义思想的空想性。马克思指出，仅仅企图通过改变分配关系而不触动生产关系和私有制本身，不可能真正实现最大幸福的理想，必须实际地推翻理论产生的现实社会关系。批判的武器不能代替武器的批判，必须确立科学社会主义的基本思路，以对社会大生产客观规律的把握代替单纯对财富分配原则的认识，以社会革命和经济建设代替空洞的道德说教，以无产阶级为基本的革命力量代替空虚无力的社会感情，以社会进步和人的全面自由发展为目的代替唯利是图的行为标准，从而最终实现共产主义，即达到最大多数人的最大幸福。

由此可见，虽然功利主义和资本主义市场经济在一定程度上实现了整合，但却是以牺牲人的丰富的社会属性、屈服于机械论的逻辑方法、产生事与愿违的客观结果为代价的。所以，这种整合又具有内在的矛盾和历史局限性，存在着分裂的趋势。

四

在中国传统儒学思想发展过程中，由孔子生发出了两条线索，一条是孟子开出的重义非利思路，经董仲舒、二程，到朱熹那里达到了顶峰，义利之辩以理欲之争表现为"明天理，灭人欲"的极端意识形态。这是中国儒学传统的显性逻辑。另一条是由荀子的性恶论和"以义制利"引出对利的凸显和重视，中经王安石，到陈亮、叶适那里，利与欲等同于人性，从人性出发，达到"事功"之效，体现了鲜明的功利主义儒学特色。这一隐性线索在近代思想中有新的发展，严复、康有为、梁启超等人对此都十分重视，虽然他们的功利主义多来自西方，但也有中国传统儒学功利思想的基础。

历史上每一种思想理论都将在当代被重新演绎，并在这一时代背景中获得新内涵和生存发展，这实际上是理论发展史的平面化展开，功利主义也不例外。在这个意义上，认识和批判功利主义，目的是要总结马克思主义关于功利的科学观点。与功利主义人性论不同，马克思主义从人的本质是一切社会关系的总和出发，科学认识人的本质。它不是单纯地把功利计算作为道德标准，而是把社会发展和人类进步作为最根本的衡量标准。个人与社会相通之桥不是心理学上的情感，而是社会大生产的客观趋势。功利不再是目的，而是社会进步和人的全面自由发展的工具和手段。实现最大多数人的最大幸福依靠的不是同情心和自由竞争，而是无产阶级领导的社会主义革命和建设。但是理论运演不能代替现实发展，这里对马克思主义功利观只是粗线条的描述，其具体内容将在社会主义现代化建设的长期实践中不断丰富、发展和完善。

马克思主义对西方功利主义思想的批判，同样适用于中国。毛泽东成功运用马克思主义基本原则，阐明了革命的功利主义思想，"唯物主义者并不一般地反对功利主义，但是反对封建阶级的、资产阶级的、小资产阶级的功利主义，反对那种口头上反对功利主义、实际上抱着最自私最短视的功利主义的伪善者。世界上没有什么超功利主义，在阶级社会里，不是这一阶级的功利主义，就是那一阶级的功利主义。我们是无产阶级的革命的功利主义者，我们是以占全人口百分之九十以上的最广大群众的目前利益和将来利益的统一为出发点的，所以我们是以最广和最远为目标的革命的功利主义者，而不是只看到局部和目前的狭隘的功利主义者。"① 这是指导我国道德建设的一个基本原则。

在马克思主义的视野中，个人的最大幸福，首先是由所处时代的特点即客观的生产力水平、社会发展成果规定的，每个人都只能实现他那个时代允许的幸福。其次，个人的实践经历、社会关系等等是实现幸福的重要条件，幸福是一种生活方式，一种现实的状态。第三，个人幸福是一个逐步变化发展的过程，只有在为大多数人幸福的奋斗中才能得以真正实现。正如马克思曾经指出："如果一个为只为自己劳动，他也许能够成为著名学者、大哲人、卓越诗人，然而他永远不能成为完美无疵的伟大人物。"② 所以，只有把个人的劳动和幸福融入大多数人的幸福，才能实现一种更高境界的幸福，成为"那些为大多数人带来幸福的""最幸福的人"。这种幸福可以使一个人达到完美而变得高尚，"人们只有为同时代人的完美、为他们的幸福而工作，才能使自己也达到完美"。③ 马克思与恩格斯实现了这种幸福，他们所创立的马克思主义直到今天仍然在发挥着巨大的影响。马克思被评选为"千年伟人"，恰恰证明了他的预言："如果我们选择了最能为人类福利而劳动的职业，那么，重担就不能把我们压倒，因为这是为大家而献身；那时我们所感到的就不是可怜的、有限的、自私的乐趣，我们的幸福将属于千百万人，我们的事业将默然地、但是永恒发挥作用地存在下去，而面对我们的骨灰，高尚的人们将洒下热泪。"④ 由此可见，个人最大的幸福就在于把自己的劳动和事业真正融入为大多数人谋幸福的运动中去。这是一种很高境界的幸福，但并不难以达到。我们每一个普通人，只要有这种精神，有这种行为，都会得到人民的承认和赞赏，就会在为广大

---

① 《毛泽东选集》第 3 卷，人民出版社 1991 年版，第 864 页。
② 《马克思恩格斯全集》第 40 卷，人民出版社 1982 年版，第 7 页。
③ 同上。
④ 同上。

人民群众谋求最大幸福的过程中，感受到这种最伟大的幸福。

通过对功利主义的全方位透视，我们可以认识到：追求利益是世俗生活的重要内容，但利益并不是生活的唯一目的；个人利益是现实存在的，但恰恰是要在普遍利益的发展中才能真正得到实现；虽然在个人利益与普遍利益之间有一只"看不见的手"，但在社会主义社会中，我们更应该发扬集体主义精神，以实现好、维护好、发展好中国最广大人民的根本利益为最高原则，实现个人利益与普遍利益的辩证统一；也正是在对个人利益的超脱中，一个人的崇高品质才得以真正地呈现。

第五章
理论折射现实

在各种"主义"粉墨登场的复杂环境中，国际上西方一些学者宣布意识形态已经终结，国内也有人散布马克思主义已经"过时"、应该"消解"的论调。思想理论的变化动态，生动折射着现实社会的发展变迁。终结论、过时论和消解论等理论主张的出现，既是对马克思主义的严峻挑战，也是一个难得的机遇：这些理论主张的出现，促使我们在新形势下更为深入地研究意识形态建设问题，更为深刻地把握马克思主义意识形态理论的科学内涵，更为深切地感受到巩固马克思主义指导地位的重要性和紧迫性。

第一节 意识形态的虚假与真实（上）

消解崇高理想，追求世俗生活，宣扬自我中心，成为现代思想理论领域的一个显著特征。正是在这种时代背景下，西方某些学者的意识形态已经终结的论断①，得到了不少人的认同。在国内，马克思主义作为意识形态已经终结，马克思主义已经"过时"、应该"消解"等论调，也以各种形式在思想理论界不断出现。意识形态终结论的一个主要理论支点是意识形态的虚假性。只要正确揭示了意识形态虚假与真实的辩证关系，就能够为真正破除意识形态终结论的理论基础。

一

马克思和恩格斯对青年黑格尔派哲学的批判表明，即使是明显具有虚假性的资产阶级意识形态，其产生和发展也具有特定的思想认识根源和社会现实根源，并不完全是虚幻的思想观念，也能够从特殊的角度反映社会现实，并对社会现实产生一定的反作用。

作为德意志意识形态的典型代表，青年黑格尔派哲学的虚假性主要表现在：1. 在观念与社会存在之间建立了一种虚幻的关系，把社会描述为按照观念来建立的社会，把历史描述为一种观念不断更替的进程。2. 在人们头脑与观念之间建立了一种虚幻的关系，不是人们的头脑支配观念，而是观念有一个自己独立发展演进的进程。3. 在人与观念之间建立了一种虚幻的关系，人的创造物——观念不但具有独立的发展史，而且对人具有支配

---

① 如美国学者丹尼尔·贝尔在《意识形态的终结》中提出："在西方世界里，在今天的知识分子中间，对如下政治问题形成了一个笼统的共识：接受福利国家，希望分权、混合经济体系和多元政治体系。从这个意义上讲，意识形态的时代也已经走向了终结。"——［美］丹尼尔·贝尔：《意识形态的终结》，张国清译，江苏人民出版社2001年版，第462页。

作用，人类命运的变化是由这些观念的演化决定的。4. 为反抗思想的统治，青年黑格尔派哲学设计的是一种虚幻的途径，即用思想批判地对待这些幻想，这样当前的现实就会崩溃。总之，"这些天真的幼稚的空想构成了现代青年黑格尔派哲学的核心"。① 德国哲学是表明德国思想发展的最复杂同时也是最准确的温度计②。马克思和恩格斯对青年黑格尔派哲学的批判，为深入分析资产阶级意识形态的虚假性提供了科学的典范。

在《神圣家族》中，马克思以果实为例，揭开了青年黑格尔派哲学思维方式的秘密，即意识形态虚假性产生的认识论根源：思辨方法的第一步是把概念实体化，使抽象概念成为脱离感性事物的独立实体，它决定感性事物的本质，而现实的感性事物则是它的样态。这样，现实存在的苹果、梨等就成了"果实"这个实体虚幻的本质。第二步是把这种实体主体化，把实体看做是主体在自己的生命发展过程中自我设定的对象，不同的实体只是主体生命过程中千差万别的环节。"果实"一旦变为绝对主体之后，就把自己确定为苹果或梨，其差别只是"果实"内在差别的实现。经过这么一番变化，抽象概念就实现了从思辨世界向现实世界的过渡，抽象概念也就自然而然地颠倒成为世界的主宰。③ 这是青年黑格尔派哲学思维方式真实的展示，揭示了这种意识形态把客观存在与抽象概念颠倒反映的虚假本质。实际上，这种思维方式是贯穿于以德国哲学为代表的资产阶级意识形态的一个共性特征。在《反杜林论》中，恩格斯对先验主义的批判同样指出了这种思维方式的基本特点："它不是从现实本身推论出观念，而是从观念推论出现实。"④

在《德意志意识形态》中，马克思和恩格斯进一步揭示了资产阶级意识形态虚假性产生的唯心史观本质，即用来证明精神是历史的最高统治的"全部戏法"：首先把进行统治的个人与他的思想分割开来，从而承认思想在历史上的统治；其次，必须使这种思想统治具有某种秩序，证明在一个

---

① 马克思、恩格斯：《德意志意识形态》（节选本），人民出版社 2003 年版，第 3 页。
② 《马克思恩格斯选集》第 1 卷，人民出版社 1995 年版，第 492 页。
③ 《马克思恩格斯全集》第 2 卷，人民出版社 1957 年版，第 71—76 页。
④ 《马克思恩格斯全集》第 3 卷，人民出版社 1960 年版，第 437 页。

个相继出现的占统治地位的思想之间存在着某种神秘的联系，即把思想看做是"概念的自我规定"；最后，消除这种"自我规定着的概念"的神秘外观，把这些概念变成在历史上代表着"概念"的许多人物——"思维着的人"、"哲学家"、"意识形态家"等，而这些人又被看成历史的制造者和统治者。①

青年黑格尔派哲学的产生和发展不但有其认识论根源，而且有其社会根源，是对社会现实的一种歪曲反映，是德国市民观念哲学形式的虚幻表达。德国市民观念的这种哲学形式表达实际上又是可悲的德国现实状况的一种曲折反映。② 由此可见，青年黑格尔派哲学之所以具有虚幻性的基本特征，其现实根源在于德国的现实状况。唯心史观在德国曾经占统治地位，只有从那些主张这种历史观的意识形态家们的实际生活状况、他们的职业和分工出发，才能真正说明这种意识形态的真实意义。"思想和观念的独立化是个人之间的私人关系和联系独立化的结果。……德国哲学是德国小资产阶级关系的结果。哲学家们只要把自己的语言还原为它从中抽象出来的普遍语言，就可以认清他们的语言是现实世界的被歪曲了的语言，就可以懂得，无论思想或者语言都不能独自组成特殊的王国，它们只是现实生活的表现。"③ 这表明，即使一种明显具有虚假性的意识形态也必然从一个特定的角度反映社会现实。在《资产阶级和反革命》一文中，马克思进一步精辟地概括了德国资产阶级的基本特征："它不是代表新社会的利益去反对旧社会，而是代表已经陈腐的社会内部重新出现的那些利益；它操纵革命的舵轮，并不是因为它有人民为后盾，而是因为人民在后面迫使它前进；……不相信自己，不相信人民，在上层面前嘟囔，在下层面前战栗，……不相信自己的口号，用空谈代替思想。"④ 德国资产阶级的这些基本特征，决定了以青年黑格尔哲学为代表的意识形态必然具有明显的虚假性。

但是，意识形态虚假性产生的这些客观根源和发展的真实机制却是那

---

① 马克思、恩格斯：《德意志意识形态》（节选本），人民出版社 2003 年版，第 46 页。
② 同上书，第 3—4 页。
③ 同上书，第 122 页。
④ 《马克思恩格斯选集》第 1 卷，人民出版社 1995 年版，第 320 页。

些思想家所无法认识到的，"意识形态是由所谓的思想家通过意识、但是通过虚假的意识完成的过程。推动他的真正动力始终是他所不知道的，否则这就不是意识形态的过程了。因此，他想象出虚假的或表面的动力。因为这是思维过程，所以它的内容和形式都是他从纯粹的思维中——不是从他自己的思维中，就是从他的先辈的思维中引出的。他只和思想材料打交道，他毫不迟疑地认为这种材料是由思维产生的，而不去进一步研究这些材料的较远的、不从属于思维的根源。而且他认为这是不言而喻的，因为在他看来一切行动既然都以思维为中介，最终似乎都以思维为基础。"① 由此可见，这些思想家把思想当做独立发展的、仅仅服从自身规律的独立存在的东西来对待。

综上所述，不论是何种意识形态，不论它是否真实反映了社会生活，都是现实生活的表现——虽然这种表现的形式多种多样，表达的内容或者虚假或者真实。意识形态的虚假与真实即意识形态的科学性问题，在一定程度取决于思想家以什么样的哲学理论特别是历史观为指导，取决于运用什么样的思维方式来思考。实践证明，如果以唯心主义哲学为指导，运用唯心史观的思维方式，研究社会的运动、变化和发展，结果只能是颠倒社会存在与思想观念的真实关系，把思想观念独立化，把社会存在虚幻化，得出的只能是虚假的思想认识即虚假的意识形态。但是，即使是虚假的意识形态仍然有其存在的客观基础，仍然以一种特殊的方式反映着社会现实，并对社会产生一定的反作用，如能够掩盖真实的社会关系、削弱人民的革命斗志等。

二

马克思和恩格斯对资产阶级意识形态的批判表明，作为人类生产生活和思想认识发展的产物，意识形态因其产生的现实机制和反映的客观内容，决定了它不仅是一个纯粹的科学认识问题，而且是一个复杂的社会问

---

① 《马克思恩格斯选集》第 4 卷，人民出版社 1995 年版，第 726 页。

题，在阶级社会集中表现为阶级性问题。

马克思和恩格斯指出："统治阶级的思想在每一时代都是占统治地位的思想。这就是说，一个阶级是社会上占统治地位的物质力量，同时也是社会上占统治地位的精神力量。支配着物质生产资料的阶级，同时也支配着精神生产资料，因此，那些没有精神生产资料的人的思想，一般地是隶属于这个阶级的。占统治地位的思想不过是占统治地位的物质关系在观念上的表现，不过是以思想的形式表现出来的占统治地位的物质关系；因而，这就是那些使某一个阶级成为统治阶级的关系在观念上的表现，因而这也就是这个阶级的统治的思想。"① 从单个人的角度来看，构成统治阶级的个人作为思维着的人，作为思想的生产者进行统治，他们对于自己时代思想的生产同样具有支配和调节的权力，他们的思想同样在这个时代占据着统治地位。当然这种思想的统治地位，主要还是依靠着他们在物质关系上占据的统治地位：思想的生产永远离不开其反映的物质生产资料的生产，哪个阶级在物质上占据了统治地位，哪个阶级就能够运用这些强大的物质力量来拥护自己的统治，运用这些强大的物质力量来支配精神生产资料的运动。可见，一种意识形态是否在社会中占据统治地位，是由它所反映和维护的那个阶级在社会上的地位决定的，最终是由这个社会中的物质资料的生产关系决定的。

通过对资产阶级意识形态的批判，马克思指出："你们（指资产阶级——笔者注）的观念本身是资产阶级的生产关系和所有制关系的产物，正像你们的法不过是被奉为法律的你们这个阶级的意志一样，而这种意志的内容是由你们的这个阶级的物质生活条件来决定的。"② 这说明，资本主义的经济学、政治学、法学和道德等，在资产阶级看来都是不言自明的永恒真理；但站在无产阶级立场就会发现，这些理论学说只是资产阶级的偏见，代表的只是资产阶级的利益。这说明，资产阶级意识形态具有明显的阶级性，并不是社会普遍利益的反映，而是资产阶级利益的代表。这还说

---

① 马克思、恩格斯：《德意志意识形态》（节选本），人民出版社 2003 年版，第 42—43 页。
② 《马克思恩格斯选集》第 1 卷，人民出版社 1995 年版，第 289 页。

明，阶级性是意识形态的普遍特征，阶级利益是意识形态的重要内涵。

马克思和恩格斯进一步指出，"分工也以精神劳动和物质劳动的分工的形式在统治阶级中间表现出来，因此在这个阶级内部，一部分人是作为该阶级的思想家出现的，他们是这一阶级的积极的、有概括能力的意识形态家，他们把编造这一阶级关于自身的幻想当作主要的谋生之道"。① 这就揭示了意识形态作为一种独立的力量产生和发展的机制，揭示了统治阶级思想家即意识形态家是构成统治阶级的重要组成。但必须指出的是，这些意识形态家的独立性是相对的，他们最终要服从于掌握着经济和政治权力的统治阶级成员，"冷静务实的资产阶级社会把萨伊们、库辛们、鲁瓦耶—科拉尔们、本杰明·贡斯当们和基佐们当作自己真正的翻译和代言人；它的真正统帅坐在营业所的办公桌后面，它的政治首领是肥头肥脑的路易十八。"②

因此，必须透过意识形态斗争的迷雾，才能真正把握阶级斗争的基本规律，这是马克思最先发现的重大历史运动规律："一切历史上的斗争，无论是在政治、宗教、哲学的领域中进行的，还是在其他意识形态领域中进行的，实际上只是或多或少明显地表现了各社会阶级的斗争，而这些阶级的存在以及它们之间的冲突，又为它们的经济状况的发展程度、它们的生产的性质和方式以及由生产所决定的交换的性质和方式所制约。这个规律对于历史，同能量转化定律对于自然科学具有同样的意义，这个规律在这里也是马克思用以理解法兰西第二共和国历史的钥匙。"③ 实践证明，即使过了一百五十余年，这个规律仍然是科学的真理，是认识意识形态斗争的一把钥匙：意识形态领域中主义或学说的斗争，并不仅是理论原则、思想观点的斗争，而是各社会阶级之间的斗争，代表了不同阶级的利益。而这种阶级的斗争又是由它们的经济状况、生产方式所制约的。从这个意义上讲，当前我国意识形态领域中，马克思主义和新自由主义等思想学说的斗争，并不是简单的"主义"之争，而是不同社会集团之间的利益之争，是我国与企图"分化"、"西化"我国的国内外敌对势力之间的斗争。这种

① 马克思、恩格斯：《德意志意识形态》（节选本），人民出版社 2003 年版，第 43 页。
② 《马克思恩格斯选集》第 1 卷，人民出版社 1995 年版，第 586 页。
③ 同上书，第 583 页。

斗争，同样是由当前复杂的国际环境和我国处于社会主义初级阶段的基本国情决定的。

综上所述，意识形态是人类认识世界的一种形式，它不但是一个科学性问题，而且具有明显的阶级性，是一个社会问题。意识形态所反映的对象包括了社会阶级关系、阶级斗争等社会现象，它的内容包括了对阶级、阶级斗争等社会现象本质和规律的反映。它作为人类社会生活中的一种现象，作为社会意识的一种形式，是和不同阶级的利益相关联的，与不同阶级之间存在着不同的、以至完全相反的利益关系。它对具有阶级性的社会现象的反映，是受认识主体的阶级立场、阶级关系、阶级利益制约的。阶级的偏见会使一定阶级自觉不自觉地歪曲反映某些社会客观现实。人们对这些对象认识的正确程度，同他们的阶级立场、阶级利益相关，他们的阶级利益在多大程度上与社会历史发展趋势相一致，他们就能够在多大程度上正确认识阶级、阶级斗争以及社会发展的本质和规律。由此可见，意识形态的虚假与真实，并不仅是一个思想认识问题，而且还是一个与阶级性密切相关的重大政治问题。

三

要真正把握意识形态虚假与真实，必须深入探讨意识形态科学性与阶级性的辩证关系。马克思对资产阶级政治经济学的批判，为我们解决这一问题提供了科学的典范。

在资本主义生产的上升阶段，资本和劳动之间的矛盾被资产阶级与封建专制制度之间的矛盾所掩盖，资产阶级在一定程度上还能够代表包括其他阶级在内的社会整体利益。在这种历史条件下，作为维护产业资本的意识形态，以李嘉图等为代表的资产阶级政治经济学为了说明资本主义生产的基础，明确地把劳动说成是价值的唯一要素和使用价值的唯一创造者，在坚持劳动价值论的前提下，揭示了资本主义市场经济运行的基本规律，具有明显的科学性。但是马克思同时指出："只要政治经济学是资产阶级的政治经济学，就是说，只要它把资本主义制度不是看作历史上过渡的发展阶段，而是看作社会生产的绝对的最后的形式，那就只有在阶级斗争处于潜伏状态或只是在个别的现象上表现出来的时候，它还能够是科学。"① 这充分说明，古典政治经济学的这种科学性是受资产阶级固有的阶级性制约的，当资产阶级与工人阶级的斗争逐步上升为社会主要矛盾时，情况就大不相同了。

必须指出的是，即使是具有明显科学性的古典政治经济学，由于其方法论的内在矛盾，同样具有虚假的一面。经验主义是包括古典政治经济学在内的资产阶级政治经济学的基本方法论。这种方法论只承认感性的经验，"只是把生活过程中外部表现出来的东西，按照它表现出来的样子加以描写、分类、叙述并归入简单概括的概念规定之中"②，只关注经验对象具有的数字、重量和尺度等特征，只利用从感性的经验中得出的证据，只研究在自然界和社会中具有可见的根据的原因，对于经验现象背后的本质和规律则全然不顾。这就决定了古典政治经济学存在的根本矛盾和历史局限性：它仅仅是从感性的经验事实出发，没有能够揭示出隐藏在经济事实背后的社会关系，特别是生产关系，没有把资本主义经济现实看做是人类社会发展中的一个过渡点，而是把这种经济形式当成了人类社会存在的天然制度，只是对现存事实的肯定，没有能够从对现实的科学分析中把握其内在矛盾和发展的客观规律，没有能够预见其未来的发展趋势。正是由于这一根本矛盾和历史局限性，决定了古典政治经济学虽然具有明显的科学性，但同样具有虚假性的一面。这种虚假性是古典政治经济学的"变种"——庸俗政治经济学产生的重要认识根源，并突出地体现在庸俗政治经济学的基本观点之中。

实践表明，一旦资产阶级政权获得了巩固，社会主要矛盾转移到了劳动与资本的矛盾上，资产阶级政治经济学就发生了根本改变。它必须面对它所维护的那个社会本身的内在矛盾即资本与劳动之间的对立：既然劳动创造了一切，资本为何得到了一切？既然劳动与资本之间的矛盾与斗争是合理的，资本主义社会如何能够成为社会生产的绝对形式？资产阶级政治

---

① 《马克思恩格斯全集》第 23 卷，人民出版社 1972 年版，第 16 页。
② 《马克思恩格斯全集》第 26 卷第 2 册，人民出版社 1973 年版，第 182 页。

经济学"解决"这个矛盾的出路只能是把政治经济学理论本身庸俗化，转变为庸俗政治经济学，即必然要把劳动者的利益排挤出去，把资本看成是财富的源泉和生产的目的，具体表现为对资本主义生产方式和日常观念的单纯的现象复写。因此，庸俗政治经济学为了解释经济现象，抛弃了真正能够解释这些现象并且也是唯一能够科学地分析这些经济现象的科学抽象法，逐步失去其科学性。在此基础上所能得出的只能是庸俗的解释，只能是为了阶级性（即维护资产阶级利益）而牺牲了科学性，本质上成为一种具有明显虚假性的意识形态。

但是，庸俗政治经济学即使作为一种虚假的意识形态，也有其真实的社会基础，即资本主义生产方式。在资本主义生产劳动过程中，资本成为一种非常神秘的东西，劳动产生的一切社会生产力，都好像不为劳动本身所有，而为资本所有，好像是从资本本身生长出来的力量。资本成为支配一切的上帝，"资本主义生产方式的神秘化，社会关系的物化，物质生产关系和它的历史社会规定性直接融合在一起的现象已经完成：这是一个着了魔的、颠倒的、倒立着的世界。"① 这种现实的颠倒借以表现的歪曲形式，自然会在这种生产方式的当事人的观念中再现出来，反映在资产阶级思想家的头脑中，就是所谓的庸俗政治经济学。由此出发，庸俗政治经济学把资本主义颠倒的世界描绘成人类社会天然的存在形式，其实质"无非是对现实的生产当事人的日常观念进行训导式的、或多或少教条式的翻译，把这些观念安排在合理的秩序中。……同时，这个公式也是符合统治阶级的利益的，因为它宣布统治阶级的收入源泉具有自然的必然性和永恒的合理性，并把这个观点推崇为教条"。② 这种观点构成了资产阶级意识形态的本质核心，资本主义世界因此获得了永恒存在的合理性。此时，以庸俗政治经济学为代表的资产阶级意识形态的科学性已经丧失殆尽，完全沦为为资产阶级利益辩护的虚假意识形态。这也就是为什么如此虚假的意识形态仍然能够成为资产阶级信仰的根本原因。

---

① 《马克思恩格斯选集》第 4 卷，人民出版社 1995 年版，第 578—579 页。
② 同上书，第 579 页。

综上所述，资产阶级意识形态是资产阶级利益和意志的反映，却常被颠倒地论证为全社会成员利益的体现，并进而被用来论证资本主义是人类社会永恒存在的天国。可见，意识形态对客观现实的反映，常常是通过一定阶级或集团的目的、利益的三棱镜折射颠倒实现的。因此，意识形态在多大程度上反映社会发展的规律，取决于它所代表的阶级利益在多大程度上与社会发展相一致。在资产阶级革命上升时期，资产阶级意识形态虽然以唯心主义的方式存在，但仍在一定程度上反映了真实的历史进程——消灭封建制度建立资本主义社会的必然性，反映了资本主义生产方式的基本规律，在一定程度上成为社会整体利益的代表，包含了真理的因素，具有一定的科学性。但随着资本主义社会的建立，资本与劳动矛盾的日益尖锐，资产阶级意识形态开始发生了根本性的变化——由包含真理因素的科学理论转变成为资产阶级利益辩护的理论学说，由饱含革命激情的精神信念转向维护现实的庸俗思想体系。

第二节 意识形态的虚假与真实（下）

马克思和恩格斯对资产阶级哲学、政治学和经济学的批判，不但概括了资产阶级意识形态的基本特征和根本规律，而且揭示了意识形态的共性特征和普遍规律，明确了意识形态科学性与阶级性的辩证关系，为我们正确认识意识形态的虚假与真实提供了科学指导，展示了马克思主义意识形态观的基本特征。

一

意识形态是特定社会阶级、阶层或社会团体的自发意识上升为自觉意识的标志，比较系统地阐明了一个具有自觉意识的阶级的基本理论主张和政治追求，体现了这个阶级的基本利益即立场，展示了这个阶级（及其政党）对社会发展的基本认识，反映了社会中的阶级关系和物质资料生产、分配和消费关系的基本特征。

经济学、政治学、法学、道德、哲学、艺术、宗教等是意识形态的主要形式。这些意识形态除了经济学以外，与经济事实越来越远，同自己的物质存在条件的联系越来越错综复杂，逐步形成为独立的理论体系，具有自己独立的发展轨迹，并对社会的政治制度、法律制度、文化制度产生重大影响。但是，不论这些意识形态（包括经济学）如何在人们的头脑中翱翔，都无法最终摆脱物质条件的纠缠，归根到底都是由人们的物质生活条件决定的。

虽然各种意识形态具有不同的客观形式和千差万别的理论特色，但其产生、发展、演变都有一些共同特征和基本规律，都会对社会产生巨大的反作用。

意识形态的产生决不是理论家的自由创造，不是以往思想材料的自然演变，而是社会关系特别是阶级关系的客观反映，是阶级斗争的观念表现形式。意识形态发展演变的动力也决不是所谓理性、原则的内在力量，而是阶级斗争的真实反映和社会发展的客观需要。一种意识形态形成后，会外化为具体的社会组织和物质设施，外化为阶级成员的具体行为逻辑，对社会发展产生重大影响：或者是作为革命阶级的理论武器，起到团结群众、凝聚人心、鼓舞斗志、指导革命的作用；或者是作为统治阶级的理论主张，起到代表统治阶级利益、为现存社会制度辩护、维护社会稳定、组织引导群众等作用；或者是演化为一个民族的民族精神，成为民族文化传统的重要组成部分和社会成员的行为规范。

从这个意义上讲，意识形态本身并不会真正终结，终结的只是失去现实基础、被实践证明不再代表社会普遍利益和社会发展趋势的具体的理论学说。

二

意识形态的虚假与真实并不是绝对的，而是一个由多种社会因素决定的函数变量。判断一种意识形态的虚假与真实，不能仅看其理论上宣传什么主张，更要看其在实践中真正代表了哪个阶级的利益，看其是否真实反映了社会发展的客观趋势。

意识形态的虚假与真实，取决于它以什么样的哲学理论为指导，以什么样的思维方式为武器。只有以辩证唯物主义和历史唯物主义为指导，从对社会现实的研究出发，才可能正确认识社会存在与思想观念的真实关系，才能实现对客观存在的真实反映，深入把握人类社会运动、变化和发展的基本规律。否则，得出的只能是虚假的思想认识，即虚假的意识形态。

意识形态的虚假与真实，取决于它所代表的那个阶级的利益与社会普遍利益的统一程度。在资产阶级革命时期，资产阶级不仅是一个特殊的阶级，它的利益在一定程度上代表了社会的普遍利益，它的理论主张在一定程度上代表了整个社会的普遍呼声。作为反映资产阶级利益的意识形态，如自由主义、功利主义等，比较真实地反映了当时的社会需要，具有相对的科学性。同时，也正因为这些理论学说是资产阶级的意识形态，代表的是资产阶级的利益，与社会普遍利益存在根本的矛盾，所以从其本质上来讲又具有虚假性的一面。

意识形态的虚假与真实，取决于它是否能够比较真实地反映当时社会发展的客观趋势。马克思主义在科学批判资本主义生产方式的基础上，揭示了资本主义社会发展的基本规律，论证了资本主义并不是所谓的"天然制度"，而是历史发展的一个过渡阶段，人类社会发展的客观趋势必然是共产主义。社会实践充分证明，虽然当代资本主义具有很多新的发展特点，但马克思主义的这一基本判断并没有过时，资本主义作为历史过渡阶段的客观趋势并没有改变。

通过对意识形态虚假与真实的考察，我们可以认识到，意识形态并不是一个纯粹的科学性问题，而且是一个具有鲜明阶级性的社会问题。特定阶级在社会生产生活中居于什么样的地位，维护其阶级利益的理论主张在多大程度上反映了社会发展的基本规律，在多大程度上代表了社会整体的利益，决定了这种意识形态具有多大程度的科学性，即阶级性是决定意识形态是否具有科学性的关键因素。

三

"科学越是毫无顾忌和大公无私，它就越符合工人的利益和愿望。"①从这个意义来讲，马克思主义作为无产阶级的意识形态，以辩证唯物主义和历史唯物主义为理论基础，在科学批判资本主义社会的基础上，揭示了资本主义社会发展的基本规律，指明了人类社会发展的基本规律和客观趋势，代表了无产阶级和广大人民群众的根本利益，实现了科学性与阶级性的统一，是社会实践证明了的科学理论体系。这是马克思主义意识形态观的鲜明特征。

革命和建设实践表明，人们对党的热爱、对马克思主义的信仰，要依靠理论学习和宣传，更要依靠我们党不断提高执政能力和执政水平，真正做到"立党为公、执政为民"，真正代表中国最广大人民群众的根本利益，领导人民实现中华民族的伟大复兴。在当前的思想理论领域，一些别有用心的人把我们党领导革命和建设中出现的挫折和失误，归罪于马克思主义，提出只要放弃了马克思主义的指导，放弃了社会主义道路，那些挫折和失误都是可以避免的，中国的发展就会更好、更快、更强。这当然只是一种理论的假设，但人民群众从来都不会相信这种理论假设，他们相信的是现实生活；历史也不可能根据这些理论假设走回头路，中国与俄罗斯等国的发展现实充分证明了这一理论假设的荒谬。中国改革开放30年的伟大成就雄辩地证明了马克思主义的科学性，证明了中国特色社会主义的强大生命力。正是这些伟大的成就，充分证明我们党真正代表了中国最广大人民的根本利益，真正做了"立党为公、执政为民"，也生动地教育了人民群众，强化了人们的马克思主义信仰。

革命和建设实践还表明，人们对党的热爱、对马克思主义的信仰，要依靠马克思主义科学真理的巨大吸引力，更要依靠每个党员，特别是党员干部的身体力行。身教重于言传，人民群众对马克思主义的理解，对党的认识，更要依靠每位党员，特别是领导干部的实际行动。在革命战争年

---

① 《马克思恩格斯选集》第4卷，人民出版社1995年版，第258页。

代，大多数党员并没有经过系统的理论学习，也没有过多的口号宣传，但他们在革命战争中，始终能够吃苦在前，享受在后；在生死关头，把生的希望留给人民群众；在敌人威胁利诱面前，保持革命者的本色。正是这些党员用自己的实际行动，践行党的路线方针政策，向人民宣传马克思主义，才在广大群众中间树立了党的光辉形象、增强了人们对马克思主义的信仰。在和平建设时期，在实际工作和生活中，对马克思主义及其中国化最新成果的宣传，常常会因为群众身边党员特别是党员干部的实际工作表现而产生大相径庭的效果：如果这些党员和党员干部能够真正全心全意为人民服务，解决人民群众实际生活中面临的突出问题，那么，马克思主义就会真正深入人心、深得民心，发挥积极的指导作用；如果这些党员和党员干部口头讲的是大公无私，下面做的却是损公肥私、损人利己，那么，我们的宣传就会成为空洞的口号，我们多年来思想政治工作取得的成绩就会功亏一篑，"意识形态终结论"等错误思潮就会乘虚而入，马克思主义也就会被束之高阁、无人理睬。

总之，巩固马克思主义的指导地位，不仅是理论研究和思想宣传部门的主要工作，也是其他各个部门的一项不可忽视的重要工作，是各级各类干部都必须高度重视的一个重大问题，是每个共产党员都必须切实担负起的一种社会责任。

第三节　马克思主义之勃兴

不论是在国际上还是国内，意识形态领域都出现了一些值得深思的新情况新问题，意识形态建设越来越成为社会关心、学术界关注的一个热点，意识形态特别是马克思主义研究呈现出方兴未艾之势。在新世纪新阶段，回应"意识形态终结论"，巩固马克思主义在意识形态领域的指导地位，对于中国特色社会主义建设具有重大现实意义。

一

不断巩固马克思主义的指导地位，既是一个理论问题，又是一个非常贴近实际的现实问题，是一个关系到社会主义事业兴衰成败的重大政治问题。

坚持和巩固马克思主义的指导地位，是中国革命和建设实践的必然选择，是现代化建设始终坚持社会主义方向的重要保证。邓小平指出："坚持马克思主义对中国十分重要，坚持社会主义对中国也十分重要。中国自鸦片战争以来的一个多世纪内，处于被侵略、受屈辱的状态，是中国人民接受了马克思主义，并且坚持走从新民主主义到社会主义的道路，才使中国的革命取得了胜利。"① "对马克思主义的信仰，是中国革命胜利的一种精神动力。"② 新中国成立以后，我们从旧中国接受下来的是一个烂摊子，但我们很快解决了吃饭、就业等问题，国民经济迅速得到恢复，并进行了大规模经济建设，依靠的是什么？"靠的是马克思主义，是社会主义"③。社会主义建设的实践证明，坚持马克思列宁主义、毛泽东思想是实现四个现代化的重要保证，是我们立国之本——四项基本原则的重要内容之一。"如果动摇了这四项基本原则中的任何一项，那就动摇了整个社会主义事业，整个现代化建设事业"。④ 正是坚持和依靠马克思主义的指导，我们党走出了一条适合中国国情的社会主义道路即中国特色社会主义。总之，中国革命和建设实践中的成功经验和惨痛教训证明，什么时候我们坚持了马克思主义的指导，我们的革命事业就会顺利发展和不断取得胜利；什么时候我们背离了马克思主义的指导，不论是犯了"左"的还是右的错误，我们的革命事业就会出现失误、挫折和失败。

坚持和巩固马克思主义的指导地位，关系选择一个什么样的领导集体带领人民把社会主义事业继续推向前进。邓小平指出：我们今后配备领导

---

① 《邓小平文选》第3卷，人民出版社1993年版，第62页。
② 同上书，第63页。
③ 同上。
④ 《邓小平文选》第2卷，人民出版社1994年版，第173页。

班子的时候，"要选那些认真学习马列主义、毛泽东思想，在斗争中经得起考验的人；要选那些党性强，能团结人，不信邪的人；要选那些艰苦朴素，实事求是，说老实话，办老实事，做老实人，作风正派的人；要选那些努力工作，联系群众，关心群众疾苦，有魄力，有实际经验，能够办事的人。"① 因为"中国的稳定，四个现代化的实现，要有正确的组织路线来保证，要有真正坚持马克思列宁主义、毛泽东思想和党性强的人来接班才能保证"。② 邓小平的这一思想，与毛泽东提出的无产阶级革命事业接班人"必须是真正的马克思列宁主义者"的思想③一脉相承，是总结中国乃至世界共产主义运动的成功经验和失败教训得出的必然结论。

坚持和巩固马克思主义的指导地位，关系中国最广大人民群众的根本利益。马克思和恩格斯曾经指出："统治阶级的思想在每一时代都是占统治地位的思想。这就是说，一个阶级是社会上占统治地位的力量，同时也是社会上占统治地位的精神力量。……占统治地位的思想不过是占统治地位的物质关系在观念上的表现，不过是以思想的形式表现出来的占统治地位的物质关系；因而，这就是那些使某一个阶级成为统治阶级的关系在观念上的表现，因而这也就是这个阶级的统治的思想。"④ 共产党人从来不隐瞒自己的阶级立场和观点，在共产党执政的社会主义国家，工人、农民和知识分子等社会主义劳动者是社会上占据统治地位的力量，与之相适应，在意识形态领域，必然是代表他们立场、观点和根本利益的思想——马克思主义占据统治地位。这种占据统治地位的思想，反映的是人民当家作主的物质关系（生产关系），维护的是中国最广大人民群众的根本利益。近代以来的中国历史充分证明，除了马克思主义，没有其他任何一种思想学说能够真正代表、实现和维护中国最广大人民群众的利益。所以，针对"文革"以后有些人以毛泽东晚年错误为借口，全面否定毛泽东思想的指导地位的行为，邓小平旗帜鲜明地指出："经过长期实践检验证明是正确

---

① 《邓小平文选》第2卷，人民出版社1994年版，第75页。
② 同上书，第193页。
③ 参见1964年7月14日《人民日报》。
④ 《马克思恩格斯选集》第1卷，人民出版社1995年版，第98页。

的毛泽东思想的科学原理，不但在历史上曾经引导我们取得胜利，而且在今后长期的斗争中，仍将是我们的指导思想。对于党的这样一个重大原则表示任何怀疑和动摇，都是不正确的，都是同中国人民的根本利益相违背的。"①

二

不断巩固马克思主义的指导地位，必须高度重视理论学习。邓小平希望全党的各级干部，首先是领导干部，"在繁忙的工作中，仍然有一定的时间学习，熟悉马克思主义的基本理论，从而加强我们工作中的原则性、系统性、预见性和创造性。只有这样，我们党才能坚持社会主义道路，建设和发展有中国特色的社会主义，一直达到我们的最后目的，实现共产主义。"② 学习和研究马克思主义，必须与中国特色社会主义建设实践相结合，才能树立坚定的马克思主义信仰，在错综复杂的国内外形势中站稳脚跟，在形形色色的学说、思潮中明确方向，真正巩固马克思主义的指导地位。20 世纪 80 年代末 90 年代初，东欧剧变，苏联解体，国际局势风云突变，共产主义运动处于低潮，马克思主义面临着最为严峻的考验。在这种复杂多变的国际形势下，有的人对马克思主义产生了怀疑，对社会主义失去了信心。针对这种现状，邓小平旗帜鲜明地指出，"一些国家出现严重曲折，社会主义好像被削弱了，但人民经受锻炼，从中吸收教训，将促使社会主义向着更加健康的方向发展。因此，不要惊慌失措，不要认为马克思主义就消失了，没用了，失败了。哪有这回事！"③ "我坚信，世界上赞成马克思主义的人会多起来的，因为马克思主义是科学。"④

但是，坚持马克思主义，并不是要墨守成规，而是要在坚持马克思主义基本原理的前提下，不断推动马克思主义新的发展。邓小平认为，坚持

---

① 《邓小平文选》第 2 卷，人民出版社 1994 年版，第 334 页。
② 《邓小平文选》第 3 卷，人民出版社 1993 年版，第 147 页。
③ 同上书，第 383 页。
④ 同上书，第 382 页。

和发展马克思主义，要从当前的实际情况出发，"绝不能要求马克思为解决他去世之后上百年、几百年所产生的问题提供现成答案。列宁同样也不能承担为他去世以后五十年、一百年所产生的问题提供现成答案的任务。真正的马克思列宁主义者必须根据现在的情况，认识、继承和发展马克思列宁主义。"① 坚持和发展马克思主义，要关注现实的政治形势。"马克思主义的思想理论工作是不能离开现实政治的。我这里说的政治，是国内外阶级斗争的大局，是中国人民和世界人民在现实斗争中的根本利害。不能设想，离开政治的大局，不研究政治的大局，不估计革命斗争的实际发展，能成为一个马克思主义的思想家、理论家。"② 坚持和发展马克思主义，要遵循解放思想、实事求是的基本原则，"我们讲解放思想，是指在马克思主义指导下打破习惯势力和主观偏见的束缚，研究新情况，解决新问题。"③ 但是，"解放思想决不能够偏离四项基本原则，不能损害安定团结、生动活泼的政治局面。全党对这个问题要有一个统一的认识。如果像'西单墙'的一些人那样，离开四项基本原则去'解放思想'，实际上是把自己放到党和人民的对立面去了。"④ 坚持和发展马克思主义，要敢于创新，"世界形势日新月异，特别是现代科学技术发展很快。……不以新的思想、观点去继承、发展马克思主义，不是真正的马克思主义者。"⑤

不断巩固马克思主义的指导地位，必须高度重视思想战线的斗争，正确对待"左"的和右的错误，肃清封建主义的种种遗毒，批判继承西方文化的优秀成果。邓小平认为，"思想路线不是小问题，这是确定政治路线的基础。正确的政治路线能不能贯彻实行，关键是思想路线对不对头"。⑥

邓小平曾经深受"左"的错误思想的迫害，切身感受到"左"的错误对中国革命和建设的重大危害。他多次提醒全党："现在，有右的东西影响我们，也有'左'的东西影响我们，但根深蒂固的还是'左'的东

---

① 《邓小平文选》第 3 卷，人民出版社 1993 年版，第 291 页。
② 《邓小平文选》第 2 卷，人民出版社 1994 年版，第 179 页。
③ 同上书，第 279 页。
④ 同上。
⑤ 《邓小平文选》第 3 卷，人民出版社 1993 年版，第 291—292 页。
⑥ 《邓小平文选》第 2 卷，人民出版社 1994 年版，第 191 页。

西。……右可以葬送社会主义，'左'也可以葬送社会主义。中国要警惕右，但主要是防止'左'。"① 纠正"左"的错误必须坚持四项基本原则，"如果不坚持这四项基本原则，纠正极左就会变成'纠正'马列主义，'纠正'社会主义"。②

邓小平在坚持反"左"的同时，针对改革开放过程中出现的右的思想特别是资产阶级自由化，多次提醒全党要认真对待资产阶级自由化问题，因为这涉及我们改革开放的根本性质。"在我们的国家，搞资产阶级自由化，就是走资本主义道路，就统一不起来了。不是同台湾的统一问题，而是大陆内部的统一问题。搞资产阶级自由化，我们内部就成了一个乱的社会，不是一个安定的社会，什么建设都搞不成了。对我们来说，这是一个非常关键的原则的问题。"③ 邓小平告诫全党同志，"反对资产阶级自由化是一个长期教育的问题，同四个现代化建设将是并行的"。④

中国是一个有着二千多年封建社会历史的国家，封建主义的种种遗毒在经济、政治和文化领域根深蒂固，大大影响了社会主义现代化建设，是巩固马克思主义指导地位面临的一个重大挑战。邓小平认为，肃清封建主义残余在思想政治等方面的影响，必须要有实事求是的科学态度，"要运用马克思列宁主义、毛泽东思想，对于封建主义遗毒的表现，进行具体的准确的如实的分析。首先，要划清社会主义同封建主义的界限，决不允许借反封建主义之名来反社会主义，也决不允许用'四人帮'所宣扬的那套假社会主义来搞封建主义。其次，也要划清文化遗产中民主性精华同封建性糟粕的界限。还要划清封建主义遗毒同我们工作中由于缺乏经验而产生的某些不科学的办法、不健全的制度的界限。不要又是一阵风，不加分析地把什么都说成是封建主义"。⑤

---

① 《邓小平文选》第3卷，人民出版社1993年版，第375页。
② 同上书，第137页。
③ 同上书，第124—125页。
④ 同上书，第208页。
⑤ 《邓小平文选》第2卷，人民出版社1994年版，第335页。

三

不断巩固马克思主义的指导地位，必须加强思想政治工作。邓小平指出："我们说改善党的领导，其中最主要的，就是加强思想政治工作。中央认为，从原则上说，各级党组织应该把大量日常行政工作、业务工作，尽可能交给政府、业务部门承担，党的领导机关除了掌握方针政策和决定重要干部的使用以外，要腾出主要的时间和精力来做思想政治工作，做人的工作，做群众工作。"①

加强思想政治工作，除了要加强思想政治工作队伍建设之外，还必须建立经常性的工作，从一点一滴的小事做起。邓小平指出，"思想路线问题要深入讨论，这个工作不能搞运动，要插到经常工作主要是经济工作里面去做"。② 这也就是说，要围绕经济建设这个中心，根据经济建设的客观需要开展思想政治工作，要在经济建设过程中向人民群众宣传马克思主义，使人民群众在实践中接受马克思主义的教育。他总结中国革命的成功经验指出："战士替居民挑水，官长替士兵盖被子，在火线上开'诸葛亮会'，保护俘虏的健康和自尊心，不搜俘虏的腰包，这些看起来都是小事，但是，一系列的伟大胜利，正是同这些小事分不开的。"③ 实践证明，群众利益无小事，只有从这些一点一滴的小事做起，才能真正贯彻落实党的群众路线，才能真正体现中国共产党全心全意为人民服务的根本宗旨，才能真正使我们的人民受到生动的马克思主义教育。邓小平认为，从一点一滴的小事做起是革命事业取得成功的根本原因，"我们的事业总是要求精雕细刻，没有一样事情不是一点一滴的成绩积累起来的。……归根到底，事情总是所有的人一点一滴地搞成的，这是最根本的。"④ 正是在这种精神指导下，邓小平提出"要建立经常工作。党、群众组织、军队、企

① 《邓小平文选》第2卷，人民出版社1994年版，第365页。
② 同上书，第195页。
③ 《邓小平文选》第1卷，人民出版社1994年版，第219—220页。
④ 同上书，第287页。

业、机关，都要把经常工作建立起来，要把经常的组织工作、经常的宣传教育工作建立起来。"① 因此可见，建立经常性的工作，从一点一滴的小事做起，是加强思想政治工作、不断巩固马克思主义指导地位的主要原则之一。

加强思想政治工作，关键是领导干部要以身作则，为不断巩固马克思主义的指导地位创造良好的社会环境。邓小平指出："搞精神文明，关键是以身作则。"② 因为群众对干部总是要听其言、观其行的。只有领导干部在工作中坚持以身作则，才能真正纠正党内的不正之风，才能真正促进社会风气的不断进步。邓小平认为："为了促进社会风气的进步，首先必须搞好党风，特别是要求党的各级领导同志以身作则。党是整个社会的表率，党的各级领导同志又是全党的表率。如果党的组织把群众的意见和利害放在一边，不闻不问，怎么能要求群众信任和爱戴这样的党组织的领导呢？如果党的领导干部自己不严格要求自己，不遵守党纪国法，违反党的原则，闹派性，搞特殊化，走后门，铺张浪费，损公利私，不与群众同甘共苦，不实行吃苦在先、享受在后，不服从组织决定，不接受群众监督，甚至对批评自己的人实行打击报复，怎么能指望他们改造社会风气呢！"③

加强思想政治工作，重点在青少年，要在青少年中加强马克思主义基本理论教育。邓小平多次指出："十年来我们的最大失误在教育方面，对青年的政治思想教育抓得不够，教育发展不够。"④ 加强思想政治教育，特别要注意加强马克思主义基本理论的教育，帮助青少年树立共产主义的远大理想。"我们要大力在青少年中提倡勤奋学习、遵守纪律、热爱劳动、助人为乐、艰苦奋斗、英勇对敌的革命风尚，把青少年培养成为忠于社会主义祖国、忠于无产阶级革命事业、忠于马克思列宁主义毛泽东思想的优秀人才，将来走上工作岗位，成为有很高的政治责任心和集体主义精神，

---

① 《邓小平文选》第1卷，人民出版社1994年版，第314页。
② 《邓小平文选》第3卷，人民出版社1993年版，第7页。
③ 《邓小平文选》第2卷，人民出版社1994年版，第177—178页。
④ 《邓小平文选》第3卷，人民出版社1993年版，第287页。

有坚定的革命思想和实事求是、群众路线的工作作风，严守纪律，专心致志地为人民积极工作的劳动者。"①

四

改革开放以来，西方文化大量进入我国，一些人对于西方的各种哲学、经济学、社会政治和文学艺术等思潮，不加分析、鉴别、批判，盲目引进和推崇，对马克思主义的指导地位产生极大的冲击。

在新的时代大背景下，我们应该如何对待这些思想呢？邓小平指出："我们要向资本主义发达国家学习先进的科学、技术、经营管理方法以及其他一切对我们有益的知识和文化，闭关自守、故步自封是愚蠢的。但是，属于文化领域的东西，一定要用马克思主义对它们的思想内容和表现方法进行分析、鉴别和批判。"② 邓小平认为，对待错误的思想和认识问题要有严肃认真的态度，要实事求是，通过透彻说理、从容讨论和批评与自我批评的方法，进行经常性的说服教育。对于犯了资产阶级自由化错误的人，邓小平指出，"每个人错误的性质如何，程度如何，如何认识，如何处理，都要有所区别，恰如其分。批评的方法要讲究，分寸要适当，不要搞围攻、搞运动。但是不做思想工作，不搞批评和自我批评一定不行。批评的武器一定不能丢"。③ 他还指出："历史经验证明，用大搞群众运动的办法，而不是用透彻说理、从容讨论的办法，去解决群众性的思想教育问题，而不是用扎扎实实、稳步前进的办法，去解决现行制度的改革和新制度的建立问题，从来都是不成功的。"④ 总之，邓小平认为，"无论如何，思想理论问题的研究和讨论，一定要坚决执行百花齐放、百家争鸣的方针，一定要坚决执行不抓辫子、不戴帽子、不打棍子的'三不主义'的方

① 《邓小平文选》第 2 卷，人民出版社 1994 年版，第 106 页。
② 《邓小平文选》第 3 卷，人民出版社 1993 年版，第 44 页。
③ 《邓小平文选》第 2 卷，人民出版社 1994 年版，第 390 页。
④ 同上书，第 336 页。

针，一定要坚决执行解放思想、破除迷信、一切从实际出发的方针"。①

巩固马克思主义的指导地位，必须积极应对来自于各种非马克思主义或反马克思主义思潮的冲击。随着改革开放的深入，西方社会中一些流行的哲学理论，如新黑格尔主义、精神分析学说、实证主义、语言哲学、分析哲学等蜂拥而至。更应值得警惕的是，有的学者把新自由主义奉为治国良方，大肆宣扬，并企图以之取代马克思主义，误导了社会主义市场经济建设特别是国有企业改革。这种状况，对我国意识形态建设特别是巩固马克思主义的指导地位产生了极大冲击。以马克思主义意识形态观为指导，审视经济全球化条件下资本主义意识形态发展变化的轨迹，可以使我们拨开掩盖在这些理论思潮表面的重重迷雾，真正认识到意识形态的产生、发展和演变，决不是思想材料的重新排列，也不是思想家们头脑中各种观点的随意组合，而是曲折地反映着经济的发展、社会的变迁和阶级关系的变动。墨西哥、巴西、阿根廷等发展中国家推行新自由主义的惨痛教训提醒我们，新自由主义反映的是西方发达国家跨国公司全球投资、全球销售、全球生产的需要，是资本主义发展到以经济全球化为特征的国际垄断阶段的产物，是西方发达国家为控制发展中国家所灌输的价值观念和意识形态，代表的是少数主导经济全球化的发达国家及国际垄断资产阶级的利益。因此，必须立足于我国社会主义经济建设的实践，全面揭露新自由主义等意识形态的真实目的，坚决反击这些学说对马克思主义的攻击、对我们改革开放的干扰破坏，巩固马克思主义的指导地位。这决不是抽象的"主义"之争，而是关系到我国改革开放是不是要坚持社会主义方向，能不能够真正推进中国特色社会主义建设的重大政治问题。

巩固马克思主义的指导地位，必须正确认识西方马克思主义研究的成败得失。毋庸讳言，西方马克思主义对我国的马克思主义研究产生了重大影响，既为我们提供了丰富的理论成果和新颖的研究方法，但也存在误导我国马克思主义研究正确方向的趋势，导致不良的学术倾向，如有些学者或沉湎于纯粹的文本解读而不联系中国的实际，或沦陷于西方哲学的逻辑陷阱而发不出自己的声音，或倾向于抽象的理论批判而无的放矢。这种研究倾向，名

---

① 《邓小平文选》第 2 卷，人民出版社 1994 年版，第 183 页。

为坚持和发展马克思主义，实为消解马克思主义，丢掉了马克思主义的科学精神。西方马克思主义始终没有找到一个稳固的理论基础，过分迷信于人类理性的力量，其批判指向始终远离资本主义社会的根本制度。它企图把历史哲学人文主义化，取消科学实证在马克思主义历史哲学中的作用。这就必然导致把人类发展史当作解释学的文本去解读，把马克思主义科学的批判方法弱化甚至取消，完全用价值批判来代替。西方马克思主义认为，应该限制工具理性的过度张扬，应该把弘扬人文价值理性作为哲学关注的焦点。有些学者甚至认为，随着后现代社会的来临，理性也应该被彻底解构和消解。政治实践、经济活动等很多社会现实问题，都已经从这些哲学家的研究视野中消失了。社会制度的合理性、社会现实矛盾的冲突、阶级阶层间利益的分化、国家间的对抗、经济生活中的危机等等，都已经不再是这些哲学家研究的对象。这是西方马克思主义研究的一个重大战略转变——在他们的视野中，理论阵地已经由对社会现实的科学批判这一主战场，转向对价值、理性、文本、话语的批判，如何改造社会已经不重要，重要是如何去解构哲学和理性本身。这一转变使他们不再去触动活生生的社会现实，不再去批判资本主义的经济政治结构，而是成了哲学内部的派别之争。但是，正如马克思所言："意识的一切形式和产物不是可以通过精神的批判来消灭的，……而只有通过实际地推翻这一切唯心主义谬论所由产生的现实的社会关系，才能把它们消灭；历史的动力以及宗教、哲学和任何其他理论的动力是革命，而不是批判。"[①] 可见，通过革命和建设实践改造世界，才是马克思主义的本质特征。西方马克思主义已经与马克思主义的本质分道扬镳。

中国特色社会主义建设取得的伟大成就，充分证明了代表无产阶级和广大人民群众利益、科学反映了社会发展客观趋势的马克思主义，并不是虚假的意识形态，并不是如某些学者宣传的那样已经终结，而是科学的理论体系。在英德等国"千年伟人"的评选中，马克思均名列前茅的事实，也充分表明了以马克思命名的理论不会过时也不会终结，终结的倒是"意识形态终结"这种判断。

---

① 《马克思恩格斯选集》第1卷，人民出版社1995年版，第92页。

第六章
精神凝聚力量

在复杂的社会环境中，在漫长的人生道路上，面对种种挑战和考验，克服种种困难和矛盾，人是要有一点精神的。民族精神是一个民族发展历程的凝练升华，是一个民族文化传统的集中展示，是一个民族永葆青春的精神支柱，也是个人获得无穷精神力量的文化源泉。我们应该自觉运用马克思主义的基本方法，虚心吸纳世界各民族优秀的民族精神，在现代化建设实践中培育新时代的中华民族精神，并把民族精神转化为实际工作的精神动力，转化为脚踏实地的社会实践，从而凝聚人民的力量，激发实现共同理想的强大精神动力，不断推进中国特色社会主义建设事业。

第一节　自由与变革的传统

英国是发展较早也最为成熟的资本主义社会，其渐进式变革的社会发展模式，成为世界各国经济建设和社会发展的典范；其以自由与变革为特色的文化传统和民族精神，对西方思想文化产生了较大影响。英国社会建设的成功经验特别是英吉利民族精神中的优良传统，值得我们深入学习和有选择地借鉴。

一

不论是从自然地理还是从文化地理意义来讲，英国首先都是一个欧洲国家。英国与欧洲大陆有着千丝万缕的联系，它的民族融合与演变、经济建设与发展、政治制度选择和社会风俗形成，无不受到欧洲大陆的深刻影响。它的思想文化传统也是欧洲大陆各种文化因素相互作用的产物，特别是德国文化和法国文化共同酝酿的产物——"英国人，这个民族是德意志成分和法兰西成分的混合体"①。当然，这种混合决不是简单地相加，而是经过了长期的选择，不同的文化成分在一个新的社会中得到融合和转化，从而形成了一种崭新的思想文化传统和民族精神。

其次，英国又是一个典型的海洋岛国。英吉利海峡是世界上海洋运输最繁忙的海峡，战略地位重要，对西欧、北欧国家的经济发展曾起过巨大的作用。它不但是一个政治、地理意义上的鸿沟，而且是一个文化意义上的屏障，使英国在有选择地接受欧洲大陆思想文化成果的同时，避免了对欧洲大陆的过分依赖，从而其社会发展和文化传统具有自己鲜明的特色，

① 《马克思恩格斯选集》第 1 卷，人民出版社 1995 年版，第 19 页。

塑造了英吉利人民开放冒险、勇于开拓的性格特征。

再次，英国社会发展具有鲜明特色。英国历史演变的一个重要特点是其社会发展和文化进步具有较明显的连贯性。特别是近代以来，与法德相比，英国以渐进式的资产阶级革命完成了社会转型，整个社会在一个相对独立的状态下进化，社会秩序比较稳定，激烈的革命和战乱较少，国内局势相对稳定，经济政治等政策中庸，总体发展呈现为在保守传统的基础上不断寻求变革和进步。但是，英国又没有像中国一样完全闭关锁国，而是一个善于航海的开放民族，其早期海盗式的向外扩张，使其获得了大量的原始资本积累，较早完成了工业革命，成为较早和最有影响的原发式资本主义国家。

正是由于这些原因，导致了英国社会不仅在经济政治方面，而且在思想文化方面既与欧洲大陆密切联系，又独具特点。18世纪英国发生的工业革命并进而推动的社会全面变革充分说明，"英国人身上具有推动大陆上历史发展的两种成分，因此，尽管他们同大陆的联系不很密切，可是他们仍然跟上运动的步伐，有时甚至走在运动的前面。"① 也正是以上这些复杂的原因，共同造就了英吉利民族的民族精神，并且使其具有鲜明的特征和特殊的内涵。

二

一个民族的民族精神可以从多个方面来概括，对于英吉利民族而言，崇尚经验、个人优先、追求自由、功利主义、保守传统等构成了其民族精神的主要特征。

崇尚经验。与欧洲大陆的理性主义传统相比较，经验主义是英吉利民族精神的哲学基础。恩格斯指出："英国人的民族特性在本质上和德国人、法国人的民族特性都不相同；对消除对立丧失信心因而完全听从经验，这

---

① 《马克思恩格斯选集》第1卷，人民出版社1995年版，第21页。

是英国人的民族特性所固有的。"① 这种所谓对立，是指 18 世纪没有解决的实体和主体、自然和精神、必然性和自由的巨大对立，即唯物主义与唯心主义（唯灵论）的对立。"无法解决矛盾这一点贯串着全部英国哲学，并促使它走向经验和怀疑论。由于培根未能用他的理性解决唯心主义和实在论的矛盾，人们就认为理性根本不能解决这个矛盾，干脆把唯心主义丢到一边，而把经验看作是唯一的拯救良方。对认识能力的批判和一般的心理倾向也正是从同一源泉产生的。英国哲学从一开始就只是在这种倾向的范围内兜圈子，在为解决矛盾而进行了一切徒劳的尝试以后，英国哲学最终宣称矛盾是不可解决的，理性是不能胜任的，它不是求救于宗教信仰就是求救于经验。"② 正是这种浓厚的经验主义底蕴，决定着英吉利民族精神的基本特征。当然，必须指出，英吉利民族精神中并不是没有理性主义的传统，但这种理性主义与欧洲大陆特别是德国的理性主义有着较大的差别：英国理性主义的根基和前提仍然是经验，理性是对经验的概括、总结和升华；而德国理性主义的却是要去除经验，以纯粹的先验观念或绝对理念为核心和基本出发点。

　　个人优先。从某种意义上讲，个人主义是经验主义的直接结果。在英国，个人主义虽然有较为复杂的含义，但主要是指个人与社会相比具有天然优先性，个人追求自己经济利益具有合法性：个人通过竞争与市场经济实现个人利益，政府较少干预经济。在个人主义者看来，个人是社会的基础，个人相对于社会具有优先性，社会只是一种虚构；个人利益才是最实在的，社会利益是个人利益简单相加的总和。"社会是一种虚构的团体，由被认作其成员的个人所组成。那么社会利益又是什么呢？——它就是组成社会之所有单个成员的利益的总和。"③ 这种典型的个人主义是英吉利民族精神的突出特点。"任何人的行为，只有涉及他人的那部分才须对社会负责。在仅只涉及本人的那部分，他的独立性在权利上则是绝对的。对于

---

① 《马克思恩格斯选集》第 1 卷，人民出版社 1995 年版，第 22 页。
② 同上书，第 20—21 页。
③ 周辅成编：《西方伦理学名著选辑》下卷，商务印书馆 1987 年版，第 212 页。

本人自己，对于他自己的身和心，个人乃是最高主权者。"[1] 恩格斯指出："英国人没有普遍利益，他们不触及矛盾这一痛处就无法谈普遍利益；他们对普遍利益不抱希望，他们只有单个利益。"[2] 当然，从这种典型的个人主义并不必然导致极端的自私自利，通过自由竞争和社会同情心责任感等桥梁，也能够实现个人与社会的统一。

追求自由。自由主义是英国文化传统和英吉利民族精神的一条逻辑红线和突出特点。密尔认为"进步的唯一可靠而永久的源泉还是自由"[3]。霍布斯认为："自由主义是这样一种信念，即社会能够安全地建立在个性的这种自我指引力之上，只有这个基础上，才能建立起一个真正的社会，这样建立起来的大厦，其基础深厚广阔，其范围无法予以限制。"[4] 正是这种自由主义的文化传统，决定了英国式资本主义现代化道路的基本特点是，以自由市场经济为主，政府对市场干预相对较少，政治相对稳定，政局起伏不大，重大问题常以对抗双方相互妥协、折中的方式解决，避免大的社会动荡，政治家们能够集中精力解决经济问题，不以经济为政治服务，不以政治斗争需要去主宰社会生活。这是一条民族进步的渐进式改革之路，国家受到的危害最小，人民受的苦难相对较小，以尽可能低的代价获得最大的利益。

功利主义。功利主义以经验主义和抽象人性论为哲学基础，以个人主义为出发点，以功利、幸福为核心内涵，以行为效果为评价依据，以他律为主要道德拘束力，以社会感情和自由竞争（自由主义）为纽带把个人与社会联系起来，以最大多数人的最大幸福为最高理想。它代表了英国伦理学发展的基本方向，体现着英国文化的鲜明特色，并且曾经出现过著名的"功利主义运动"，使功利主义成为近代以来英国政治法律改革、市场经济建设、社会发展演进的指导思想，构成了英吉利民族精神的重要组成部分。

---

① ［英］约翰·密尔：《论自由》，程崇华译，商务印书馆 1959 年版，第 10 页。
② 《马克思恩格斯选集》第 1 卷，人民出版社 1995 年版，第 22 页。
③ ［英］约翰·密尔：《论自由》，程崇华译，商务印书馆 1959 年版，第 75 页。
④ ［英］霍布豪斯：《自由主义》，朱曾汶译，商务印书馆 1996 年版，第 61 页。

保守传统。在英国，由于传统没有受到强力的抨击和彻底的否定，因而传统对其社会变革和发展产生了巨大影响，进而导致了英国人保守传统的性格。尊重过去的成就和智慧，崇尚蕴含传统的制度，并把从过去继承下来的行为模式视为行之有效的指南，成为英国人坚持的传统观念。对大多数英国人来讲，古老不是一种负担，而是一种资产。在英国社会中，许多古老的制度和观念仍然盛行，即使进行变革，也不完全否定传统，甚至于还要打着传统的旗号。

三

综上所述，英吉利民族精神的主要特点是，既重视经验积累、循序渐进，又敢于大胆探索、开拓创新；既不懈追求个人利益和自由，同时有很强的社会责任感，向往最大多数人的最大幸福；既注重保守以往的优秀传统，又不断通过渐进的方式推进社会变革与发展。正是在这种独特的民族精神和文化传统的影响下，英国市场经济形成了以自由竞争为特点的发展模式，社会发展展示为渐近式的道路，思想文化演变表现为经验主义的特色，代表了西方社会建设和发展的一个基本方向。

从某种意义上讲，英吉利民族精神的特点，有与我国传统文化相通的因素，如对经验的重视与积累，保守文化传统等，这是两国文化交流的重要基础。但是，从根本上来讲，中英文化属于两种不同的文化传统，对经验的理解和把握、对传统的理解和传承方式等，都有着较大的差别。具体来讲，英国文化崇尚经验积累，依据的是严格的逻辑归纳从而达到对世界的认识；而中国文化虽然重视经验，却依据模糊的思想感悟实现对客观对象的把握；英国社会关注个人自由与发展，通过自由竞争实现整个社会的发展；中国社会也肯定个人的存在和发展，但更为强调集体主义。英吉利民族精神中具有很多优秀成果，值得我们学习借鉴和吸收：我们应该学习他们重视经验积累和大胆探索的科学精神，学习他们把崇尚个人发展与培育社会责任感相结合的文化传统，学习他们注重保守优秀传统与渐进式社会变革相结合的发展模式。

德国学者赫尔德在《另一种历史哲学》一书中认为，每一个民族的文化都有各自发展的权利，人类大花园中所有花卉都能和谐地生长，各种文化都能相互激励，他同时宣称"每一种文明都有自己独特的精神——它的民族精神。这种精神创造一切，理解一切"。① 由此可见，从丰富多彩的社会现象中深入把握一个民族的民族精神，是理解这个民族经济、政治和社会发展的一把"万能钥匙"，也是我们学习借鉴世界各个民族优秀文化成果的"总开关"。掌握了这一"万能钥匙"，我们就可以在国际交往中获得主动；把握了这一"总开关"，我们就可以更为深刻地理解和学习借鉴不同民族思想文化的传统与特色，为我们更好地建设社会主义先进文化提供前提和基础。当然，这种学习不应仅局限于社会宏观层面，局限于理论研究角度，而且应该拓展到个体的人格培养，拓展到日常生活方式的改进，拓展到工作风格的培育，以推进整个社会的建设和个体素质的提高。

第二节　理性与秩序的理念

近代以来，在宗教骑士团的传统思想观念、路德领导的宗教改革和资产阶级革命等因素的共同作用下，德意志民族形成了独具特色的民族精神。

一

在思想文化上，德国形成了鲜明的理性主义传统，以抽象的理论思维著称于世。这一鲜明的特点，集中表现为德国人在自然科学、社会科学和音乐艺术等领域都达到了世界的巅峰，它们分别以爱因斯坦、马克思和贝

---

① ［伊朗］拉明·贾汉贝格鲁：《伯林谈话录》，杨祯钦译，译林出版社 2002 年版，第93 页。

多芬为代表。

理性主义并不是德国的特产，而是欧洲大陆哲学的共同特点，但德意志民族把理性发展到了极致。他们认为凡具有普遍必然性的真知识都不能从感觉经验得来，而只能是起源于理性本身。莱布尼茨开启了德国理性主义之先河。沃尔夫使莱布尼茨哲学成为德国的统治哲学。康德企图在经验与理性之间架起一座沟通的桥梁，但其最终的落脚点还是理性主义。黑格尔建立了近代以来最庞大的理性主义哲学体系，成为国家主义的主要代表人物。这种纯粹的理性主义逻辑，构成了德意志民族精神的哲学基础。而这种以理性、观念为核心的抽象思辨哲学，正是德意志民族发展特征的一种主观反映，"德意志的思想家转向哲学，其目的是希望在其中找到他们自己的民族存在的概念，其他欧洲国家已通过民族进化和传统继承的途径，不费代价地获得了这种概念。这就是德意志的观念常常成为德意志的理想的原因，因为只有从思想中，德意志人才有希望建立一种民族的同一性。这就是德意志人如此强烈地潜心于哲学问题的原因，也是他们为什么关心方法的原因。"[1] 恩格斯在比较英国、法国和德国民族特性时同样指出：德国人是信仰基督教唯灵论的民族，他们"固然也把自己的抽象内在性转变成抽象外在性，但是这种外在性从来没有失去它的起源的痕迹，并且始终从属于这种内在性和唯灵论"。[2] 这种思想文化的传统，是德意志民族精神形成的一个重要基础。

与之适应，在思想观念上，宗教改革导致了灵魂与肉体的分离。路德领导的宗教改革是德国历史上的一次伟大的精神革命，它奠定了德意志民族精神的又一重要基础。通过灵魂和肉体的分离，以及灵魂的拯救与善行的脱钩，路德将良心的权威仅仅限于精神方面。在实际的政治事务上，个人良心被迫服从于国家权力，而不管这个国家是如何腐败。这是他给德意志人民既要自由又要服从的要求赋予的新的形式，即在思想和精神王国的完全自由和在肉体、国家领域内的绝对服从。可见，路德的改革使人们从

---

① ［德］埃里希·卡勒尔：《德意志人》，黄正柏等译，商务印书馆 1999 年版，第 256 页。
② 《马克思恩格斯选集》第 1 卷，人民出版社 1995 年版，第 22 页。

罗马教会的统治下解放出来，但是同时也带来了两种新的形式的服从：一方面，在精神上只服从上帝，在个人的领域内的绝对自由，另一方面，在政治领域中服从世俗权威。这样，近代德意志的统治者有了无限的权力，近代德意志平民则由原初的个人主义转向了无限的顺从。正如马克思在《黑格尔法哲学批判导言》中所讲，"的确，路德战胜了虔信造成的奴役制，是因为他用信念的奴役代替了它。他破除了对权威的信仰，是因为他恢复了信仰的权威，他把僧侣变成了世俗人，是因为他把世俗人变成了僧侣。他把人从外在的宗教笃诚解放出来，是因为他把宗教笃诚变成了人的内在世界。他把肉体从锁链中解放出来，是因为他给人的心灵套上了锁链。"① 纵观德意志民族的发展历史，我们会发现，路德式的这种灵魂与肉体的分离，在塑造德意志民族精神中是一种经久不变的、决定性的因素。② 这一因素，对德意志民族的思想文化和社会发展都产生了深远的影响。

二

在政治传统上，德意志民族崇尚的是国家主义。这种鲜明特点的极端表现就是二战期间德国法西斯的暴行。

历史上，德意志宗教骑士团把修士的生活方式和骑士的生活方式联结起来。一个人要发过安贫、守贞和服从三项誓言后才能成为骑士团的一员。严格的纪律，总是使骑士团显得光荣、崇高，而个人则渺小可怜的世界，培养出了无私献身精神。这些行为准则成为后来普鲁士军官团法规的基础。骑士团国家还创立了行之有效的行政体系，行政官员们按自觉纪律、冷静思考和互助协作精神管理国家，培养起普鲁士主义精神，成为德意志民族精神的重要内容。

在弗里德里希大王时代，普鲁士历史发展中占统治地位的王家精神和

---

① 《马克思恩格斯选集》第1卷，人民出版社1995年版，第10页。
② 参见［德］埃里希·卡勒尔：《德意志人》，黄正柏等译，商务印书馆1999年版，第220、237页。

传统最终定型化、典型化，集中体现于"波茨坦传统"：一是专制主义和对民主的绝对排斥；二是军国主义，国王建立一支军队，目的就是向外扩张和侵略；三是国家主义，即国家利益至上；四是宗教宽容和重商主义。这些传统中蕴藏了普鲁士的一些精神要素：荣誉、忠诚、服从、勇敢、勤勉、节俭、守时和清廉等。到俾斯麦通过战争统一德国，标志着"波茨坦传统"的胜利。① 正是这种历史和文化传统，决定了德意志民族精神的重要特征，即崇尚国家主义。

同时，资产阶级的软弱性也进一步强化了德意志民族的这种特征。正如马克思在《资产阶级和反革命》中的分析那样，由于资本主义起步较晚，资产阶级具有无法克服的软弱性："它是旧国家的一个底层，这个底层并没有为自己打通道路，而是被地震的力量抛到了新国家的表层；不相信自己，不相信人民，在上层面前嘟囔，在下层面前战栗，对两者都持利己主义态度，并且意识到自己的这种利己主义；对于保守派来说是革命的，对于革命派来说却是保守的；不相信自己的口号，用空谈代替思想，害怕世界大风暴，同时又利用这个大风暴来谋私利；毫无毅力，到处剽窃；因缺乏任何独特性而显得平庸，同时又因本身平庸而显得独特；自己跟自己讲价钱；没有首创精神，不相信自己，不相信人民，没有负起世界历史使命；活像一个受诅咒的老头子，注定要糟蹋健壮人民的最初勃发的青春热情而使其服从于自己晚年的利益，没有眼睛，没有耳朵，没有牙齿，衰颓不堪，——这就是普鲁士资产阶级在三月革命后执掌普鲁士国家政柄的形象。"② 德国资产阶级的这些特点，在很大程度上强化了这种国家主义的特征。

三

在经济运行中，德意志民族奉行的是秩序原则，形成的是独具特色的

① 参见丁建弘、李霞：《普鲁士的精神和文化》，浙江人民出版社1993年版。
② 《马克思恩格斯全集》第6卷，人民出版社1961年版，第127页。

社会市场经济模式。这种市场经济模式，区别于英美的自由市场经济体制。德国经济社会发展的现实表明，这也是一种具有强大生命力的市场经济模式。

市场经济是当代世界多数国家经济建设普遍采用的形式，但是，不同国家选择了形式各异的市场经济模式，体现了不同的民族特色。迅猛发展的德国经济证明，社会市场经济模式是介于经济自由主义和社会主义之间的第三条道路，是市场经济发展的有效模式。这种市场经济模式虽然也强调自由竞争，但这种自由竞争不是放任自流，而是在国家法律和政策允许的范围内进行竞争。它不是仅通过市场这只"看不见的手"达到利益的自然和谐，而是在发挥市场自发调节作用的同时，通过国家干预这只"看得见的手"达到社会公正。德国的这种社会市场经济还努力将自由与秩序结合起来，实现更多的社会公正。这种秩序原则贯彻到经济生活的各个方面，形成了德国市场经济的一个最为鲜明的特色，决定了社会市场经济的其他特点：1. 社会平衡原则。社会市场经济的真谛在于把市场自由原则同社会平衡原则结合在一起，两者之间互为条件、相互渗透、相互促进。经济发展是全体成员福利提高、社会进步的基础，所以社会市场经济理论和实践的着眼点首先是创造和增加新的财富，但社会平衡和社会进步是更高的目标。2. 追求社会公平与公正原则。在公平与效率关系问题上，德国政府主张在讲平等时，以尽可能不损害效率，不违背市场机制的要求为准则；在讲效率时，以尽可能减少为此付出的代价，尽可能维持平等为目标。3. 国家原则。德国社会市场经济体制尽可能让市场力量来自行调节社会经济活动，同时，在需要时由国家对经济运行进行调控和干预。这种"尽可能"与"需要时"相结合的原则，是社会市场经济理论与实践的核心，是政府对经济实行有限干预的基本依据。

这种独特的市场经济建设模式，体现的正是德意志民族精神的一个核心，即秩序原则。在德国，"秩序"范畴具有独特而广泛的意义，是社会成员普遍遵循的首要原则。"没有自由的秩序只会带来强制，而没有秩序的自由就会堕落成混乱。"这里的秩序不同于一般意义上的秩序，"不是把秩序理解为服从命令，而是理解为基于内心平衡的和谐。此等意义上的和谐并不表示静止的幸福，而是在自由选择生活秩序的框架中保持着旺盛的活力。"① 这种秩序原则还体现在各个方面：城市建设中的整齐划一，日常生活中井井有条的安排，理论研究中完整体系的构建，等等。德意志民族的民族精神和历史发展特点，还决定了德国人民在生活和工作方面，遵循严谨勤勉、守时敬业等伦理道德观念。德意志民族的这种民族精神，生动体现于德国制造的产品之中，不论是汽车机械还是日常用品，"德国制造"被世界各国公认为质量的保证、信誉的象征。这也充分证明了黑格尔对"民族精神"本质的阐发："（世界精神发展的）每一个阶段都和任何其他阶段不同，所以都有它的一定的特殊的原则。在历史当中，这种原则便是'精神'的特性———种特别的'民族精神'。民族精神便是在这种特性的限度内，具体地表现出来，表示它的意识和意志的每一方面——它整个的现实。民族的宗教、民族的政体、民族的伦理、民族的立法、民族的风俗，甚至民族的科学、艺术和机械的技术，都具有民族精神的标记。"② 德意志独特的民族精神，充分证实了这一判断，同时也给德国的现代化建设打上了深深的烙印。当然，我们必须清醒地认识到，德意志的这种民族精神和哲学思想是一把双刃剑，既可成为民族振兴的强大动力，也可能成为军国主义的帮凶，这已经为历史事实所证实。

今天，我们更应该注意德国由二战后的一片废墟迅速成长为欧洲甚至世界上最强大的国家之一的原因，有选择地学习借鉴德意志民族的优良品质。从一定意义上讲，在西方思想文化传统中，德国文化与中国传统有着更多的相近相通之处：在以个人主义为基本价值导向的西方社会中，德国人更倾向于强调整体的国家主义，这与中国的集体主义传统有着相近之处；与英国文化相对比，德国文化的突出特点是理性主义精神，这与中国的理论感悟有着相通之处。当然，相近相通并不是完全一致，从学习借鉴的角度来讲，我们更应该学习德意志民族崇高秩序、遵守纪律的优良传统，借鉴德意志民族严谨深刻的科学理性精神。

---

① ［德］路德维希·艾哈德：《社会市场经济之路》，丁安新译，武汉大学出版社1998年版，第253页。

② ［德］黑格尔：《历史哲学》，王造时译，上海书店出版社1999年版，第66—67页。

第三节　民主与平等的意识

在继承和发扬英国文化传统的基础上，美利坚民族吸纳了德、法等世界各国文化的优秀成果，形成了以自由、民主、平等、务实为特征的民族精神。

一

法国启蒙思想家孟德斯鸠在《论法的精神》一书中曾经指出："人类受多种事物的支配，就是：气候、宗教、法律、施政的准则、先例、风俗习惯。结果就在这里形成了一种一般的精神。"[①] 这里的"一般的精神"就是指一个民族的民族精神。美利坚民族在其形成发展过程中，受到了多种社会和历史因素的影响，孕育了鲜明的民族精神，特别是其海纳百川的开放胸怀。

16 世纪以来，美国接受了文化背景十分庞杂、人数众多的外来移民，英国人、法国人、荷兰人、德国人、非洲黑人、亚洲人等等，相继漂洋过海，纷至沓来。到 20 世纪 80 年代，美国人口中大大小小的民族群体已达一千五百多个。有一位小说家赫尔曼·梅尔维尔为之惊叹道："美国人血管里的每一滴血，都混合着全世界各民族的血液！"[②] 这些众多地区的移民，在美国这块土地上相互影响、相互融合，形成了今天的美利坚民族，也造就了美利坚民族的民族精神。"美国性格是继承和环境交互作用的产物，而两者都是错综复杂的。以继承而论，美国不仅继承了英国的传统，

---

① ［法］孟德斯鸠：《论法的精神》上册，张雁深译，商务印书馆 1982 年版，第 305 页。
② ［美］卢瑟·S·利德基：《美国特性探索》，龙治芳等译，中国社会科学出版社 1992 年版，第 69 页。

也继承了 17、18 世纪的传统，也继承了两千年来的传统。美国是英国的产物，这一点谁都承认；美国的文化和制度的渊源可以追溯到希腊、罗马和巴勒斯坦，这一点却被遗忘了；美国人所保持的国家、教会和家庭的基本制度以及他们所珍惜的基本价值观念都表明了这种悠久的来源和关联。"①由此可见，美国是一个包容性很强的国家，是个"民族大熔炉"。在这个大熔炉中，各个民族和种族都有存在的空间，都有发展的希望，都有发挥作用的条件，他们相互影响，相互融合，共同形成了一个自由开放、兼收并蓄的民族，造就了海纳百川、开放自由的民族精神。

二

美利坚民族思想文化传统主要来自于大洋彼岸的英国，特别是英国文化中的个人主义、自由主义和功利主义，更成为美国文化的基石和支柱。在此基础上，美利坚民族创造了实用主义的哲学基础和个人主义的价值导向。

亨利·斯蒂尔·康马杰认为，清教主义、理性主义和理想主义是美国哲学的三大来源，建立在功利主义之上的实用主义是美国特色的哲学体系。"美国人讨厌理论和抽象思辨，他们就象健康人不吃药那样避开那些深奥的政治哲学和行为哲学。……他们虽然拒绝宗教意义上的功利主义，却是地地道道的功利主义者。确切地说，唯一可以称之为他们的哲学的乃是有用即真理的工具主义。"②他认为，这种实用主义是权宜的哲学，它的权宜之计最初是个人的，后来日益发展为社会的，也就是说需要人们共同工作以确立他们所希望的真理。实用主义是民主的哲学，每个人都是哲学家，每个人都有一张选票，无知和卑微者的选票同博学和高贵者的选票具有同等效力。实用主义是个人主义哲学，它好比在这出拯救世界的戏剧中给每个人都安排一个主角，让他们在实现自己认为有效的活动中做出努力

---

① ［美］亨利·斯蒂尔·康马杰：《美国精神》，南木等译，光明日报出版社 1988 年版，第4页。

② 同上书，第10页。

并承担责任。实用主义是人道主义和乐观主义的哲学，它完全赞同进化的学说，不过它认为该学说也并非一成不变，而要根据不同情况，即根据个人愿为之实现去冒多少风险、所作出的贡献而定。总之，"实用主义的特点是切实可行、民主作风、个人主义、机会主义、天然形成而不露人工痕迹、对未来抱乐观态度，所有这一切都奇妙地同一般美国人的气质一拍即合。实用主义拨开神学、形而上学和宿命论科学的云雾，让常识的温暖阳光来激发美国精神，有如拓荒者清除森林和树丛等障碍物，让阳光来复活美国的本部土地一样。从某种意义上说，美国过去的全部经历已为实用主义的诞生作好准备，如今好象又为它的存在提供基础和依据。"① 这种哲学，成为美利坚民族区别于其他民族的一个重要特征。

　　个人主义的基本价值观。个人主义是美国人崇尚的基本价值观之一。胡佛说："我国的个人主义不同于其他国家的个人主义，因为它包含有下列伟大理想：虽然我们的社会建立在个人所获得的成就之上，但我们保证使每一个人有平等机会享有他的才智、性格、能力和愿望使他有资格占有的社会地位；我们使社会问题的解决不依仗固定的社会阶层；我们鼓励每一个努力取得成就；通过加强责任感和理解协助他实现这一目的；但与此同时他必须经受得住竞争这块金刚砂轮的磨炼"。② 由此可见，个人主义的基本内涵包括：人的尊严，单个人具有至高无上的和内在的价值或尊严；自主性，个人的思想和行为是他自己的，并不为不受他控制的外部力量或原因所左右；隐私，个人不应该受到别人的干涉，能够做和想他所中意的任何事情——按照他自己的方式去追求他自己的利益；自我发展，每个人都可以不同的方式表现自己的独特人格和个性。这种个人主义价值观客观上反映了自由市场经济的内在要求，可以极大激发个人的积极性和创造性，体现了美利坚民族的基本精神。

---

　　① ［美］亨利·斯蒂尔·康马杰：《美国精神》，南木等译，光明日报出版社 1988 年版，第 142 页。

　　② ［美］理查德·霍夫施塔特：《美国政治传统》，崔永禄等译，商务印书馆 1994 年版，第 295 页。

三

在美利坚民族的形成发展历史中，特殊的历史机遇和社会环境，造就了这一民族鲜明的民族精神特点——机会均等的社会特色和自由民主的政治追求。

平等观念在美国社会根深蒂固，"在整个十九世纪，平等观念渗透到美国人的生活和思想领域，他们的行为、工作、娱乐、语言和文学、宗教和政治，无不体现平等观念，现实生活中的各种关系无不受这种观念的制约。除七月四日独立节外，他们很少谈论平等，因为他们认为这是理所当然的，就像他们享有言论自由和宗教信仰自由的权利一样。对于这种坚贞的信念，外国人感觉最突出，也最不满意。即便是南方人也说他们相信人人平等，虽然行动上是另一套。这种观念是环境造成的，倒不是逻辑推理的结果。因为在创业之初，几乎所有的美国人除力量和坚强的意志之外都一无所有，而且很容易取得成功，承袭来的权益就无足轻重了。既然在上帝眼里人人平等，那么在凡人眼里也就不难承认这一点了。既然所有的人在投票箱前都是平等的，再鼓励什么特权就不明智了。"① 今天，这种平等观念仍然是美国社会特别是经济建设中的一个基本行为规范。与其他国家不同，美国人的平等首先强调的是经济上的机会均等。"在美国，平等是社会性的，文化性的，心理上的。即使有人极富，有人很穷，但从某种奇特的意义上来说，在经济上是平等的。诚然，经济上的不平等是越来越明显的事实，但在设想中经济上是平等的，穷人理所当然地认为他们享有过豪华生活的权利，而在别处却唯独富人才能享有那种特权。这主要是由于没有阶级差别，倒不是克服了阶级差别。"② 这种观念贯彻于市场经济体制之中，使每个人都可能有机会获得发展和成功。

美国民主制度的建立具有鲜明的特色，"美国人所占的最大便宜，在于他们是没有经历民主革命而建立民主制度的，以及他们是生下来就平等

---

① ［美］亨利·斯蒂尔·康马杰：《美国精神》，南木等译，光明日报出版社1988年版，第16页。

② 同上书，第4页。

而不是后来才变成平等的"。[①] 美国人注重自我实现，强调个性自由，追求自由民主的政治理想。从国家的独立到疆域的开拓，从南北战争到对外扩张，在短短 100 年的时间里，刻苦勤劳的美国创业者们开辟了一个富饶的新大陆，建立了一个自由民主的社会制度，获得了得天独厚的发展条件，充分展示了美利坚民族对自由的强烈向往。这种自由精神集中体现在美国市场经济制度之中，"自由作为一种价值取向构成了美国企业经营行为的重要基础。"[②] 这种经济模式，自由度比较高，能够充分发挥企业、个人的积极性和创造性，充分发挥市场机制的自动调节功能，大大促进劳动生产率的提高。这种民主意识贯彻到美国社会的方方面面，表现为美国的宪政主义的深入人心，两党制轮流执政，政治参与制度的完善等。

当代世界，无论是在经济实力、政治影响力还是科技竞争力方面，美国都保持着霸主地位，在综合国力竞争中遥遥领先。美国的这种强劲发展势头，既有历史的条件，也有现实的原因，但其民族精神的巨大推动力量也不容忽视。因此，我们应该有选择地学习借鉴美利坚民族的优秀民族精神，努力培育新时代的中华民族精神，为中国特色社会主义建设提供强大的精神动力。当然，学习和借鉴应该是有选择性的，与我国文化传统相比，美利坚民族特有的开放、自由、民主、平等观念，既具有借鉴意义，同时这些观念中的一些消极因素也对我国的主流意识形态产生着不良影响。因此，我们既应该虚心学习和借鉴，又应该以我为主、择善而用。

第四节　中华民族精神的复兴

在五千多年的发展中，中华民族形成了以爱国主义为核心，团结统一、爱好和平、勤劳勇敢、自强不息的伟大民族精神。伟大的中华民族精

---

① ［法］托克维尔：《论美国的民主》，董果良译，商务印书馆 1988 年版，第 629 页。

② ［美］理查德·T·德·乔治：《经济伦理学》，李布译，北京大学出版社 2002 年版，第 12 页。

神，深深根植于绵延数千年的优秀文化传统之中，始终是维系中华各族人民共同生活的精神纽带，支撑中华民族生存发展的精神支柱，推动中华民族走向繁荣强大的精神动力。党的十六大报告指出："面对世界范围各种思想文化的相互激荡，必须把弘扬和培育民族精神作为文化建设极为重要的任务，纳入国民教育全过程，纳入精神文明建设全过程，使全体人民始终保持昂扬向上的精神状态。"① 党的十七大报告提出要建设社会主义核心价值体系，"用以爱国主义为核心的民族精神和以改革创新为核心的时代精神鼓舞斗志"。完成这一重要任务，不但需要学习借鉴世界各民族的优秀文化成果和民族精神，而且需要继承发扬中华民族的优秀文化传统，在中国特色社会主义建设伟大实践中培育具有鲜明特征的时代精神，实现中华民族精神的伟大复兴。

一

在我国学界，关于民族精神的界定有很多，但基本内涵却大同小异，其中最具代表性的观点认为，"在一个民族的精神发展中，总有一些思想观念，受到人们的尊崇，成为生活行动的最高指导原则。这种最高指导原则是多数人民所信奉的，能够激励人心，在民族的精神发展中起着主导的作用。这可以称为民族文化的主导思想，亦可简称为民族精神。"② 中华民族在五千年辉煌灿烂的历史进程中，培育和形成的伟大民族精神具有以下几个显著特征：

悟性主义的思维模式。如果说英国文化以经验主义思维模式为基础，德国文化以理性主义思维模式为基础，那么，可以说中国文化是以悟性主义思维模式为基础。这种悟性主义的思维模式，立足于社会实践的丰富经验，从对自然和社会现象的深刻反思出发，达到了对客观世界和主观世界的辩证认识，构建了天人合一的思想理论体系。中国人这种由日常生活现

① 《十六大以来重要文献选编》（上），中央文献出版社 2005 年版，第 30 页。
② 张岱年：《文化传统与民族精神》，《学术月刊》1986 年第 12 期。

象到抽象理论的思维跃升，既不是依靠英国式的经验归纳推理，也不同于德国式的理性演绎，而是源于中国特色的反思和感悟。《论语》中所谓的《大学》之八条目①，孟子所论的恻隐之心、羞恶之心、是非之心②，朱熹所讲的由格物而致知③，都充分体现了这种悟性主义的思维特征。"从哲学思维方式的角度进行界定，'悟'是对对象本性或内蕴的一种直觉的、明澈的观照和透察。而'悟性'则是兼有感性和理性特点、因而也具有辩证性质的（如恩格斯所言，辩证思维是佛教徒所具有的）对对象本性或内蕴的一种直觉的、明澈的洞察或领悟能力。"④ 这种悟性主义的思维模式⑤，集中反映了中华民族精神的思维特征，区别于西方主客分立的思维特点，是一种天人合一的思维逻辑，既有其合理的因素（主客观世界本来就是统一的），又有导致主观主义和虚妄思辨的可能（主观因素对认识的干扰影响）。

道德本位的文化内核。在长期的历史发展中，中国形成的是一个伦理道德本位的社会模式。它以天道（理）为本体，以家族（集体）利益为基点，以天人合一为基本的思维模式，以血缘关系为纽带，以家庭秩序为中心，以感悟式的类推演绎为逻辑，强调通过个人自身的人格修养，达到修齐治平的统一。这种以儒家思想为主导的伦理传统，构成了中国传统文化发展的基本轮廓和民族精神的重要特征。可见，"重视道德自觉和人格完

---

① "古之欲明明德于天下者，先治其国。欲治其国者，先齐其家。欲齐其家者，先修其身。欲修其身者，先正其心。欲正其心者，先诚其意。欲诚其意者，先致其知。致知在格物。"——宋·朱熹：《四书集注》，岳麓书社1987年版，第6页。

② "所以谓'人皆有不忍人之心'者，今人乍见孺子将入于井，皆有怵惕、恻隐之心，非所以内交于孺子之父母也，非所以要誉于乡党朋友也，非恶其声而然也。由是观之，无恻隐之心，非人也；无羞恶之心，非人也；无辞让之心，非人也；无是非之心，非人也。"——宋·朱熹：《四书集注》，岳麓书社1987年版，第341页。

③ 朱熹对格物致知的解释是："所谓致知在格物者，言欲致吾之知，在即物而穷其理也。盖人心之灵莫不有知，而天下之物，惟理有未穷，故其知有不尽也。是以大学始教，必使学者即凡天下之物，莫不因其已知之理而益穷之，以求至乎其极。至于用力之久，而一旦豁然贯通焉，则众物之表里精粗无不到，而吾心之全体大用无不明矣。此谓格物，此谓知之至也"。——宋·朱熹：《四书集注》，岳麓书社1987年版，第11页。

④ 侯才：《论悟性——对中国传统哲学思维方式和特质的一种审视》，《哲学研究》2003年第1期。

⑤ 这种思维模式集中体现于儒家学说之中，同时也广泛存在于道家思想（如"玄览"）和佛教教义（如"了悟"）之中。

美是中华民族精神的重要内涵之一。这可称为'重德'精神"。① 这种精神，成为中国文化传统中最为坚硬的内核，不但对中华民族思想文化的演变产生了深远的影响，也在很大程度上影响了传统社会的经济发展，影响了政治制度建设和社会管理模式。

自强不息的精神气质。在悠悠五千年的历史长河中，中华民族经历了太多的艰苦磨难，表现出了自强不息的奋斗精神。"中国的民族精神基本上凝结于《周易大传》的两句名言之中，这就是：'天行健，君子以自强不息'。'地势坤，君子以厚德载物'。"② 中华民族的这种自强不息精神，既突出表现在中华儿女勤劳勇敢、改造自然、创造世界的英雄气概，又表现在面对外来侵略势力不屈不挠、救亡图存、追求独立的斗争精神，还表现在胸襟开阔、宽容大度、乐观向上的文化性格。这也是中华文化源远流长的根源所在，是中华民族精神永葆活力的基础所在。

民族精神是中华民族生生不息、薪火相传的精神血脉，是维护国家团结统一、鼓舞人们奋发进取的精神旗帜。正是在这种民族精神的激励下，中华民族经历了五千年的风风雨雨，仍然保持了旺盛的青春活力；经历了近代以来一百多年的生死考验，依然能够焕发勃勃生机，傲然屹立于世界民族之林。所以说，"民族精神是一个民族赖以生存和发展的精神支撑。一个民族，没有振奋的精神和高尚的品格，不可能自立于世界民族之林。"③

同时，也不可否认，在中华民族传统文化中，也存在着一些腐朽、落后和消极的因素，如鲁迅先生批判的"国民性"：封建伦理规范（三纲五常）、狭隘散漫、迷信愚昧、因循守旧等等。因此，在继承优秀民族精神的同时，我们也应该坚持马克思主义的科学精神，深入批判民族文化中的这些消极因素，寻求积极有效的方法途径，改造这些消极因素。

---

① 方立天：《民族精神的界定与中华民族精神的内涵》，《哲学研究》1991 年第 5 期。
② 张岱年：《文化传统与民族精神》，《学术月刊》1986 年第 12 期。
③ 《十六大以来重要文献选编》（上），中央文献出版社 2005 年版，第 30 页。

二

"一个民族、一个国家，如果没有自己的精神支柱，就等于没有灵魂，就会失去凝聚力和生命力。有没有高昂的民族精神，是衡量一个国家综合国力强弱的一个重要尺度。综合国力，主要是经济实力、技术实力，这种物质力量是基础，但也离不开民族精神、民族凝聚力，精神力量也是综合国力的重要组成部分。"① 因此，我们应该把民族精神的培育和弘扬上升到综合国力的高度来思考，应该从这样的高度来认识学习和借鉴其他民族优秀民族精神。当然，任何国家的文化传统和民族精神，都是既有其精华的部分，也有其糟粕的方面。因此，我们的学习借鉴不是盲目模仿、照抄照搬，而是要取其精华，去其糟粕，博采众长，结合我国实际，实现开拓创新，培育反映新时代特征的中华民族精神。

我们应该向英吉利民族学习，学习他们严谨求实的科学精神，学习他们在社会实践中自觉及时地总结经验教训，把经验归纳提升为系统理论的能力；学习他们大胆创新的开拓精神，学习他们从实际经验出发大胆探索，在自然环境和社会发展的严峻考验下不断开拓的能力。同时，我们应该注意到英吉利民族传统的殖民主义倾向。

我们应该向美利坚民族学习，学习他们脚踏实地的务实精神，学习他们通过艰苦奋斗，追求自由民主平等的建设能力；学习他们海纳百川的创新精神，学习他们以英国文化为基础、融合世界各民族优秀文化成果，敢于突破不断创新的能力。同时，我们应该关注到美利坚民族过于自信而产生的霸权主义意识。

我们应该向德意志民族学习，学习他们高度抽象思维的理性精神，学习他们坚守信念、推理严密的科学研究能力；学习他们严守纪律的秩序意识，学习他们勤勉节俭、守时敬业的社会风尚。同时，我们应该警惕由于德意志民族特有的性格而导致军国主义的倾向。

---

① 《江泽民论有中国特色社会主义（专题摘编）》，中央文献出版社 2002 年版，第 395 页。

同时，我们还应该向法兰西民族学习，学习他们热情奔放的革命精神，学习他们积极倡导思想文化创新的意识；学习他们固守传统的优良品格，学习他们在不断发展的社会中坚守优秀文化传统、守望民族精神的思想。应该向日本学习，学习他们的集团主义意识（团队精神）、"忠"（非亲族型的忠诚）的思想、"和"的观念、报恩的强烈意识等。

总之，在借鉴其他民族的民族精神时，我们要坚持马克思主义的指导，以我为主、为我所用、择善而从。正是在认真学习借鉴世界各民族优秀民族精神的基础上，在中国特色社会主义的伟大社会实践中，我们形成了体现时代气息、适应社会发展需要、具有中国特色的时代精神。这种时代精神，以改革创新为核心，以解放思想、实事求是、与时俱进、开拓创新、艰苦奋斗、知难而进、求真务实、无私奉献等为主要内容，是当代中国人民精神风貌的集中写照，是激发社会创造活力的推进器。

这种时代精神还具有一个鲜明的特色，即以马克思主义为理论指导。在争取民族独立和国家富强的一个半世纪里，马克思主义成功指导中国人民取得一个又一个伟大的胜利，并成为新中国的指导思想，深深融入了中华民族的文化传统之中，成为中华民族精神的新鲜血液和重要内容。马克思主义以其坚定崇高的理想信念、科学理性的批判精神、求真务实的思想观念，丰富着中国传统文化的内容，充实着中华民族精神的内涵。这种崭新的民族精神，既是对世界各国优秀文化成果和中华民族精神的批判吸收，也是波澜壮阔的改革开放的集中概括和理论结晶，更是对马克思主义的丰富和发展。

三

改革开放三十多年来，在新中国成立以后取得成就的基础上，我们锐意推进各方面体制改革，使我国成功实现了从高度集中的计划经济体制到充满活力的社会主义市场经济体制的伟大历史转折，我国综合国力迈上新台阶。从 1978 年到 2007 年，我国国内生产总值由 3645 亿元增长到 24.95 万亿元，年均实际增长 9.8%，是同期世界经济年均增长率的 3 倍多，我国经济总量上升为世界第四。我们不断扩大对外开放，使我国成功实现了从封闭半封闭到全方位开放的伟大历史转折。从1978年到2007年，我国进出口总额从206亿美元提高到21737亿美元，跃居世界第三，外汇储备跃居世界第一，对外投资大幅增长，实际使用外资额累计近10000亿美元。我们着力保障和改善民生，人民生活总体上达到小康水平。这30年是我国城乡居民收入增长最快、得到实惠最多的时期。从1978年到2007年，全国城镇居民人均可支配收入由343元增加到13786元，实际增长6.5倍；农民人均纯收入由134元增加到4140元，实际增长6.3倍；农村贫困人口从2.5亿减少到1400多万。改革开放前长期困扰我们的短缺经济状况已经从根本上得到改变。[①] 这30年伟大成就的取得，既充分展示了社会主义制度的优越性，也充分体现了中华民族优秀民族精神的巨大精神力量。

国际经验表明，当一个国家和地区人均GDP进入到1000美元到3000美元的时期，既是黄金发展时期，又是矛盾凸显时期，处理得好，就能顺利发展；处理得不好，将对经济社会发展产生不利影响。一些国家和地区的发展历程表明，在这样一个阶段，既可能因为举措得当从而促进经济快速发展和社会平稳进步，也可能因为应对失误从而导致经济徘徊不前和社会长期动荡。当前，我国经济社会正在进入这样一个关键的发展阶段，呈现一系列新的阶段性特征——"经济实力显著增强，同时生产力水平总体上还不高，自主创新能力还不强，长期形成的结构性矛盾和粗放型增长方式尚未根本改变；社会主义市场经济体制初步建立，同时影响发展的体制机制障碍依然存在，改革攻坚面临深层次矛盾和问题；人民生活总体上达到小康水平，同时收入分配差距拉大趋势还未根本扭转，城乡贫困人口和低收入人口还有相当数量，统筹兼顾各方面利益难度加大；协调发展取得显著成绩，同时农业基础薄弱、农村发展滞后的局面尚未改变，缩小城乡、区域发展差距和促进经济社会协调发展任务艰巨；社会主义民主政治不断发展、依法治国基本方略扎实贯彻，同时民主法制建设与扩大人民民主和经济社会发展的要求还不完全适应，政治体制改革需要继续深化；社

---

① 此部分数据来源于胡锦涛《在纪念党的十一届三中全会召开30周年大会上的讲话》。

会主义文化更加繁荣，同时人民精神文化需求日趋旺盛，人们思想活动的独立性、选择性、多变性、差异性明显增强，对发展社会主义先进文化提出了更高要求；社会活力显著增强，同时社会结构、社会组织形式、社会利益格局发生深刻变化，社会建设和管理面临诸多新课题；对外开放日益扩大，同时面临的国际竞争日趋激烈，发达国家在经济科技上占优势的压力长期存在，可以预见和难以预见的风险增多，统筹国内发展和对外开放要求更高。"[①] 面对新形势下的这些新特点、新问题，我们既要依靠党的坚强正确领导，又要依靠广大人民群众昂扬向上的精神状态。激发这种昂扬向上的精神状态，关键在大力弘扬优秀的民族精神。

大力弘扬优秀的民族精神，既体现在国家层面的宣传推进，也体现在政府部门的政策措施，还体现在日常生活和实际工作实践中。实践表明，只有把现实生活与时代发展紧密联系起来，把日常工作与社会进步紧密联系起来，把个人成长与国家建设紧密联系起来，才能更加深刻地认识这个伟大的时代，更加深刻地理解这个生机勃勃的国家，更加深刻地体验这个充满活力的民族，也才能深入把握民族精神的深刻内涵。由此可见，大力弘扬民族精神，既是一个理论问题，也是一个实践问题。所以，只有把这种伟大的民族精神转化日常生活中的价值观念，转化为实际工作的精神动力，转化为脚踏实地的社会实践，才是对民族精神的真正弘扬和培育。

---

① 胡锦涛：《高举中国特色社会主义伟大旗帜 为夺取全面建设小康社会新胜利而奋斗——在中国共产党第十七次全国代表大会上的报告》。

第七章
主义彰显方向

　　应对社会思潮是为了明确方向、坚定信心，学习民族精神是为了凝聚力量、解决问题。问题召唤主义，主义能有效指导问题的解决。因此，要有效解决日常生活中无法回避的现实问题，必须跳出问题看问题，从"主义"的高度谋出路，即坚持马克思主义的立场、观点和方法，突破"小我"，放眼大局，科学谋划，妥善解决；在处理各种现实的问题的过程中，展示马克思主义的强大力量，彰显社会发展的正确方向。

第一节　问题呼唤主义

当前，整个世界出现了许多重大问题，如席卷全球的经济危机，一些国家和地区政局动荡，环境污染严重，自然灾害频发，恐怖主义猖獗，社会问题层出不穷，同时国内也出现了一些重大问题。如党的十七大提出，在看到成绩的同时，也要清醒认识到，我们的工作与人民的期待还有不小差距，前进中还面临不少困难和问题，突出的是：经济增长的资源环境代价过大；城乡、区域、经济社会发展仍然不平衡；农业稳定发展和农民持续增收难度加大；劳动就业、社会保障、收入分配、教育卫生、居民住房、安全生产、司法和社会治安等方面关系群众切身利益的问题仍然较多，部分低收入群众生活比较困难；思想道德建设有待加强；党的执政能力同新形势新任务不完全适应，对改革发展稳定一些重大实际问题的调查研究不够深入；一些基层党组织软弱涣散；少数党员干部作风不正，形式主义、官僚主义问题比较突出，奢侈浪费、消极腐败现象仍然比较严重。这些社会问题，是偶然的还是必然的，是局部的还是全局性的，是表面现象还是根本性的？仅仅是具体的、局部的问题，还是涉及全局和根本的"主义"出现了问题？这不能不是当前理论研究应该关注的一个重大课题。

一

理论联系实际的优良学风，强烈的问题意识，是理论工作者应该具备的基本素质。毛泽东指出："只有用马克思主义观点来研究实际问题、能解决实际问题的，才算实际的理论家。"① 因此，我们应该把研究和解决实

---

① 《毛泽东文集》第 2 卷，人民出版社 1993 年版，第 374 页。

际问题作为理论工作的出发点和落脚点。

"问题就是公开的、无畏的、左右一切个人的时代声音。问题就是时代的口号，是它表现自己精神状态的最实际的呼声。"① 这一经典论述给我们认识和研究问题以深刻的启示：任何时代提出的、真正的问题，都绝对不是孤立的，而是与社会环境有着密切的联系，是各种社会矛盾的集中反映；都有着深刻的历史和现实背景，都是经济制度和体制、政治发展形势、思想文化传统、社会道德风尚等多种原因共同促成的产物。

首先，任何时代提出的、真正的问题的终极原因还在于经济运行之中。"一切社会变迁和政治变革的终极原因，不应当到人们的头脑中，到人们对永恒的真理和正义日益增进的认识中去寻找，而应当到生产方式和交换方式的变更中去寻找；不应当到有关时代的哲学中去寻找，而应当到有关时代的经济中去寻找。"② 同样，一切社会问题的终极原因，归根结底要到生产方式和交换方式的变更即经济发展中去寻找，经济条件是构成贯穿社会发展全部进程并唯一能使我们理解这个发展进程的红线。当然，有些社会问题与经济现实之间可能会有较大的距离，经济对它们的作用和影响并不是那么直接和明显，尤其是那些似乎远离经济基础的理论问题，与经济现实存在着较大的差距，甚至呈现出对立。但是，"全部社会生活在本质上是实践的。凡是把理论引向神秘主义的神秘东西，都能在人的实践中以及对这个实践的理解中得到合理的解决。"③

其次，大部分社会问题的产生，不但要从经济条件方面找原因，而且要从政治制度和体制方面找原因。政治是经济的集中表现，政治超越了经济发展和运行的具体性、多样性和现实性，政治制度和体制是建立在一定经济关系之上的上层建筑，其根基是代表和反映社会各阶级、阶层和集团的经济利益，其职能是保障和维护占统治地位的经济制度和运行体制。作为政治制度的主要组成部分和具体展现，各级政府组织既是社会经济建设的重要保障，又是文化发展的重要前提。

---

① 《马克思恩格斯全集》第40卷，人民出版社1982年版，第289—290页。
② 《马克思恩格斯选集》第3卷，人民出版社1995年版，第741页。
③ 《马克思恩格斯选集》第1卷，人民出版社1995年版，第56页。

再次，社会问题的产生，常常还会有思想文化传统的原因。"一定的文化是一定社会的政治和经济在观念形态上的反映。"① 因此，很多社会问题的产生，还要从思想文化传统方面寻找原因。

总之，对于那些产生广泛影响的社会问题，我们应该坚持全面的观点，因为"世界上的事情是复杂的，是由各方面的因素决定的。看问题要从各方面去看，不能只从单方面看"。② 我们应该坚持辩证的观点，即对具体情况作具体分析，这是马克思主义的活的灵魂。"正确地提出问题对于解决问题有巨大的意义。任何问题都应当辩证地提出，就是说，我们任何时候也不应当忘记，一切都在变化，一切都以时间和地点为转移，所以我们就应当根据具体情况提出问题。"③

那么，"什么叫问题？问题就是事物的矛盾。"④ 因此，认识问题，就是要以小见大，运用科学理论，全面分析事物之间的普遍联系，反思社会发展与时代进步的历程；就是要以大观小，坚持马克思主义指导，深入认识事物的内在矛盾，剖析事物变化发展的内在机制。

二

调查研究是我们分析问题的主要方式，也是解决问题的重要前提。

调查研究，不能走马观花，因为"大略的调查和研究可以发现问题，提出问题，但是还不能解决问题。要解决问题，还须作系统的周密的调查工作和研究工作，这就是分析的过程。提出问题也要用分析，不然，对着模糊杂乱的一大堆事物的现象，你就不能知道问题即矛盾的所在。这里所讲的分析过程，是指系统的周密的分析过程。常常问题是提出了，但还不能解决，就是因为还没有暴露事物的内部联系，就是因为还没有经过这种系统的周密的分析过程，因而问题的面貌还不明晰，还不能做综合工作，

---

① 《毛泽东选集》第 2 卷，人民出版社 1991 年版，第 694 页。
② 《毛泽东选集》第 4 卷，人民出版社 1991 年版，第 1157 页。
③ 《斯大林全集》第 1 卷，人民出版社 1953 年版，第 211—212 页。
④ 《毛泽东选集》第 3 卷，人民出版社 1991 年版，第 839 页。

也就不能好好地解决问题。一篇文章或一篇演说，如果是重要的带指导性质的，总得要提出一个什么问题，接着加以分析，然后综合起来，指明问题的性质，给以解决的办法，这样，就不是形式主义的方法所能济事。"①所以，调查研究，既要加强对历史的调查研究，又要加强对现实的调查研究；既要加强对国外情况的调查研究，也要加强对国内情况的调查研究；既要有开阔的视野，又要眼睛向下，甘当小学生；既要把握看得见、摸得到的现象，又要把握隐藏在现象后面的本质。"调查就像'十月怀胎'，解决问题就像'一朝分娩'。调查就是解决问题。"② 可见，通过系统而周密的调查研究，就可以进行科学决策，问题就会迎刃而解了。

要坚持具体情况具体分析原则解决问题。主义和理论是相对稳定的，问题和矛盾却是在不断发展变化的。要用主义和理论来指导实际问题的解决，还必须坚持具体情况具体分析的基本原则，因为"马克思主义最本质的东西，马克思主义的活的灵魂：具体地分析具体的情况"。③ 这种具体情况具体分析研究的科学精神，体现的正是马克思主义与时俱进的理论品质。毛泽东指出："马克思活着的时候，不能将后来出现的所有问题都看到，也就不能在那时把所有的这些问题都加以解决。俄国的问题只能由列宁解决，中国的问题只能由中国人解决。"④ 由此可见，问题召唤主义的指导，但主义并不是解决所有问题的灵丹妙药，解决实际问题还需要深入的调查和科学的研究，需要具体情况具体分析，具体问题具体解决。当然，也正是在主义指导问题的过程中，主义的科学性得以弘扬，主义的指导性得以展示，主义的强大力量得以体现。

三

问题呼唤主义，主义也只有在解决问题的过程中得以检验、丰富和发

---

① 《毛泽东选集》第3卷，人民出版社1991年版，第839页。
② 《毛泽东选集》第1卷，人民出版社1991年版，第110—111页。
③ 《列宁选集》第4卷，人民出版社1995年版，第209页。
④ 《毛泽东文集》第8卷，人民出版社1999年版，第5页。

展。江泽民同志指出："确立以实际问题为中心研究马克思主义的方法，是我们党一贯倡导的科学方法论。看我们是否真正坚持了马克思主义，关键看是否能运用它来解决中国面临的实际问题，推进党的事业发展。解决的问题越多，就运用得越好。如果理论上说得头头是道、天花乱坠，最后什么问题也没有解决，那就不是真正的坚持。坚持马克思主义，要在解决实际问题的进程中来落实，要用实践的效果来检验。"①

在当代中国，我们面临的很多重大现实问题，如，如何进一步完善公有制为主体、多种所有制经济共同发展的基本经济制度，如何建成完善的社会主义市场经济体制，如何走新型工业化道路、统筹城乡经济社会发展，如何扩大就业和促进再就业，如何进一步深化收入分配制度改革、健全社会保障体系，如何在更大范围、更广领域和更高层次上参与国际经济技术合作和竞争，如何推动整个社会走上生产发展、生活富裕、生态良好的文明发展道路，如何更好地实现坚持党的领导、人民当家作主和依法治国的有机统一，如何最广泛最充分地调动一切积极因素、不断为中华民族的伟大复兴增添新力量，如何在新的历史条件下不断巩固马克思主义在意识形态领域的指导地位，如何弘扬和培育民族精神，如何改革和完善党的领导方式和执政方式，等等。这些重大问题的解决，当然必须坚持马克思主义的指导，坚持用科学理论加以解决。

在当今社会，我们还面临着很多具体的实际问题，如，如何将马克思主义理论转化为为党和人民的事业不懈奋斗的坚定信念、观察和解决问题的科学方法、指导改造客观世界和主观世界的行为准则，如何在实际工作中正确处理坚持原则与灵活机动的关系问题，如何更好地把握做事与做人的问题，如何科学对待工作中的错误和曲折，等等。

但是，不论什么样的社会问题，只要我们能够坚持马克思主义的指导，从"主义"的高度认识问题，坚持调查研究的基本方法，坚持具体情况具体分析原则，那么，就能有效地解决问题。正如毛泽东指出的："迈开你的两脚，到你的工作范围的各部分各地方去走走，学个孔夫子的'每

---

① 《江泽民文选》第3卷，人民出版社2006年版，第339页。

事问'，任凭什么才力小也能解决问题，因为你未出门时脑子是空的，归来时脑子已经不是空的了，已经载来了解决问题的各种必要材料，问题就是这样子解决了。"① 也正是在解决实际问题的过程中，马克思主义的科学性得以展示，我们的素质和能力得以提高。

第二节　原则性与灵活性

　　如何处理原则性与灵活性的关系，是实际工作中最常见也最难解决的矛盾之一，是每个人都可能面对的现实问题。既具有坚定的原则性，又具备实现原则的高超灵活性，达到原则性与灵活性的辩证统一，是提高综合素质、做好本职工作的重要内容。

一

　　一切正确的重大原则，都不是抽象的理论演绎，不是空洞的语言文字，而是人民群众长期生产生活实践的经验积累，是充满腥风血雨的革命战争实践的升华，经过实践、认识、再实践、再认识而达到的科学认识，是最大多数人根本利益的集中体现。一个看似简单明了的原则，常常是以数以万计人民群众的血汗为代价，是千百万革命烈士的鲜血和生命换来的。轻视这些原则，就是对劳动人民生产生活实践的不尊重，对革命先烈艰苦卓绝斗争的不尊重，对革命战争经验教训的不尊重。所以，重大原则是一种认识结论，是人们对自然界、社会的生产实践、政治实践等感性经验的总结与升华，是对自然界和人类历史的本质和规律的反映。一切正确的原则之所以能在指导人们的各种实践活动中发挥出巨大的威力，就在于

① 《毛泽东选集》第1卷，人民出版社1991年版，第110页。

它们并不是主体头脑里杜撰、臆造的产物，而是深刻地、内在地反映着客观事物的本质和规律性。

马克思主义的基本观点转化为社会主义革命和建设的基本原则，都是无产阶级革命运动的经验总结，揭示了人类社会发展的根本规律，代表了最大多数人的根本利益，在实际工作应该自觉遵循，坚持贯彻。

实践是检验真理唯一标准的原则。实践标准，不但是处理重大问题必须坚持的基本原则，也是我们现实生活中应该坚持的主要原则。在现实生活中，我们会遇到各种各样的理论、学说和主张，或以其华丽的语言引人注目，或以其美妙的内容令人鼓舞，或以其严谨的逻辑赢得喝彩，但其最终的目的是什么，最后的效果如何，都要在人民群众的社会实践中得以检验。在五彩缤纷的社会思潮面前，我们首先应该坚持的就是这种实践标准。

人民利益高于一切的原则。人民群众是历史的创造者，也应该是社会发展成果的共同享有者。但是，在实际工作中，特别是一旦面对切身利益，人民群众常常会被抽象虚幻化，而具体的个人或小团体会突现出来，处理问题时的价值导向会不自觉地转向个人或小团体的利益。实践证明，一个人或者一个政党，如果能够始终坚持人民利益高于一切的原则，那么人民群众就会选择他、拥护他、支持他；如果以人民的名义行个人或小团体的私利，那么最终人民群众会抛弃他、反对他。

实事求是的原则。一时一刻的社会现象可能是虚假的，这为一些人弄虚作假、欺上瞒下、瞒天过海提供了条件。这些人也可能在一段时间内取得耀眼的成绩，获得公众的信任。但是，从长期的社会发展进程来看，历史又是真实和公正的，人民群众是历史的最高裁决者，人们的一切思想和行为都会在人民群众的社会实践中得到检验。坚持实事求是，一切从实际出发，理论联系实际，坚持实践是检验真理的标准，是我们党的思想路线，也是我们现实生活中必须坚持的一个基本原则。

在当代中国，作为一个公民，基本原则是要爱国，爱社会主义祖国；作为一个党员，基本原则是要全心全意为人民服务，坚持立党为公、执政为民；作为一个科研工作者，基本原则是求真，即不唯书、不唯上、只唯实。

二

我们党的领导人一直非常重视坚持原则。毛泽东告诫全党同志："无论何时何地，坚持正确的原则，同一切不正确的思想和行为作不疲倦的斗争。"① 邓小平指出："要公私分明，不拿原则换人情。"② 因此，任何原则，一旦被实践证明是正确的，就要不怕任何艰难险阻坚决予以贯彻，以其指导改造主观世界和客观世界。所谓原则性，是指人们在观察问题、处理矛盾时，对于所必须贯彻和运用的原则持以鲜明而坚定的立场和态度。这种原则的坚定性，来自实践主体无私无畏的精神，来自勇于牺牲局部或个人利益的优秀品质，来自谨慎周全的思考和脚踏实地的行为。

坚持原则性，要有坚定的政治立场。政治立场是一个人在观察、处理问题时所处的政治地位和所持的政治态度，是维护什么人的利益、为什么人服务的集中反映。政治立场决定着一个人的价值标准，决定着一个人工作态度，决定着一个人的人生走向。只有恪守坚定正确的政治立场，才能在困难面前不动摇，诱惑面前不动心，利益面前不动情，坚守做人的基本原则。

坚持原则性，要有科学的思维方式。坚持原则性，当然需要大无畏的革命气节，但更需要科学的思维方式。坚持原则性，并不是要刀枪不入、不食人间烟火、拒人千里之外，而是要在深刻领会原则精髓的前提下，深入实际，运用科学的思维方式，在变化无穷的现实生活中贯彻原则、体现原则。

坚持原则性，要有高超的工作艺术。原则是稳定的，但现实生活却是千变万化的，在实际工作中我们应该有意识培养把原则性与灵活性紧密结合起来的工作艺术，从大局着眼来观察处理问题，善于在错综复杂的过程

---

① 《毛泽东选集》第2卷，人民出版社1991年版，第361页。
② 《邓小平文选》第3卷，人民出版社1993年版，第146页。

中透过现象把握事物的本质，在纷繁变幻的情况下发现主要矛盾，在关键时刻抓住机遇做出重大决策。

作为一个领导集体，在实际工作和重大决策中，应该依靠提高领导班子成员的基本政治素质以形成坚持原则的合力，依靠运用民主和批评两大法宝增强坚持原则的力度，依靠严格制度规范筑起坚持原则的基础，依靠加强党性锻炼增强坚持原则的心理防线，依靠主要领导干部以身作则、率先垂范。

三

原则的坚定性和策略的灵活性，是一个人政治素质的重要表现，是一个党员从事实际工作的重要能力，是领导干部必须具备的基本素质，是无产阶级革命家历来坚持和倡导的根本原则。

马克思曾提出"实质上坚决，形式上温和"的基本原则①。毛泽东提出："我们的原则性必须是坚定的，我们也要有为了实现原则性的一切许可的和必需的灵活性。"② 由此可见，把原则的坚定性和策略的灵活性紧密结合起来，是马克思主义的重要思想方法和工作方法，是无产阶级政党实现其任务、目标的重要策略原则和领导方法。

所谓灵活性，是指人们在贯彻执行党的路线、方针、政策，观察处理各种问题时，采取具体问题具体分析的态度，根据不同的具体情况因时、因地制宜地采取不同的对策、方针、步骤和措施。在实际工作中，原则的坚定性和策略的灵活性是相辅相成的。坚定性是基础，没有坚定性，坚持原则就无从谈起；灵活性则是在坚持原则的前提下因地、因事、因人制宜，运用领导艺术善解矛盾的有效途径。既有原则性又有灵活性，在实际工作中并不是一件易事。在现实生活中，实现坚定的原则性与高超的灵活性的紧密结合和辩证统一，是处理各种复杂矛盾和问题必须具备的工作

---

① 《马克思恩格斯全集》第 31 卷，人民出版社 1972 年版，第 17 页。
② 《毛泽东选集》第 4 卷，人民出版社 1991 年版，第 1436 页。

艺术。

首先，要正确认识原则性与灵活性的辩证关系。原则性是灵活性的灵魂。任何灵活性都要有一定的基本原则为最后底线，脱离了基本原则的灵活性只能是胡作非为，胡思乱想；都要始终以一定的基本原则为总体导向，从而避免以灵活性为借口，抛弃原则谋求私利；都要以一定的基本原则为最高标准，灵活机动的最终目的是要解决问题，并在这一过程中贯彻和体现原则性。每一具体工作，表现的主要是灵活性，表达的主要是原则性，原则性寓于灵活性之中。充分发挥人类的主观能动性，灵活机动地处理各种各样复杂多变的具体工作，也是坚持原则性的内在要求，是贯彻原则性的根本途径，是落实原则性的科学方法。

其次，要努力学好马克思主义特别是唯物辩证法，掌握科学的思想认识方法，切实有效地克服实际工作中的唯心主义和形而上学。唯心主义和形而上学并不仅是哲学概念，它们在实际工作中也有很多具体的体现：不经过深入的学习研究、思考消化，照抄照搬党的路线方针政策，就是一种唯心主义的表现；不结合本单位的实际情况，简单地照本宣科，借用他人的理论观点或经验教训，处理具体的实际问题，就是一种形而上学的表现。因此，必须学习马克思哲学，掌握唯物辩证法这一科学认识方法，深入学习研究党的路线方针政策，深入考察分析本单位的实际情况，深入探索把理论与实践结合起来的有效途径，才能真正把原则性与灵活性真正统一起来。

第三，要坚持群众路线。人民群众既是历史的创造者，也是思想文化的创造主体，人民群众处于社会实践的最前沿，最了解生活的实际，最有发言权。所以，一切思想理论、原则规范，归根到底都是总结了人民群众的思想观念，是从群众中来的；人民群众是社会发展的主力军，只有总结人民群众丰富多彩的社会实践，才能寻找到把原则性与灵活性结合起来的科学方法；把党和国家的路线方针政策转化为物质力量，才能把一切基本原则贯彻到人民群众中去。

最后，要充分发挥创造力。坚持群众路线，并不是要推卸个人的责任。把人民群众的实践经验、利益要求、意见建议提升到理论层面，概括为代表人民群众根本利益的基本原则，需要理论工作者的调查研究和理论思考；把这些基本原则贯彻落实到人民群众的社会实践中，同样需要理论工作者的阐发、宣传、教育，指导人民群众推动历史发展。

第三节　做成事磨炼人

在现实生活中，我们每时每刻都要面对各种人、处理各种事。如何正确看待做人与做事的关系，如何把做人与做事真正统一起来，既是一个很现实的生活问题，也是一个高深的理论问题，在实际工作中应该正确处理的一个热点、难点问题。

一

恩格斯关于历史合力的思想，揭示了人类社会发展的普遍规律，是我们正确认识做人与做事关系的科学指导。他指出："历史是这样创造的：最终的结果总是从许多单个的意志的相互冲突中产生出来的，而其中每一个意志，又是由于许多特殊的生活条件，才成为它所成为的那样。这样就有无数互相交错的力量，有无数个力的平行四边形，由此就产生出一个合力，即历史结果，而这个结果又可以看作一个作为整体的、不自觉地和不自主地起着作用的力量的产物。因为任何一个人的愿望都会受到任何另一个人的妨碍，而最后出现的结果就是谁都没有希望过的事物。所以到目前为止的历史总是像一种自然过程一样地进行，而且实质上也是服从于同一运动规律的。但是，各个人的意志——其中的每一个都希望得到他的体质和外部的、归根到底是经济的情况（或是他个人的，或是一般社会性的）使他向往的东西——虽然都达不到自己的愿望，而是融合为一个总的平均数，一个总的合力，然而从这一事实中决不应作出结论说，这些

162

意志等于零。相反地，每个意志都对合力有所贡献，因而是包括在这个合力里面的。"①

深入把握这一重要论述，可以给我们深刻的启示：

历史是由无数互相交错的力量共同创造的，人民群众的力量在无数个力的平行四边形中始终占据着最主要的比例，由此产生的历史合力和结果也是由人民群众最终决定的。因此，不论历史和社会的表层如何风云变幻，但深藏在其中的、发生着根本性、决定性的作用的，始终是人民群众的生产生活实践。所以，必须始终站在广大人民群众的立场，反映最大多数人的利益，才能真正顺应历史发展，推动社会进步。

每一个重大事件的发生发展，同样常常是许许多多当事人意志的反映，是许许多多小事相互交错影响的结果。而一个人意志的形成，常常又是经济因素、政治环境、文化传统、教育水平、社会风尚等多种因素共同作用的结果。因此，在社会生活中，应该努力把个人的意志与历史发展的趋势统一起来，把个人的发展与社会的进步统一起来。周恩来曾经指出："青年人要不断地磨练自己。鲁迅是大文学家，但对任何一件小事都不苟且，例如他对青年的来稿就是每一个字都仔细校阅，认真修改的。我们要学习这种精神，要从一点一滴的小事做起。"② 可见，对于我们大多数人来讲，在宏大的历史进程中，在复杂的社会发展中，要不断磨砺自己的意志，从一点一滴的小事做起，把个人奋斗融入历史发展和社会进步之中。

二

人既是自然界长期演变进化的最高级生物，也是社会发展各种因素中最为复杂的主体。认识一个人，既要听他讲什么，更要看他做什么，"今

---

① 《马克思恩格斯选集》第 4 卷，人民出版社 1995 年版，第 697 页。
② 《周恩来谈人生》，中共中央文献研究室周恩来研究组编，中国青年出版社 1995 年版，第 65 页。

吾于人也，听其言而观其行"。① 要通过做事来发现人。

现实生活中，一件重要工作做得如何，常常是由多种因素决定的：既有客观的环境因素，如社会大形势、集体小气候、现有的良好条件、面临的实际困难等；又有主观的认识和能力，如对事件来龙去脉的认识、应对困难的素质、处理问题的能力等。越是复杂的事件，越需要较高的素质和能力，越能表现一个人的综合素质和处理问题的能力。在当代，中国特色社会主义伟大事业需要不拘一格的人才。人才要通过应对现实生活中的挑战、解决实际工作中的矛盾来发现。

要通过做事培养人。许许多多鲜明的事例证明，一个人的潜能是不可估量的。不少著名的科学家，如牛顿，少年时资质平常，成绩一般，但经过艰苦努力，却成为学界泰斗，为人类进步作出巨大贡献。不少著名的政治家，如本杰明·富兰克林，出身贫寒，只念过两年书就被迫辍学，但他通过勤奋自学，在艰苦生活的磨砺中成长为实业家、科学家、社会活动家、思想家和外交家，对独立战争的胜利和美国国家制度建设作出了重大的贡献。在我们生活的周围，经常有这样的现象，从同一个学校毕业、成绩差不多的人，经过一二十的工作，却会出现大相径庭的结局，有的已经成为社会某个领域的业务骨干，有的却在平凡的工作岗位上毫无起色，有的甚至为了温饱四处奔波。

人生可谓是多种多样，但道理却是相通的，把做事当成事业的人，通过做好事，培养素质，磨炼能力，一步一个脚印，步步为营，不断前进。伟大的事业造就高素质的人，从这个意义上讲，确实是时势造英雄。但从另一个角度讲，伟大的事业也需要具有高超能力的人来完成，英雄也会造时势，会通过自己的努力，领导人民创造符合历史发展趋势的时势。而那些把做事当成负担的人，得过且过，素质能力永远停留在原来的水平，当然不会有什么发展和进步。

要通过做成事凝聚人。在实际生活中，人们常常以利益、籍贯、年龄等各种各样的纽带聚集一个个所谓的"圈子"。这些纽带固然有其存在的

---

① （宋）朱熹：《四书集注》，岳麓书社1987年版，第111页。

基础和合理性，但要把人们真正团结起来，必须超越这些纽带的联系，通过伟大的事业凝聚人才。实践表明，以实现民族振兴这一伟大事业为纽带，才能超越庸俗的个人或小团体利益，才能超脱低俗的生活追求，紧密团结起来，把个人的追求与伟大的事业统一起来，使个人的行为融入火热的社会实践之中。

三

每个人的人生阅历不同、教育背景各异、素质能力千差万别，处理事情的方式不尽相同。要选好人，不但要看他一时、一地、一事的表现，更要看他长期的、稳定的表现。对于领导来讲，就要知人善任，通过做事来认识不同人的优点和不足，通过做事来鉴别每个人的素质能力。对于实际工作者来说，就是要通过做事来表现自我的素质和能力。天生我才必有用，千锤百炼成真金。只要你有能力，有付出，有成绩，那么就会成为人才，就会被社会承认。所以，要通过选好人办成事。

要通过凝聚人形成合力。随着社会的发展和人们思想认识的提升，人类对历史发展的客观规律的认识逐步深入，人类的自觉意识与社会发展规律越来越趋于一致。在历史发展的无数互相交错力量中，个人意志也会越来越与社会发展的客观趋势相统一。这样无数个力的平行四边形，就会产生出一种历史合力。这种历史合力，就不再是一种盲目的、不自觉的力量，而是体现了社会发展趋势的动力，按照人类的共同意志发挥作用。

要办成事谋发展。在推动历史发展的合力当中，不同的人会扮演不同的角色，起到不同的作用。如果那些把做事当成事业的人，能够在马克思主义的指导下，把握时代的脉搏，认识人类社会发展的客观规律，充分发挥自己的主动性创造性，引领人民群众形成一种合力，那么，就能推动人类社会朝着符合大多数人利益的方向前进。也正是这一过程中，个人的力量才能得到放大，个人的努力才能得到社会的承认，个人的工作才能升华为人类的创造精神，个人的追求才能融入崇高的理想。

第四节　在纠正错误中前进

在现实生活中，事业成功是人生追求的强大动力。但是，在实际工作中，获得成功常常需要经历许多次的失败，成功背后常常隐藏着数不清的挫折、充满辛酸苦涩的考验。成功能够体现一个人的价值，但如何面对错误、失败、挫折等问题，更能展示一个人是否具有崇高的志向和宽广的胸怀。

一

中国的革命和建设实践表明，能够正确认识、对待和纠正错误，是一个革命者具有宽广胸怀的重要体现，是一个政党成熟和兴旺发达的重要标志，是革命和建设事业不断走向胜利的重要保证。毛泽东在长期的革命和建设实践中，总结了我们党与各种错误做斗争的经验教训，提出了敢于承认错误，勇于分析错误，善于纠正错误，在改正错误中走向胜利等宝贵思想，构成了毛泽东思想的重要内容。这些思想，展示了毛泽东高超的领导艺术，体现了共产党人大无畏的革命精神，推动了革命和建设事业不断走向胜利，丰富了马克思主义学说。学习和研究毛泽东的这些思想，不但能够提高自我修养、促进我们改造主观世界，而且能够增强实践能力、推动我们改造客观世界，对于中国特色社会主义建设事业，具有重大的理论和现实指导意义。

毋庸讳言，在中国共产党八十余年的奋斗历程中，我们党内曾经出现过诸如教条主义、经验主义、机会主义、冒险主义、自由主义等错误思想和行为，导致革命和建设事业经历了多次挫折和失败，使我们付出了沉重的代价，遭受了惨痛的损失。但是，这些错误与反动阶级或国民党反动派所犯的错误有着根本的区别：后者所犯的错误是由它们的阶级本性决定的，与中国最广大人民的根本利益和社会发展的客观趋势相违背，是它们自身难以克服的；而我们党内曾经出现过的错误，是由于我们党没有认识到、没有经验所导致的，因为我们党内没有特殊利益集团，我们党代表的是中国最广大人民的根本利益，所以，我们党能够通过自身的努力修正这些错误。以毛泽东为代表的共产党人，在革命和建设实践过程中，总结了我们党改正错误的经验和教训，创造性地提出了正确认识和对待错误的基本原则和基本方法。

中国共产党是中国最广大人民根本利益的忠实代表，党的一切工作都必须以最广大人民的根本利益为最高标准。列宁总结了社会主义革命和建设的实践经验，明确提出："一个政党对自己的错误所抱的态度，是衡量这个党是否郑重，是否真正履行它对本阶级和劳动群众所负义务的一个最重要最可靠的尺度。公开承认错误，揭露犯错误的原因，分析产生错误的环境，仔细讨论改正错误的方法——这才是一个郑重的党的标志，这才是党履行自己的义务，这才是教育和训练阶级，进而又教育和训练群众。"① 毛泽东等老一辈革命家发扬了马克思列宁主义的这一思想，认为这是我们党始终代表中国最广大人民根本利益的具体体现，并把它作为我们党正确对待错误的一个基本指导原则。

在领导中国人民进行革命和建设的过程中，毛泽东多次强调要以这一原则为指导，正确认识和对待我们工作中存在的错误思想和行为。他身体力行，对自己工作中的错误，从来都不加隐瞒，从来都是既敢于承认错误，又敢于承担责任。他在 1945 年的《时局问题及其他》一文中明确指出："党校就犯了许多错误，谁负责？我负责，因为我是党校的校长。整个延安犯了许多错误，谁负责？我负责，因为发号施令的是我。别的地方搞错了，谁负责？也是我负责，因为发号施令的也是我。"② 这些话，鲜明地体现了毛泽东作为无产阶级革命家宽广无私的革命胸怀。

---

① 《列宁选集》第 4 卷，人民出版社 1995 年版，第 167 页。
② 《毛泽东文集》第 3 卷，人民出版社 1996 年版，第 262 页。

建国初期，由于我们党对于社会主义革命和建设缺乏经验，在工作中曾经出现过"大跃进"等错误，使国家和人民的利益受到了巨大的损失。作为备受人民爱戴甚至被神化了的国家领导人，毛泽东从来没有为了维护党的"尊严"和个人的"面子"而回避或掩盖党和自己的错误。历史证明，不论是在革命战争年代还是和平建设时期，毛泽东从来都是从维护中国最广大人民群众的根本利益这一基本立场出发，对党和自己犯过的错误直言不讳。他在多种场合胸怀坦荡地强调："凡是中央犯的错误，直接的归我负责，间接的我也有份，因为我是中央主席。我不是要别人推卸责任，其他一些同志也有责任，但是第一个负责的应当是我。"① 毛泽东的这些言行，始终贯彻了马克思列宁主义对待错误的基本原则，展现了老一辈革命家大无畏的革命勇气，是我们党敢于承认错误和承担责任的典范，为我们今天正确对待错误树立了光辉的榜样。

二

敢于承认错误固然很重要，但勇于分析错误产生的根源，更需要马克思主义的科学态度和智慧。

党内错误的产生，有其深刻的社会根源特别是阶级根源。早在 1929 年 12 月，毛泽东就指出："四军党内种种不正确思想的来源，自然是由于党的组织基础的最大部分是由农民和其他小资产阶级出身的成分所构成的。"② 在分析错误产生的社会根源的过程中，毛泽东更多强调的是阶级根源。因为"人们自觉地或不自觉地，归根到底总是从他们阶级地位所凭据的实际关系中——从他们进行生产和交换的经济关系中，获得自己的伦理观念"③。同样，人们所处的阶级地位也决定了他们的思想特征和行为逻辑。所以，毛泽东认为，"中国社会最基本特点是小资产阶级占人口的大多数，党对这个问题要慎重处理。反映到党内的小资产阶级思想及由于这

---

① 《毛泽东文集》第 8 卷，人民出版社 1999 年版，第 296 页。
② 《毛泽东选集》第 1 卷，人民出版社 1991 年版，第 85 页。
③ 《马克思恩格斯选集》第 3 卷，人民出版社 1995 年版，第 434 页。

种思想而产生的错误，也不是个人问题，而是社会现象，是在一定历史条件下的必然现象。"① 由此可见，共产党内正确思想和错误思想的矛盾，是阶级矛盾在党内的反映。党内出现的错误思想和行为，必须放到一定的历史条件下来分析，必须运用阶级分析方法加以认识。

在中共第六届中央委员会扩大的第七次全体会议上通过的《关于若干历史问题的决议》中，我们党运用马克思主义的阶级分析方法，全面分析了小资产阶级思想的三方面特征，深入剖析了党内错误思想和行为的阶级根源。在思想方法方面，"表现为观察问题时的主观性和片面性，即不从阶级力量对比之客观的全面的情况出发，而把自己主观的愿望、感想和空谈当做实际，把片面当成全面，局部当成全体，树木当做森林。"② 这种思想方法，既可能表现为教条主义，也可能表现为经验主义。在政治倾向方面，"因为他们的生活方式和由此而来的思想方法上的主观性片面性，一般地容易表现为左右摇摆。"③ 从而容易发生关门主义和冒险主义。在组织生活方面，"容易表现为脱离群众的个人主义和宗派主义。"④ 总之，在当时半殖民地半封建的中国，小资产阶级极其广大，我们党处在这个广大的阶级包围之中，党内小资产阶级出身的人也占了大多数。我们党内出现的思想上的主观主义、政治上的"左"倾和右倾、组织上的宗派主义等错误，基本上是小资产阶级思想在党内的反映。所以，"我党历史上各次错误路线和正确路线之间的斗争，实质上即是党外的阶级斗争在党内的表演；而上述'左'倾路线在政治上、军事上、组织上和思想上的错误，也即是这种小资产阶级思想在党内的反映。"⑤ 这充分说明，如果囿于小资产阶级或其他非无产阶级思想，就不可能全面认识中国的实际国情，就不可能真正从中国的社会实际出发，把马克思主义普遍真理与中国的实际相结合，就不可能制定正确的路线、方针和政策，在思想和行动上就不可能不

---

① 《毛泽东文集》第3卷，人民出版社1996年版，第93页。
② 同上书，第994页。
③ 同上书，第994页。
④ 同上书，第995页。
⑤ 同上书，第993页。

犯这样或那样的错误。

党内错误的产生，还有深刻的思想认识根源。毛泽东指出，"我们的头脑、思想反映客观实际，无论什么时候谁都不可能一下子就反映得完全正确，无遗无误。客观实际是错综复杂的，不断发展变化的。我们的头脑、思想对客观实际的反映，是一个由不完全到更完全、不很明确到更明确、不深入到更深入的发展变化过程，同时还要随客观实际的发展变化而发展变化。"① 这说明，一个正确的认识，需要经过由实践到认识，由认识到实践这样多次的反复，才能完成，这就是马克思主义的认识论。在这个过程中，由于客观事物的错综复杂和发展变化，由于我们的实践和认识要经历多次反复，所以，主观与客观不相符合，产生错误的认识，是人类认识客观世界过程中的一种必然现象。

根据马克思主义的认识论，主观和客观之间的矛盾，普遍存在于我们认识世界、改造世界的过程中。所以，这一矛盾同样存在于我党的工作中，教条主义和经验主义就是这种矛盾的表现形式。教条主义脱离具体的实践，经验主义把局部经验误认为普遍真理，都是违背马克思主义的，是我党历史上两种最常见、危害也最大的错误。毛泽东认为，这两种错误虽然表现形式是对立的，但都是主观主义的表现形式，都是没有能够解决主观和客观之间的矛盾。"中国的教条主义和经验主义的同志们所以犯错误，就是因为他们看事物的方法是主观的、片面的和表面的。片面性、表面性也是主观性，因为一切客观事物本来是互相联系的和具有内部规律的，人们不去如实地反映这些情况，而只是片面地或表面地去看它们，不认识事物的互相联系，不认识事物的内部规律，所以这种方法是主观主义的。"② 由此可见，不解决主观和客观之间的矛盾，就不可能不产生这样或那样的错误思想和行为。

党内错误的产生，还与我们党自身的成长有着密切联系。由于当时我国处于半殖民地半封建的社会，我们党诞生于一个小资产阶级极其广大的

---

① 《毛泽东文集》第 7 卷，人民出版社 1999 年版，第 16—17 页。
② 《毛泽东选集》第 1 卷，人民出版社 1991 年版，第 313—314 页。

国家，受到各种非无产阶级特别是小资产阶级思想的强大影响，所以对于我国实际国情和革命形势的认识，就必然会有一个由片面到全面、由现象到本质的过程。由于我们党对于马克思主义的掌握和运用有一个逐步成熟的过程，所以把马克思主义普遍真理与中国实际相结合，就需要一个长期而艰巨的探索过程。"由于我们的国家是一个小生产的家长制占优势的国家，又在全国范围内至今还没有民生生活，这种情况反映到我们党内，就产生了民主生活不足的现象。这种现象，妨碍着全党积极性的充分发挥。"① 所以，建设比较成熟的民主集中制，还需要一个不断发展完善的过程。总之，由于我们党的经验不足和客观事物的错综复杂性，在我们党从幼年走向成熟的成长过程中，必然会产生这样或那样的错误。

在全面分析党内错误根源的基础上，毛泽东提出，"犯错误是难免的。谁不犯错误呢？……错误是一定会犯的，各个国家的革命和建设都会发生错误。中国将来也一定会犯错误。……不犯错误是不可能的，如果我们相信唯物论的话。……事物是十分错综复杂的，又是在发展变化的，人的思维的反映跟不上客观实际，就一定会犯错误，如果我们相信辩证法的话。"② 毛泽东的这些思想，不但揭示了错误产生的主客观原因，而且从一个特殊的角度展示了人类认识发展的客观规律，既是马克思主义认识论的丰富和发展，又是我们认识和对待错误的理论前提。

三

在全面深入分析错误根源的基础上，毛泽东成功地运用唯物辩证法，提出了正确对待党内错误的基本原则。

毛泽东指出，真理是在与错误的斗争中不断得到丰富和发展的。"真的、善的、美的东西总是在同假的、恶的、丑的东西相比较而存在，相斗争而发展的。当某一种错误的东西被人类普遍地抛弃，某一种真理被人类

---

① 《毛泽东选集》第2卷，人民出版社1991年版，第529页。
② 《毛泽东文集》第7卷，人民出版社1999年版，第65—66页。

普遍地接受的时候，更加新的真理又在同新的错误意见作斗争。这种斗争永远不会完结。这是真理发展的规律，当然也是马克思主义发展的规律。"① 遵循这一基本规律，面对我们党内曾经出现过的错误思想和行为，毛泽东指出："所有这些错误，对于我们的党，我们的革命和战争，当然是不利的，然而终于被我们克服，我们的党和我们的红军是从这些错误的克服中锻炼得更加坚强了。"② 同时，在纠正错误的过程中，我们还获得了许多宝贵的经验，保证了我们党能够沿着正确的方向不断走向胜利。

因此，从这个意义上来说，共产党人从来都不怕犯错误。毛泽东认为，好的领导者不在于不犯错误，而在于认真地认识错误、分析错误、正确地对待错误。"错误有两重性。错误一方面损害党，损害人民；另一方面是好教员，很好地教育了党，教育了人民，对革命有好处。失败是成功之母。失败如果没有什么好处，为什么是成功之母？错误犯得太多了，一定要反过来。这是马克思主义。"③ 由此可见，错误常常是正确的先导。所以，要在学习实践过程中积累的各种经验，正确的经验要学，以积累经验达到真理性的认识。但是，只有正确的经验，没有错误的经验，这种经验是不完全的，不可能达到对事物的全面深入认识。所以，错误的经验也要学，这样才能实现对事物的全面认识，才能接受教训，避免再犯同样的错误。

共产党人不怕犯错误，但要尽量少犯错误，要依靠党的集体的力量和人民群众的智慧，对错误及时地加以纠正，尽量避免犯全国性的、长期的、危害人民的大错误。"我们党的历史经验，也是在自己同各种错误路线作斗争的过程中使自己获得了锻炼，因此取得了伟大的革命胜利和建设胜利的。至于局部的和个别的错误，则在工作中时常发生，仅仅是依赖党的集体智慧和人民群众的智慧，及时地加以揭露和克服，才使它们不能获得发展的机会，没有成为全国性的和长期性的错误，没有成为危害人民的

---

① 《毛泽东文集》第 7 卷，人民出版社 1999 年版，第 230—231 页。
② 《毛泽东选集》第 1 卷，人民出版社 1991 年版，第 185 页。
③ 《毛泽东文集》第 7 卷，人民出版社 1999 年版，第 136 页。

大错误。"① 这也是对待错误的一个基本原则。

毛泽东晚年时期，把选择无产阶级革命事业接班人作为我们党的一项重大工作。他在总结国际和中国共产主义革命实践经验的基础上，提出了无产阶级革命事业接班人的五个主要条件，其中之一就是"必须谦虚谨慎，戒骄戒躁，富于自我批评精神，勇于改正自己工作中的缺点和错误"②。由此可见，能否正确对待错误，是否勇于改正自己工作中的缺点和错误，不但是我们党与其他政党的重大区别之一，而且是能否充当无产阶级革命事业接班人的重要条件之一。

由于坚持了马克思主义的科学态度，在多次生死攸关的关键时刻，我们党都能够及时纠正错误，化险为夷，不断走向胜利。同时，我们党对于犯错误的人采取了正确的处理方式，既纠正了错误，又达到了团结同志的目的。毛泽东的这一思想，展示了他高超的领导艺术和宽大的革命胸怀，是我们每一个共产党人应该学习的楷模。

由于错误的产生有着广泛而深刻的根源，所以对于历史上错误问题的处理，"不应着重于一些个别同志的责任方面，而应着重于当时环境的分析，当时错误的内容，当时错误的社会根源、历史根源和思想根源，实行惩前毖后、治病救人的方针，借以达到既要弄清思想又要团结同志这样两个目的。对于人的处理问题取慎重态度，既不含糊敷衍，又不损害同志"，③ 这是我们党对待犯错误同志的总原则。

毛泽东指出，对于党内犯错误的同志，正确的态度应当是采取"惩前毖后，治病救人"的方针，帮助他们改正错误，允许他们继续革命。"对以前的错误一定要揭发，不讲情面，要以科学的态度来分析批判过去的坏东西，以便使后来的工作慎重些，做得好些。这就是'惩前毖后'的意思。但是我们揭发错误、批判缺点的目的，好像医生治病一样，完全是为救人，而不是为了把人整死。……任何犯错误的人，只要他不讳疾忌医，不固执错误，以至于达到不可救药的地步，而是老老实实，真正愿意医

① 《毛泽东文集》第7卷，人民出版社1999年版，第19—20页。
② 《人民日报》1964年7月14日。
③ 《毛泽东选集》第3卷，人民出版社1991年版，第938页。

治，愿意改正，我们就要欢迎他，把他的毛病治好，使他变为一个好同志。这个工作决不是痛快一时，乱打一顿，所能奏效的。对待思想上的毛病和政治上的毛病，决不能采用鲁莽的态度，必须采用'治病救人'的态度，才是正确有效的方法。"① 只有采取这一方针，对错误进行实事求是地分析，才能更好地吸取教训，才能使犯错误的同志心悦诚服，彻底承认和纠正错误。我们党成功地运用这一方针，不但帮助一些同志改正了错误，而且拯救和教育了一大批曾经犯过错误的人，保存了革命力量。实践证明，这些思想是对待错误的科学原则，丰富了我们党的领导艺术。

在正确对待犯错误同志的同时，毛泽东还提出了一个崭新的观点，即犯错误、受损失，不单是犯错误的人要负责，不犯错误的人也有责任。因为"如果是我们都觉悟，我们党内的人都觉悟，干部都觉悟，那个错误路线就行不通。错误路线在一个时候能够风行，就证明我们那个时候还不觉悟，一直要到错误路线发展得非常显明、非常清楚了，我们才弄明白，才作出结论来"。② 这一思想充分体现了马克思主义分析问题的科学精神，为我们正确对待犯错误的同志提供了又一正确的原则。

对于受到错误处置和冤枉委屈的同志，自己应该具有宽广的胸怀，采取一种积极的态度。毛泽东指出："我想同志们中间可能也有多多少少受过冤枉受过委屈的。对于那些冤枉和委屈，对于那些不适当的处罚和错误的处置，比如把自己打成什么'机会主义'，撤销自己的职务，调离自己的职务等等，可以有两种态度。一种态度是从此消极，很气愤，不满意；另一种态度是把它看作一种有益的教育，当作一种锻炼。你晓得，这个世界就是这么个世界，要那么完全公道是不可能的，现在不可能，永远也不可能。"③ 对于我们党来讲，产生这种错误的原因，主要是因为思想认识不同，对问题的看法不同，并不是由于个人恩怨。政策问题上思想统一了，实现了团结，那么就能够求得一个比较的公平。因为凡事都是有比较的，不是绝对的，绝对的公平或者绝对的不公平是不可能的。

---

① 《毛泽东选集》第 3 卷，人民出版社 1991 年版，第 827—828 页。
② 《毛泽东文集》第 7 卷，人民出版社 1999 年版，第 100 页。
③ 同上书，第 106 页。

四

虽然我们党内曾经产生过这样或那样的错误是难免的，但并不是说我们在错误面前就无能为力了。恰恰相反，以维护和实现中国最广大人民根本利益为出发点的中国共产党人，不但敢于承认错误，勇于分析错误，而且善于纠正错误。毛泽东语重心长地教导我们："以中国最广大人民的最大利益为出发点的中国共产党人，相信自己的事业是完全合乎正义的，不惜牺牲自己个人的一切，随时准备拿出自己的生命去殉我们的事业，难道还有什么不适合人民需要的思想、观点、意见、办法，舍不得丢掉吗？难道我们还欢迎任何政治的灰尘、政治的微生物来玷污我们的清洁的面貌和侵蚀我们的健全的身体吗？无数革命先烈为了人民的利益牺牲了他们的生命，使我们每个活着的人想起他们就心里难过，难道我们还有什么个人利益不能牺牲，还有什么错误不能抛弃吗？"①

党内存在的错误，只有通过人民群众丰富的社会实践来检验和纠正，这是毛泽东纠正错误最为根本的一个思想。"人类认识的历史告诉我们，许多理论的真理性是不完全的，经过实践的检验而纠正了它们的不完全性。许多理论是错误的，经过实践的检验而纠正其错误。所谓实践是真理的标准，所谓'生活、实践底观点，应该是认识论底首先的和基本的观点'，理由就在这个地方。"② 但是必须指出，这种实践不是指某个人的实践，也不是指某一次的实践，而是指千百万人民群众长期的、丰富多彩的、创造历史的社会实践。我们所有的思想、行为和路线方针政策，都必须在人民群众创造历史的实践中，证明其正确与否，确定其正确或错误的程度。这就需要我们坚持党的群众观点，认真贯彻"从群众中来，到群众中去"的群众路线，才能真正纠正错误，发展真理。

纠正党内存在的错误，要深入进行马克思列宁主义教育。马克思列宁

---

① 《毛泽东选集》第3卷，人民出版社1991年版，第1096—1097页。
② 《毛泽东选集》第1卷，人民出版社1991年版，第293页。

主义总结了国际无产阶级革命实践的经验，批判地继承了人类的优秀文化成果，是指导共产主义运动的理论武器，是我们认识世界和改造世界、纠正错误和发展真理的科学方法论。我们党内存在错误，很重要的一个原因，就是有些同志没有科学地把握马克思列宁主义，没有正确地把马克思列宁主义的普遍真理和中国的实际国情相结合。所以，毛泽东指出："要克服错误的'左'倾思想或右倾思想，既不能草率从事，也不能操切从事，而必须深入马克思列宁主义的教育，提高全党对于无产阶级思想和小资产阶级思想的鉴别能力，并在党内发扬民主，展开批评和自我批评，进行耐心说服和教育的工作，具体地分析错误的内容及其危害，说明错误之历史的和思想的根源及其改正的办法。这是马克思列宁主义者克服党内错误的应有态度。"①

纠正党内存在的错误，要充分发扬党内民主作风，建立和完善党的民主集中制，正确运用批评和自我批评，达到团结—批评—团结的目的。党内民主是党的生命，对人民民主具有重要的示范和带动作用。"如果离开充分发扬民主，这种集中，这种统一，……当然只能是假的、空的、错误的。"② 所以，我们必须充分发扬党内民主作风，建立和完善党的民主集中制，并把它推广开来，发扬人民民主。发扬人民民主，就不能怕人民群众或其他任何人的批评，就要开展公开的群众性的批评。"马克思主义者就是要在人们的批评中间，就是要在斗争的风雨中间，锻炼自己，发展自己，扩大自己的阵地。同错误思想作斗争，好比种牛痘，经过了牛痘疫苗的作用，人身上就增强免疫力。"③ 有无认真的批评和自我批评，是我们党和其他政党相区别的显著标志之一，是我们党的三大作风之一。作为共产党人，我们不怕犯错误，但是一经发觉犯了错误，就要认真进行批评和自我批评，认真加以纠正。不论是批评还是自我批评，都要从团结的愿望出发，而不是进行纯粹的人身攻击。只有这样，经过批评或斗争，纠正错误，才能在新的基础上达到新的团结。

---

① 《毛泽东选集》第3卷，人民出版社1991年版，第996页。
② 《毛泽东著作选读》下册，人民出版社1986年版，第820页。
③ 《毛泽东文集》第7卷，人民出版社1999年版，第232页。

以上是纠正党内错误的三个共性原则。但是，由于党内出现过的错误既可能表现为错误的思想和行为，在一定条件下，又可能发展成为错误的路线、方针和政策。所以，应该具体问题具体分析，采取不同的方式加以纠正。

纠正党内错误思想，要充分落实"双百"方针。"百花齐放是一种发展艺术的方法，百家争鸣是一种发展科学的方法。百花齐放、百家争鸣这个方针不但是使科学和艺术发展的好方法，而且推而广之，也是我们进行一切工作的好方法。这个方法可以使我们少犯错误。"① 也就是说，只有通过落实"双百"方针，各种意见都得以发表，通过采取讨论的方法，批评的方法，说理的方法，才能克服错误的思想，发展正确的意见，才能真正解决问题。

纠正党内错误行为，首先应该站在维护人民根本利益的立场上，全面认识这种错误行为对革命和建设事业的危害。其次，应该深入分析错误行为产生的原因，认清错误产生的客观根源和思想认识根源。再次，应该贯彻"惩前毖后，治病救人"的方针，对错误行为进行坚决地斗争，但是对犯错误的同志要从团结的愿望出发，通过批评和自我批评，纠正其错误行为，达到新的团结。

纠正党内出现的错误路线、方针和政策，既需要有坚持真理、不怕打击和牺牲的精神，更需要机智灵活的斗争艺术。在错误产生的根源和危害还没有被大多数的人认识以前，在真理还掌握在少数人手里时，需要我们在坚持真理的同时，通过调查研究，积极地与自己周围能够影响到的人进行讨论，通过说服和教育，使越来越多的人认识到这种错误。当这些错误的危害表现得越来越明显，越来越多的人认识到这种错误的时候，应该采取机智灵活的斗争艺术，争取多数人和组织的支持，在坚持错误与反对错误的力量对比发生变化时，及时地通过召开党的会议或整风运动等形式，纠正这些错误的路线、方针和政策。此外，纠正错误时，还要把握规律性，防止急于求成，以致引起干部不满、群众怀疑等不良后果。

---

① 《毛泽东文集》第7卷，人民出版社1999年版，第279页。

在革命和建设的实践中，毛泽东把如何认识和对待错误的思想发扬光大，创造性地运用于处理人民群众的错误和缺点之中，并提出了一些新的观点。"人民的觉悟不是容易的，要去掉人民脑子中的错误思想，需要我们做很多切切实实的工作。对于中国人民脑子中的落后的东西，我们要去扫除，就像用扫帚打扫房子一样。从来没有不经过打扫而自动去掉的灰尘。我们要在人民群众中间，广泛地进行宣传教育工作，使人民认识到中国的真实情况和动向，对于自己的力量具备信心。"① 这说明，我们必须承认人民大众也是有缺点的、也会犯错误。我们必须真正站在人民的立场上，用保护人民、教育人民的满腔热情去说服他们，用人民内部的批评和自我批评来克服这些错误和缺点。此外，对于党外民主人士的错误，毛泽东也提出要从团结他们的愿望出发，对他们的错误和缺点进行认真和适当批评或斗争，达到团结他们的目的。

"伟大的阶级，正如伟大的民族一样，无论从哪方面学习都不如从自己所犯错误的后果中学习来得快。"② 建设中国特色社会主义，是一项充满艰辛和创造的壮丽事业，我们没有现成的经验和模式，必须在实践中探索和创造。同时，我们的主观认识和客观世界的发展之间仍然会存在矛盾，所以在现代化建设过程中，同样会产生这样那样的错误。我们应该学习毛泽东的这些宝贵思想，敢于承认错误，勇于分析错误，善于纠正错误，在不断克服错误中锻炼得更加坚强，为事业的成功奠定坚实基础。

---

① 《毛泽东选集》第 4 卷，人民出版社 1991 年版，第 1131 页。
② 《马克思恩格斯选集》第 4 卷，人民出版社 1995 年版，第 432 页。

第八章
方法指导实践

　　哲学理论要走入实践，深入生活，一个重要的途径就是转化为思想方法。思路决定出路，方法指导实践。掌握了科学的思想方法，才能在实际工作中发现机遇，在千头万绪的日常事务中抓住时机，在学术研究中找到理论创新的光明大道。

第一节 哲学方法之扬弃

在人类认识世界和改造世界的实践中，形成了各种各样的认识方法和工作方法。最为典型的有以英国文化为代表的经验主义方法，以德国文化为代表的理性主义方法，以中国文化为代表的悟性主义方法。这三种方法各有千秋，都是我们在社会实践和科学研究中应该学习借鉴的基本方法论。

一

研究运用这些方法论，最为便捷的途径是学习这些国家的哲学理论。因为"在某种意义上说，哲学是人类探索世界和自我的方法论记录，因此，不同哲学体系虽然在具体的对象选择方面具有宽窄深浅之分，但每一种在哲学史上留下痕迹的体系都是以自己独特的方法为边界的"。[1]

15、16 世纪以来，随着文艺复兴的发展和资本主义的萌芽产生，哲学和科学开始从神学中独立出来，经验主义得以不断孕育发展，成为以英国为代表的西方传统文化的重要哲学基础。弗兰西斯·培根提出知识和观念起源于感性世界的基本原则，制定了系统的归纳方法，开经验主义先河。霍布斯进一步认为感觉是由外物和感官机械作用产生的，理性知识只是各种感觉观念的加减，他还把经验主义运用到社会政治问题研究，使之成为西方政治学说的理论基础。洛克把经验分为外部感觉经验和内部反省经验，心灵对简单观念的结合、抽象得到复杂观念和抽象观念，建立了唯物经验主义理论体系。贝克莱由经验主义走向了唯心主义，得出"存在就是被感知"的结论。休谟只承认习惯是人生的伟大指南，认为认识世界是不

---

① 孙伯鍨、张一兵主编：《走进马克思》，江苏人民出版社 2001 年版，第 437 页。

可能的，导致了不可知论。

纵览经验主义的发展轨迹，可以概括经验主义方法的基本特征，即一切知识都来源于人们的经验感受，只有运用系统的归纳方法，对感性经验进行加工改造，才能获得理性知识，形成对世界的确切认识，而认识的正确与否，也只有在经验中得以检验。这种方法，既有其一切从实际经验出发、坚持逻辑归纳等优点，是西方认识论发展的重要环节，在认识世界和改造世界的实践中发挥着巨大作用，但是，也有其过于固守经验感受、易于走向主观主义和不可知论的缺陷。

与经验主义相对，理性主义是西方传统文化的又一个基本维度，在欧洲大陆得以长足发展，笛卡儿、莱布尼茨、康德等为其代表，黑格尔则建立了集理性主义之大成的庞大理论体系。在人类知识根源方面，理性主义坚持先天的观念而非感觉经验是认识的源泉，即普遍必然知识起源于心中固有或与生俱来的天赋观念。在认识的确定性方面，理性主义坚持理性知识而非经验知识具有更为明确的真理性。特别是在认识方法上，理性主义突出的是"自明原则加理性演绎"方法，而非经验主义的"经验积累加逻辑归纳"方法，认为理性演绎的知识是本质的、普遍的、必然的，经验归纳的知识则是现象的、个别的、或然的。理性主义作为一种重要的哲学体系，是欧洲大陆文化的坚实基础，也对欧洲大陆国家的经济建设、政治进步和文化发展产生了深远的影响；但是，也不可否认，理性主义常常与唯心主义联系在一起，最终同样会走向形而上学和主观主义。

作为西方文化发展的两个基本维度，经验主义与理性主义是相辅相成的。经验主义之中有理性的因素，但这种理性以经验归纳为基础，以对经验的加工改造为内容，以达到经验总结提升为目标。理性主义之中有经验的因素，虽然以批判经验之不足为前提，但又时刻不能摆脱经验之"阴影"，理性以超越经验为出发点，以达到经验之彼岸为追求。

二

从文化传统来讲，马克思主义既继承了理性主义（以德国古典哲学为

181

代表）的优秀传统，扬弃了黑格尔的唯心主义辩证法，创立了唯物辩证法；又继承了经验主义（以英法哲学为代表）的优良传统，超越了旧唯物主义的局限性，形成了历史唯物主义研究方法。

具体来讲，马克思主义崇尚科学理性的批判，但又不同于传统意义上的理性主义。因为理性主义以天赋观念为认识的前提，常常令思维在空中自由翱翔，虚构起一幢幢貌似宏伟但没有根基的、悬浮的理论大厦，其结果只能是貌似惊天动地但只是发生在人们头脑中的思想变革，对现实社会并不会产生任何作用和影响。"马克思主义哲学的方法是对以德国古典哲学为最高成就的西方思想史的批判和超越。"① 这种批判和超越集中体现在对德意志意识形态的批判，即把新唯物主义的立场明确为"现实的人"，实现了对"自我意识"和抽象"人类"的超越；对德国古典哲学的思辨逻辑方法进行了改造，把辩证法从黑格尔的体系中解放出来，创立了唯物辩证法；在现实指向上把哲学从解释世界引向改造世界，彻底地改变了哲学的社会功能。

同样，马克思主义虽然立足于经验事实，但不是从单纯的感觉经验出发，而是超越了经验主义认识的局限性。事实这一概念貌似客观，本质上却有着很强的倾向性。同一个事件，在不同阶级、不同社会地位、具有不同实践经历的人看来，却会得出完全不同的结论。经验主义发展过程中，经验由主体认识客体的桥梁演化为主体与客体间隔绝的铁幕，走向不可知论，陷入难以解决的矛盾，充分证明了这一结论。马克思主义对经验主义的批判集中体现在对古典政治经济学方法的超越。在马克思以前，资产阶级政治经济学中占统治地位的方法是经验主义。经验主义把认识不能脱离经验内容的教条绝对化，认为认识的作用只限于从具体的直观和表象得出抽象的规定，而这些规定是片面的、缺乏内部联系的。其认识结果只是对现存事实的实证分析与单纯肯定。要实现对这种认识方法的超越，必须坚持辩证法，思考客观现实所蕴涵的丰富的社会关系，研究经验感受之中深层次的本质规定，分析社会现象反映的事物发展的客观规律，从而达到对

---

① 孙伯鍨、张一兵主编：《走进马克思》，江苏人民出版社 2001 年版，第 437 页。

社会发展的科学抽象。由此可见，马克思主义的科学抽象，是透过一切表面现象和外部联系而深入事物本质的唯一方法，是思维理性所特有的认识功能。

正是在这种科学批判过程中，马克思主义以社会实践为基础，以唯物辩证法为武器，彻底解决了经验主义和理性主义的内在矛盾。主体认识客观世界，并不是仅仅依靠感觉经验一次完成的，而是现实的个人或人民群众在不断的社会实践中，归纳感觉经验，通过辩证分析，将之升华为理性认识，达到对客观世界本质的科学把握。理性主义所谓的天赋观念，不过是人类生产和社会实践在思维中的格式化而已。理性主义必须立足于现实社会，与人类的社会实践紧密结合起来，才能够达到正确的结论。马克思主义认识论就是一个由实践到感性认识，由感性认识到理性认识，再在实践中检验和发展理性认识，多次反复实践和认识，最终接近对客观世界的科学认识的过程。

三

综上所述，哲学在某种意义上是一种方法论，马克思主义哲学是集西方传统文化优秀成果之大成的科学方法论。"马克思主义哲学作为哲学史上最光辉的一页，也是由于它在哲学史上实现了最深刻的方法论革命。正是基于这一点，它不仅影响了人类思想史的发展进程，而且影响了世界历史的发展进程。因此，对马克思主义哲学方法论的探究在全部马克思主义研究中是最具有现实意义的课题。"① 也正是从这个角度来讲，马克思主义哲学作为一种科学方法论，不但能够与中国的文化传统相沟通，而且能够与中国的社会现实相结合。

与西方经验主义和理性主义认识方法不同，在中国传统文化中形成了一种悟性主义的认识方法。这种悟性主义，既立足于社会实践的丰富经验，从对自然和社会现象的深刻反思出发，又达到了对客观世界和主观世

---

① 孙伯鍨、张一兵主编：《走进马克思》，江苏人民出版社 2001 年版，第 437 页。

界辩证认识，构建了天人合一的思想理论体系。中国人这种由日常生活现象到抽象理论的思维跃升，既不是依靠英国式的经验归纳推理，也不同于德国式的理性演绎，而是源于中国特色的感悟反思。这种感悟式的认识方法，兼有感性认识和理性认识的特点，同时具有辩证认识的因素，集中反映了中华民族精神的方法论特征。这种天人合一的思维逻辑，既有其合理的因素（主客观世界本来就是统一的），又有导致主观主义和虚妄思辨的可能（主观因素对认识的干扰影响）。

中国传统文化中的这种悟性主义认识方法，既有理性主义的因素，又有经验主义的基础，与马克思主义哲学方法有着息息相通的文化基础。马克思主义与中国革命和建设相结合的历史实践也充分证明，马克思主义哲学不但能够与中国传统文化相沟通，实现马克思主义的中国化和大众化，而且能够与中国特色社会主义伟大实践相结合，实现马克思主义与现实生活结合和沟通。

第二节　抽象与具体之辩证

马克思主义是科学方法论，具有非常丰富的内涵，除我们比较熟悉的矛盾分析方法、阶级分析方法、历史比较方法、调查研究方法之外，还包含一种由抽象到具体的分析方法。这一科学方法，集中展示在《资本论》这一鸿篇巨制之中。

一

在《资本论》中，马克思虽然研究的主要是经济学范畴，但这不仅仅具有经济学意义，而且还有哲学意义，具有方法论意义。

马克思以其特有的科学批判精神，通过对商品、货币、资本的产生发展和运行机制研究，从总体上考察了资本主义生产的总过程，揭示了资本主义社会的内在矛盾和人类社会历史发展的基本轨迹、未来趋势。马克思的这种分析研究，表面上是以物为对象，采用的是科学实证方法，但是，他并没有仅仅局限于物，而是透过物的关系的表面现象揭示背后人与人的关系。如他对商品的分析就充分展示了这种研究方法，"商品形式在人们面前把人们本身劳动的社会性质反映成劳动产品本身的物的性质，反映成这些物的天然的社会属性，从而把生产者同总劳动的社会关系反映成存在于生产者之外的物与物之间的社会关系。由于这种转换，劳动产品成了商品，成了可感觉的而又超感觉的物或社会的物。……这只是人们自己的一定的社会关系，但它在人们面前采取了物与物关系的虚幻形式。"① 同样，他在对货币的产生与发展、资本的运行与演变过程等的分析中，更加深入明确地展示了这种科学研究方法。在这里，马克思既继承了资产阶级经济学家的研究成果，又从此出发批判资产阶级经济学家单纯实证的认识，把握其背后的社会关系。当马克思的研究从经济学家确认的事实出发时，他已远离了黑格尔的唯心主义；当他对经济事实进一步分析，揭示其内在的本质时，又利用了黑格尔的辩证法。

马克思若一开始就远离客观性，放弃经济生活的客观立场，不是从商品、货币等客观现实出发的话，就会陷入主观想象。同时，马克思又没有仅仅从经济事实出发，又不是仅仅依靠单纯的实证逻辑，而是以辩证逻辑为方法为武器，深入追问经济事实反映的人与人之间的社会关系。总之，在《资本论》中，马克思的思想逻辑有两重性，一方面从事实客观性出发，另一方面通过这种客观性事实，达到对社会和历史的总体性认识。但总体不等于局部之和，而是现象与本质的统一，现实性与历史性的统一；作为过程的总体，不仅仅把事物当作当下的存在，而且必须寻找其发生学的根据和内在的历史联系。把握总体性要通过中介，揭示事物、过程客观的内在联系的环节，这样的逻辑和方法生动体现了马克思主义唯物的辩证的特点。

---

① 《马克思恩格斯选集》第 2 卷，人民出版社 1995 年版，第 138—139 页。

二

马克思主义的这种特点，鲜明体现为由抽象到具体的研究方法。

在马克思看来，人对现实世界的认识，经历两条彼此相联系而又相互区别的认识道路。第一条是实践过程中从现实的感性事物出发，经过分析总结，把直观和表象中的经验具体变为越来越单纯的抽象，直到得出一些最简单的、蕴涵了事物未来发展矛盾的抽象规定；第二条道路是从那里向回转，经过归纳综合，使抽象简单规定按照其内在的固有联系，"自己运动"，在思维中再现为具体的整体。

马克思认为，这种在思维中再现的具体有其特定的含义："具体之所以具体，因为它是许多规定的综合，因而是多样性的统一。因此它在思维中表现为综合的过程，表现为结果，而不是表现为起点，虽然它是现实的起点，因而也是直观和表象的起点。在第一条道路上，完整的表象蒸发为抽象的规定；在第二条道路上，抽象的规定在思维行程中导致具体的再现。"① 他指出，人对周围世界概念的、理论的把握必须以具体整体为目标；这里的概念是具体概念，即反映对象的多种多样规定统一的概念；这里的理论是系统化的理论，即完整表现某一对象的理论体系。一切科学在开始都处于经验认识阶段，处于对直观和表象进行初级加工阶段。这是必需的，但其最终结果，仅限于把直观和表象中的具体简化为简单和抽象的规定。由此得出的概念是抽象而非具体概念。而思维和理解的起点不同于直观和表象的起点。对于直观经验认识过程来说，它的起点必须是生动的具体，而对于思维理解即理论认识过程来讲，却不能从此出发，因为具体总体作为思维总体或具体，只能是思维的、理解的产物，而不能是它的起点。理论地认识世界的起点只能是最简单的抽象规定。由此出发经过思维的综合过程，一步步上升为思维中的具体。因此，从人类认识的真正任务来说，从抽象上升到具体的方法"显然是科学上正确的方法"。

① 《马克思恩格斯全集》第 30 卷，人民出版社 1995 年版，第 42 页。

但是，马克思并没有否定从具体到抽象在整个认识过程中的作用。对马克思来说，从具体到抽象不仅仅是任何认识运动在开始时必然要走的道路，而且为了能够正确地运用从抽象上升到具体的方法，实现理论地把握对象的真正任务，必须首先沿着从具体到抽象的道路，自觉地、有目的地把表象中的具体加工成抽象的规定，使从抽象到具体的认识获得正确的起点。

三

"哲学的灵魂是方法，马克思主义哲学尤其如此。各种哲学派别的划分不取决于研究对象的不同，而取决于不同的立场和方法。"[①] 由抽象到具体的科学方法，不但是《资本论》的总体方法，而且是理论研究的科学方法，具有普遍的指导意义。

我们进行科学研究和实际工作，都应该遵循由抽象到具体的研究方法。我们对一种理论的认识与研究，对一项工作的思考与实践，也正是体现着由最初感性的、具体的认识到抽象的思考，再经过抽象的反思，提升到更高层次的具体认识的过程。我们对社会主义的认识，也正是经历了这样一个过程：从对空想社会主义的科学批判和现实超越，确立了科学社会主义的基本原则，从而成功指导了世界各国的共产主义革命和建设。从学习和借鉴苏联社会主义模式，到从中国国情出发，探索具有中国特色的社会主义发展道路，并最终形成了中国特色社会主义道路和理论体系。正是在这一过程中，我们对社会主义的本质有了越来越丰富的把握。社会主义并没有一个固定的模式，坚持马克思主义的基本立场、观点和方法，从本国的实际国情出发，以解放和发展生产力为主要任务，以实现社会的全面进步和人类的真正解放为目标，都是建设社会主义的有益探索。中国特色社会主义道路之所以正确、之所以能够引领中国发展进步，关键在于我们既坚持了科学社会主义的基本原则，又根据我国实际和时代特征赋予其鲜

---

① 孙伯鍨、张一兵主编：《走进马克思》，江苏人民出版社 2001 年版，第 478 页。

明的中国特色。在当代中国，坚持中国特色社会主义道路，就是真正坚持社会主义。

第三节　统筹兼顾谋发展

批判旧世界是为了建设新世界，汲取科学方法是为了指导社会实践。在当代中国，推动经济社会全面协调可持续科学发展，必须自觉运用马克思主义，坚持统筹兼顾的工作方法。

一

统筹兼顾方法，是适用于社会建设各个领域的科学方法，是唯物辩证法的生动体现，充分展示了马克思主义的指导力量和科学魅力。

（一）普遍联系观点的集中体现。中国特色社会主义建设，是一项复杂艰巨的庞大系统工程，迫切要求把普遍联系、全面发展的观点转化为统筹兼顾的工作方法。"要真正地认识事物，就必须把握住、研究清楚它的一切方面、一切联系和'中介'。我们永远也不会完全地做到这一点，但是，全面性这一要求可以使我们防止犯错误和防止僵化。"① 这里的联系，包括从结构上揭示全局与局部的内在联系，从功能上揭示主要矛盾与次要矛盾之间的内在联系，从时间上揭示事物不同发展阶段之间的联系，从空间上揭示事物内部各层面之间的内在联系等等，从而全面揭示事物之间发展着的、纵横交错的联系网络。正是这种多层次的联系，构成了社会主义建设的全局，提出了全面性的要求。因此，必须树立全局意识，总揽全局、统筹规划，从大局出发观察问题，站在大局高度安排各项工作，从大

① 《列宁全集》第 40 卷，人民出版社 1986 年版，第 291 页。

局角度解决现实社会矛盾。

（二）对立统一规律的自觉运用。中国特色社会主义建设，涉及经济、政治、文化和社会建设等多个方面，是一个十分复杂的矛盾统一体系。这要求我们必须自觉运用对立统一规律，才能在千头万绪的现代化建设进程中，统筹兼顾，抓住牵动全局的主要工作，推动社会全面发展。因为"在复杂的事物的发展过程中，有许多的矛盾存在，其中必有一种是主要的矛盾，由于它的存在和发展规定或影响着其他矛盾的存在和发展"。[①] 但什么是事业发展的主要矛盾，并不是凭主观想象所能确定的，必须站在全局的高度，运用科学的认识论，认真分析构成事物的各个矛盾和矛盾的各个方面，深入探索事物发展的基本趋势，才能把握制约事物发展的主要矛盾和矛盾主要方面。抓住事物的主要矛盾和矛盾主要方面，也就抓住了牵动全局的主要工作，解决好主要工作，其他工作的开展也就会更加顺利。

（三）群众路线的贯彻落实。一般来讲，牵动社会主义建设全局的主要工作，也就是事关群众利益的突出问题。人民群众是历史的创造者，所以我们要依靠群众。全心全意为人民服务是我们党的根本宗旨，所以我们要坚持群众路线。我们党的一切奋斗都是为了人民群众的根本利益，所以我们的一切工作都是为了实现好、维护好、发展好人民群众的根本利益。因此，是不是牵动全局的主要工作，主要就是看它是否关系群众的根本利益。解决好事关群众根本利益的突出问题，就能够得民心，顺民意，有力促进各项社会事业的协调发展。实现了这一目标，也就是真正贯彻群众路线，体现统筹兼顾方法。

（四）社会发展规律的具体展示。马克思指出："人们在自己生活的社会生产中发生一定的、必然的、不以他们的意志为转移的关系，即同他们的物质生产力的一定发展阶段相适合的生产关系。这些生产关系的总和构成社会的经济结构，即有法律的和政治的上层建筑竖立其上并有一定的社会意识形式与之相适应的现实基础。物质生活的生产方式制约着整个社会

---

① 《毛泽东选集》第 1 卷，人民出版社 1991 年版，第 320 页。

生活、政治生活和精神生活的过程。"① 这一经典论述，揭示了社会发展的基本规律，是我们把握发展大局、统筹规划的指导思想，是科学发展观的理论基础，是促进经济社会全面协调可持续发展的强大理论武器。因此，必须遵循社会发展的这一基本规律，按照中国特色社会主义事业总体布局，统筹安排，促进现代化建设各个环节、各个方面相协调，促进生产关系与生产力、上层建筑与经济基础相协调，全面推进经济建设、政治建设、文化建设、社会建设。

二

统筹兼顾，是我们党总结革命和建设经验得出的重要结论。在八十余年的革命斗争和现代化建设实践中，党的三代中央领导集体提出并丰富发展了统筹兼顾思想，成功指导了社会主义实践。胡锦涛同志继承和发展了这些思想，把统筹兼顾提升为科学发展观的根本方法。

（一）统筹兼顾思想的提出和阐发。在革命战争年代，毛泽东就十分重视统筹兼顾思想。他总结我们党领导革命的经验，提出统筹兼顾、弹好钢琴是重要的领导方法，"领导人员依照每一具体地区的历史条件和环境条件，统筹全局，正确地决定每一时期的工作重心和工作秩序，并把这种决定坚持地贯彻下去，务必得到一定的结果，这是一种领导艺术。"② 他要求领导干部要学会"弹钢琴"，既要抓紧中心工作，又要围绕中心工作而同时开展其他方面的工作，不能只注意一部分问题而把别的丢掉。

建国之初，为恢复和发展生产，毛泽东提出："我们的方针就是统筹兼顾，各得其所。……这是一个什么方针呢？就是调动一切积极力量，为了建设社会主义。这是一个战略方针。实行这样一个方针比较好，乱子出得比较少。"③ 这里所说的统筹兼顾，是指全国人民的统筹兼顾。我们作计划、办事情、想问题，都要从这一点出发，要正确处理社会主义建设中存

---

① 《马克思恩格斯选集》第 2 卷，人民出版社 1995 年版，第 32 页。
② 《毛泽东选集》第 3 卷，人民出版社 1991 年版，第 901 页。
③ 《毛泽东文集》第 7 卷，人民出版社 1999 年版，第 186—187 页。

在的几个重大关系：重工业是我国建设的重点，但为了发展重工业，必须重视轻工业、农业的发展；要平衡工业发展的布局，充分利用和发展沿海的工业基地，从而更有力量来发展和支持内地工业；一定要加强国防，因此一定要首先加强经济建设；要兼顾国家、集体和个人三个方面，即"军民兼顾"、"公私兼顾"，不能只顾一头；要在巩固中央统一领导的前提下，扩大一点地方的权力，给地方更多的独立性，让地方办更多的事情；等等。这些重要论述，集中体现了统筹兼顾的思想。

为开展社会主义建设，毛泽东提出："我们的方针是统筹兼顾、适当安排。无论粮食问题，灾荒问题，就业问题，教育问题，知识分子问题，各种爱国力量的统一战线问题，少数民族问题，以及其他各项问题，都要从对全体人民的统筹兼顾这个观点出发，就当时当地的实际可能条件，同各方面的人协商，作出各种适当的安排。"[1] 从而形成一种团结紧张、严肃活泼的社会局面，把各方面的积极性调动起来，为革命和建设服务。

（二）统筹兼顾思想的丰富和发展。改革开放之初，百废待举，邓小平统筹兼顾，把党的整顿确定为治理整顿的核心，统一全党认识，为改革开放打下坚实的思想基础。他还指出："为了建设现代化的社会主义强国，任务很多，需要做的事情很多，各种任务之间又有相互依存的关系，如像经济与教育、科学，经济与政治、法律等等，都有相互依存的关系，不能顾此失彼"，所以在工作中需要综合平衡，不能单打一。[2]

能否正确统筹各方利益，关系社会稳定和改革的进程。邓小平指出："在社会主义制度之下，个人利益要服从集体利益，局部利益要服从整体利益，暂时利益要服从长远利益，或者叫做小局服从大局，小道理服从大道理。……我们必须按照统筹兼顾的原则来调节各种利益的相互关系。如果相反，违反集体利益而追求个人利益，违反整体利益而追求局部利益，违反长远利益而追求暂时利益，那末，结果势必两头都受损失。"[3]

为统筹不同区域的协调发展，邓小平指出："沿海地区要加快对外开

---

① 《毛泽东文集》第7卷，人民出版社1999年版，第228页。
② 《邓小平文选》第2卷，人民出版社1994年版，第249—250页。
③ 同上书，第175—176页。

放，使这个拥有两亿人口的广大地带较快地先发展起来，从而带动内地更好地发展，这是一个事关大局的问题。内地要顾全这个大局。反过来，发展到一定的时候，又要求沿海拿出更多力量来帮助内地发展，这也是个大局。那时沿海也要服从这个大局。"① 他还提出要统筹国内发展与对外开放，统筹计划和市场两种手段，进一步丰富和发展了统筹兼顾思想。

（三）统筹兼顾思想的深化和完善。总结改革开放的经验，江泽民同志指出："改革开放和现代化建设是一项宏伟而复杂的系统工程，各方面的工作必须相互协调、相互配合，顾此失彼、畸重畸轻，就不会取得最终的成功。……我们做工作，必须做到统筹兼顾。"② 他还提出要正确处理改革、发展和稳定的关系，中央和地方的关系，速度和效益的关系，市场机制和宏观调控的关系等观点，深化和完善了统筹兼顾思想。

在新的历史条件下，人民群众的根本利益是一致的，但社会各阶层利益追求发生了较大变化，江泽民同志指出："在社会主义条件下，但是不同的阶级和阶层也有不同的具体利益。我们在制定和执行政策时，一定要反复调查，充分论证，统筹兼顾，正确处理国家、集体、个人三者利益的关系，既体现长远的根本的利益，又照顾当前的利益；既考虑国家整体利益，也关心群众的现实要求。"③ 为解决地区发展差距问题，促进区域经济协调发展，江泽民同志指出："要从全国经济协调发展的战略高度，着眼于地区优势的相互结合，相互补充，相互促进，共同发展，把东、中、西部各地区的积极性都调动起来。我们强调协调发展，是要在东部地区快速发展的同时，促进和带动中西部地区发展得更好。"④

实现经济建设与社会发展的协调统一，是国民经济持续协调发展的内在要求。江泽民同志指出，要善于统观全局，统筹安排，分清轻重缓急，把改革的力度、发展的速度和社会可承受的程度协调统一起来，做到相互协调，相互促进，"要把控制人口、节约资源、保护环境放到重要位置，

---

① 《邓小平文选》第 3 卷，人民出版社 1993 年版，第 277—278 页。
② 《江泽民论有中国特色社会主义（专题摘编）》，中央文献出版社 2002 年版，第 699 页。
③ 《江泽民文选》第 1 卷，人民出版社 2006 年版，第 99 页。
④ 《江泽民论有中国特色社会主义（专题摘编）》，中央文献出版社 2002 年版，第 173 页。

使人口增长与社会生产力发展相适应，使经济建设与资源、环境相协调，实现良性循环。"① 他还指出，社会主义社会要以经济建设为中心，但也要统筹政治文明、精神文明与物质文明的发展，实现人的全面发展。

（四）统筹兼顾思想的战略提升。胡锦涛同志继承党的三代中央领导集体统筹兼顾的思想，从科学发展的战略高度，把统筹兼顾确定为科学发展观的根本方法，赋予统筹兼顾新的时代内涵，使之成为指导中国特色社会主义建设的重要原则，体现了马克思主义与时俱进的理论品质。统筹兼顾的科学内涵是，既要总揽全局、统筹规划，又要抓住牵动全局的主要工作、事关群众利益的突出问题，着力推进、重点突破。在科学发展观这一重大战略思想中，统筹兼顾是贯穿其中的一条逻辑红线。科学发展观的第一要义是发展，即科学发展、和谐发展、和平发展。实现这一目标，必须自觉运用统筹兼顾方法，破解发展难题，提高发展质量和效益，实现又好又快发展，为发展中国特色社会主义打下坚实基础。科学发展观的核心是以人为本。实现以人为本，必须自觉运用统筹兼顾方法，处理好各方面群众的利益，调动广大人民群众的积极性、主动性、创造性，走共同富裕道路。科学发展观的基本要求是全面协调可持续发展。实现这一要求，必须自觉运用统筹兼顾方法，促进现代化建设全面协调可持续发展。

综上所述，统筹兼顾思想既是在中国革命和建设实践中产生的，又成功地指导了革命与建设伟大实践。实践证明，我国的革命和建设事业，什么时候正确坚持了统筹兼顾方法，就能够顺利进行并取得胜利；什么时候背离了这个方法，就可能出现这样或那样的挫折和失误。

三

党的十七大报告指出：科学发展观，根本方法是统筹兼顾。坚持统筹兼顾，是促进经济社会全面协调可持续发展的迫切需要，是实现科学发展的根本方法。改革开放 30 年来，我们党领导全国人民实施现代化建设

---

① 《江泽民文选》第 1 卷，人民出版社 2006 年版，第 463 页。

"三步走"战略,经济持续快速发展,政治、文化和社会建设取得举世瞩目的成就,充分证明和全面展示了统筹兼顾方法的重大指导作用。当前,中国特色社会主义建设事业头绪繁多、任务艰巨。但越是工作头绪多,越是任务艰苦繁重,越是要自觉坚持和运用马克思主义的基本原则,统筹兼顾、科学谋划,解决我们前进中面临的困难和问题,增强工作的系统性和协调性。

从宏观领域来讲,要坚持统筹兼顾方法,解决中国特色社会主义建设进程中面临的困难和问题,主要包括以下内容:统筹城乡发展,形成城乡经济社会一体化新格局。统筹区域发展,形成东中西相互促进、优势互补、共同发展的新格局。统筹经济社会发展,实现经济发展与社会进步的有机统一。统筹人与自然和谐发展,推动整个社会走上生产发展、生活富裕、生态良好的文明发展道路。统筹国内发展和对外开放,努力实现国内发展和对外开放相协调。统筹中央和地方关系,充分发挥中央和地方两个积极性。统筹各方面的利益,全面把握和妥善解决来自各方面的利益诉求,切实维护好最广大人民的根本利益。统筹国内国际两个大局,为我国发展营造良好国际环境。当前,建设中国特色社会主义,宏伟而复杂,既要总揽全局,全面把握包括经济、政治、文化和社会建设在内的建设大局,又要统筹规划,充分发挥我们党的领导作用,统筹兼顾祖国各地、社会各方的特点,实现全面协调可持续的发展;既要抓住牵动全局的主要工作,以经济建设为中心,坚持发展是第一要务,实现国民经济又好又快发展,又要切实解决医疗卫生、教育、住房、收入等事关群众利益的突出问题;着力推进、重点突破,分清轻重缓急,把握好工作中的"度",重点解决人民群众反映强烈的问题。

从微观角度来讲,统筹兼顾也是我们从事实际工作应该遵循的一个基本方法。在实际工作中,我们虽然处理的大多是琐碎的小事,但小事并不简单,同样细分为多个环节,涉及上下左右内外前后方方面面。要做好这些工作,需要多方面的素质和能力,既要了解国家的相关政策法规,又要了解本系统的有关规章制度,还要了解本单位的实际情况甚至具体人员的详细情况,了解实际工作的具体要求。这些方方面面的因素结合起来,可谓是千头万绪,涉及的知识也是形形色色。如何在千头万绪中区分轻重缓急，安排好各方面工作，需要不断提高统筹兼顾的能力。提高统筹兼顾的能力，首先需要认清国家发展和本系统工作的大政方针，这是大局中的大局。有了这种宏观的眼界，研究实际问题的思路就会更为广阔，解决实际问题的方法就会更加有效。其次，要把自己的工作放到单位工作的大局中，而不是局限于个人工作的小本位，要跳出具体工作看问题，才能总揽全局、统筹规划。再次，要深入分析实际工作中的各种矛盾，抓住主要矛盾和矛盾主要方面，发挥聪明才智，集中精神和力量，重点解决。最后，要在重点突破的基础上，全面推进各项工作的开展。

千里之行，始于足下。如果每个地区、每个部门、每个工作人员都能够自觉运用统筹兼顾方法，总揽全局、统筹规划，着力推进、重点突破，那么，就能形成巨大的社会合力，把中国特色社会主义伟大事业不断推向前进。

第四节　"小题大做"出精品

马克思主义，既是指导实践的强大武器，也是指引理论研究的科学方法；既是开展宏观研究的理论指南，也是进行具体问题研究的正确方法。在当前的学术研究中，存在着眼高手低、空洞无物、高频率重复、低层次复制等现象。改变这种现象需要多方面的努力，其中一个比较有效的方法是大处着眼，小处入手，"小题大做"，推出精品。

一

学术研究要有问题意识，要集中力量针对现实问题进行研究，即使是远离现实的一些纯理论研究，也应该注意把现实问题作为研究背景，这样才能使研究具有现实针对性，从而避免研究成果无的放矢，空洞无物。

"问题就是公开的、无畏的、左右一切个人的时代声音。问题就是时代的口号，是它表现自己精神状态的最实际的呼声。"① 这一经典论述给我们以深刻的启示：任何时代提出的真正问题，都不是孤立的，而是与社会环境有着密切的联系，是各种社会矛盾的集中反映；都有着深刻的历史和现实背景，是经济建设水平、政治发展形势、思想文化传统、社会道德风尚、自然地理环境等多种原因共同作用而产生的。所以，我们研究社会问题，既需要对问题本身进行深入细致的分析，但是又不能仅仅局限于问题本身，要跳出问题，从大处着眼，才能对问题的来龙去脉有一个全面而深刻的认识。所谓的研究要从大处着眼，主要体现为以下三个方面。

第一，要有世界眼光。整个世界是普遍联系的，正是各种事物之间的普遍联系，推动了社会的前进和发展，社会问题也正是在这种普遍联系和共同作用条件下产生的。正是在这个意义上，恩格斯指出："马克思研究任何事物时都考察它的历史起源和它的前提，因此，在他那里，每一单个问题都自然要产生一系列的新问题。"② 当今世界，全球化趋势明显，经济交流、政治互动、文化碰撞等非常频繁，必然会导致很多社会问题的产生，其中不仅有本国国内的原因，而且有国际大形势的影响。因此，开展学术研究首先要有世界眼光，也就是要用马克思主义的宽广眼界观察世界和中国，从而把握世界发展的大势，认清中国在世界发展中的地位和作用。有了这种世界眼光，我们就会发现，有些社会问题的表现形式虽然不同，但其发生的根源与解决的机制，在各国有着相似的特征，我们可以借鉴；有些社会问题在其他国家已经发生过，其处理和解决的方式方法，我们可以吸取。正如马克思所言，"工业较发达的国家向工业较不发达的国家所显示的，只是后者未来的景象"。③ 因此，如果没有这种世界眼光，积极借鉴世界各国的发展经验，就可能步他人后尘，重复他国的教训。他山之石，可以攻玉。具备了这种世界眼光，我们研究社会问题就会有所参考和借鉴，解决问题就会更加科学合理。

其次，要立足中国实际。一切从实际出发，是我们党的思想路线，也

---

① 《马克思恩格斯全集》第 40 卷，人民出版社 1982 年版，第 289—290 页。
② 《马克思恩格斯全集》第 22 卷，人民出版社 1965 年版，第 400 页。
③ 《马克思恩格斯选集》第 2 卷，人民出版社 1995 年版，第 100 页。

是开展学术研究应该遵循的基本原则。什么是实际？中国的历史传统和现实国情就是最大的实际。毛泽东曾经指出："研究中共党史，应该以中国做中心，把屁股坐在中国身上。世界的资本主义、社会主义，我们也必须研究，但是要和研究中共党史的关系弄清楚，就是要看你的屁股坐在哪一边，如果是完全坐在外国那边去就不是研究中共党史了。我们研究中国就要拿中国做中心，要坐在中国的身上研究世界的东西。我们有些同志有一个毛病，就是一切以外国为中心，作留声机，机械地生吞活剥地把外国的东西搬到中国来，不研究中国的特点。不研究中国的特点，而去搬外国的东西，就不能解决中国的问题。如果不研究中国共产党的历史的发展，党的思想斗争和政治斗争，我们的研究就不会有结果。"① 同样，研究当代中国的各种社会问题，不能站在西方的思想立场，完全运用西方的话语体系，一味遵循西方的研究方法，照搬照套西方的研究成果，而是应该以中国为中心，从中国的实际国情出发，运用马克思主义的研究方法，构建中国特色的话语体系，探讨解决问题切实有效的思路和方法。

第三，要有开阔的研究视野。每个人的研究专长是分专业的，研究兴趣体现在不同的学术领域。但是，大多数社会问题的产生却是不分专业的，问题的解决也常常不是某类专业知识所能独立实现的。因此，我们在研究社会问题时，既要发挥本专业的研究特长，从专业角度提供自己的看法，又要有意识地学习借鉴相关学科的优势，形成一种开阔的宏观视野，开展跨学科研究，才会有所创新，才可能找到解决问题的真正途径。即使是在本专业的研究中，也要有开阔的视野，既要全面系统地总结本专业研究已有的优秀成果，虚心继承和发挥传统研究方法的优势，这是开展进一步研究的重要前提和基础；同时要注重把握当前研究中存在的不足和缺陷，剖析研究过程中的经验特别是教训。这些不足和教训，恰恰是我们开展研究的新起点，是实现理论创新的广阔空间。所以说，具备了开阔的研究视野，也就为理论创新打好了坚实的基础。毛泽东指出："马克思活着的时候，不能将后来出现的所有问题都看到，也就不能在那时把所有的这

---

① 《毛泽东文集》第2卷，人民出版社1993年版，第407页。

些问题都加以解决。俄国的问题只能由列宁解决，中国的问题只能由中国人解决。"① 同样，随着时代的发展，当代社会问题的解决只能依靠当代的中国人。从这个意义上讲，这种发现问题、研究问题、解决问题的过程，也就是实现理论创新的过程。

二

当前，在社会发展过程中产生了很多热点问题。如何深入研究这些社会问题，是理论界面临的繁重任务，要有"只争朝夕"的紧迫感。但是，我们也不要指望一个人、一个课题、一篇文章、一部著作，就能够解决所有的问题，这是不现实的。因此，在大处着眼的基础上，还要从小处入手，找准研究的切入点。好的开头是成功的一半。找准了切入点，就是选好了研究的重点，这是做好研究的重要前提。一般来说，开展研究的切入点应该具备以下三个特征。

第一，应该是人民群众普遍关注的热点。"群众不是从理论上，而是根据实际来看问题的，我们的错误就在于总是从理论上来看问题。"② 人们常常讲群众的眼睛是雪亮的，其实也可以说人民群众对社会问题是最敏感的。这是因为人民群众是社会生活的主体，是生产实践的主力军，经济形势的变化直接影响着人民的日常生活，政策措施的实施直接触动着人民的实际利益，社会格局的变动直接反映着人民的现实境遇。所以，人民群众普遍关注的社会热点，常常就是学术研究应该关注的问题，是开展研究的最佳切入点。

第二，应该是社会发展主要矛盾的表现。一个复杂的社会问题，常常会有种种表现，研究的任务就是要从问题的这些表现中，抓住主要矛盾，从而为问题解决提供参考和指导。毛泽东指出："任何过程如果有多数矛盾存在的话，其中必定有一种是主要的，起着领导的、决定的作用，其他则处于次要和服从的地位。因此，研究任何过程，如果是存在着两个以上

---

① 《毛泽东文集》第 8 卷，人民出版社 1999 年版，第 5 页。
② 《列宁全集》第 29 卷，人民出版社 1956 年版，第 103 页。

矛盾的复杂过程的话，就要用全力找出它的主要矛盾。捉住了这个主要矛盾，一切问题就迎刃而解了。这是马克思研究资本主义社会告诉我们的方法。列宁和斯大林研究帝国主义和资本主义总危机的时候，列宁和斯大林研究苏联经济的时候，也告诉了这种方法。万千的学问家和实行家，不懂得这种方法，结果如堕烟海，找不到中心，也就找不到解决矛盾的方法。"① 可见，抓住主要矛盾，是开展学术研究的中心任务。当然，什么是社会发展的主要矛盾和矛盾主要方面，需要进行深入研究和科学分析，而这正是学术研究的目的所在。

第三，应该是代表事物发展趋势的关键点。研究问题，就是要分析其原因，探讨解决的途径和方法，从而揭示社会进步的客观规律，掌握事物发展的基本趋势。马克思指出："一个社会即使探索到了本身运动的自然规律，……它还是既不能跳过也不能用法令取消自然的发展阶段。但是它能缩短和减轻分娩的痛苦。"② 我们理论研究的价值所在，就是通过研究社会问题，从而揭示事物发展的基本规律，把握事物发展的客观趋势。在发现规律和尊重规律的前提下，充分发挥人的主观能动性，缩短和减轻社会发展和人类进步的痛苦，以更好地推进社会发展和人的全面进步。

在现实生活中，上述三个特征常常有着内在的联系，在有的情况是统一的：人民群众普遍关注的热点，往往就是社会发展的主要矛盾及其表现，主要矛盾的发展和解决常常体现事物发展的基本趋势。列宁曾经指出："马克思主义者可能犯的最大的最致命的错误就是把空谈当作事实，把虚假的表面现象当作实质或某种重要的东西。"③ 要克服这一致命的错误，关键就是要善于发现问题，从实际问题出发。

三

当前，在一些学术研究成果中，讲大道理的多，做小题目的少；讲为

---

① 《毛泽东选集》第 1 卷，人民出版社 1991 年版，第 322 页。
② 《马克思恩格斯选集》第 2 卷，人民出版社 1995 年版，第 101 页。
③ 《列宁全集》第 32 卷，人民出版社 1985 年版，第 45 页。

什么的多，谈如何做的少；讲基本理论的多，研究工作机制的少。这是理论界普遍存在的一种现象。要实现真正的理论创新，就应该在讲清大道理的同时，把研究重点放到小题目上来；在讲透为什么的同时，把研究重点放到如何做上来；在讲好基本理论的同时，把研究重点放到探讨工作机制上来。要实现这种研究战略的大转变，需要具备以小见大、小题大做的真功夫。

第一，要培养以小见大的研究习惯。在一个人的学术生涯中，做小题目是不可逾越的阶段。小题目虽然因为小而容易被人轻视或忽略，但它却能磨炼理论素质，提高研究能力。所以，即使是做小题目也要树立"小中有大"的意识，把小题目放在大局中，深入思索，精心研究。要强化"小中见大"的观念，在做小题目的过程中，不断增强理论素养。要发扬"小中求大"的精神，通过做好小题目，不断提高理论研究能力，为做大题目奠定基础。做好了每一个有意义的小题目，日积月累，综合素质和研究能力就会实现质的升华，由做小题目到写大文章的飞跃也就具备了现实可能性。

第二，要掌握以小见大的科学研究方法。工欲善其事，必先利其器。毛泽东指出："我们应该学习的是布尔什维克的聪明。我们的眼力不够，应该借助于望远镜和显微镜。马克思主义的方法就是政治上军事上的望远镜和显微镜。"① 同样，马克思主义也是研究社会问题的显微镜。在《资本论》中，马克思正是从商品这一社会"细胞"出发，运用高超的唯物辩证方法，科学考察资本主义社会产生、发展、衰亡的历程，使我们充分认识到社会运行的内在机制和复杂多变。马克思主义还是研究社会问题的望远镜。同样是在《资本论》中，马克思从最简单的商品交换出发，概括了资本运行的庞大系统，揭示了人类社会发展的客观规律。这充分证明，运用马克思主义的研究方法，可以使我们把面临的社会问题放到历史发展的长河之中，明察秋毫，举一反三，实现以小见大的目标。

第三，要探讨以小见大的研究机制。在学术研究中，从理论上讲清楚一个问题不容易，在理论研究基础上探讨解决问题的现实途径和方法，从而建立一种有效的工作体制和机制，更不容易。但理论与实践相结合，恰

① 《毛泽东选集》第1卷，人民出版社1991年版，第212页。

恰又是实现理论创新、推动实际工作的关键。实现了理论与实践的结合，解决了实际问题，才能真正地进行理论研究。毛泽东曾指出："只有用马克思主义观点来研究实际问题、能解决实际问题的，才算实际的理论家。"[①] 实践是检验真理的唯一标准，也应该是检验学术研究是否成功的主要标准。因此，我们的理论研究，应该把解释一般原则与研究具体问题真正结合起来，正如刘少奇指出的，"当我们解释一般的原则之时，就应该与现实生活中的具体问题联结起来，当我们解释现实生活中的具体问题之时，就要提高到原则的高度。这样才能使一般原则与具体问题统一。"[②] 所以，我们的研究成果不能仅停留在理论论证层面，只是回答为什么，而且应该把重点放到怎么做，放到工作机制的建设上来，突出研究的实践性。

总之，在学术研究中，只有具备了广阔的理论视野，具有"小题大做"的素质能力，经过严谨细致的研究探索，才能够做出精品。所以，真正的精品并不在于口号多么响亮，语言多么新奇，结论多么惊人，而是在于有真知灼见，能给人以启迪，真正能够解决实际问题。出精品与出人才是同一历程的两个方面，如果能够长期坚持"小题大做"，那么日积月累，一个人就能够对大问题有深刻的认识，对复杂多变的社会有深入的把握，就会实现由小到大的飞跃，练成大手笔，写出大文章，成为社会公认的大家。

第五节　良好学风促实践

谈到学风问题，我们不由得会想起毛泽东关于学风问题的认识："学风问题是领导机关、全体干部、全体党员的思想方法问题，是我们对待马克思列宁主义的态度问题，是全党同志的工作态度问题。既然是这样，学

---

① 《毛泽东文集》第 2 卷，人民出版社 1993 年版，第 374 页。
② 《刘少奇论党的建设》，中央文献出版社 1991 年版，第 18 页。

风问题就是一个非常重要的问题，就是第一个重要的问题。"① 重温毛泽东关于学风问题的思想，对于指导当前的理论研究，推进人们的社会实践，具有重大的现实意义。

一

毛泽东提出的学风问题，在当时主要是针对这样的"两种人"。他指出："许多人是做研究工作的，但是他们对于研究今天的中国和昨天的中国一概无兴趣，只把兴趣放在脱离实际的空洞的'理论'研究上。许多人是做实际工作的，他们也不注意客观情况的研究，往往单凭热情，把感想当政策。"②

在当代，毛泽东分析的这"两种人"仍然在一些党员中不同程度存在着：做研究工作的人多是专注于个人的学科领域，专注于抽象的学术探讨，专注于研究成果的数量与学术影响，对现实问题和实际生活敬而远之，对中国国情和国际形势一知半解。这种人经常犯的错误是教条主义。做实际工作的人多是专注于日常的事务性工作，专注于看得见的工作业绩，专注于摸得着的实际利益，常常是依靠旧经验、拍脑袋想问题做事情，对理论学习口头上重视，工作中忽视，内心里蔑视。这种人经常犯的错误是经验主义。如果说，在延安整风运动时期，"在我们党内还是教条主义更为危险"③，那么在当前党的建设中，除了教条主义以外，忽视理论学习的经验主义有明显上升的趋势。正如党的十七届四中全会指出的："一些党员、干部忽视理论学习、学用脱节，理想信念动摇，对马克思主义信仰不坚定，对中国特色社会主义缺乏信心"，这已经成为当前党的建设面临的一个重大挑战。

教条主义者不搞真正的调查研究，不深入了解客观实际，而是从抽象原则出发，简单照抄照搬基本理论，其结果只能是肢解理论、误导实践。

① 《毛泽东选集》第 3 卷，人民出版社 1991 年版，第 813 页。
② 同上书，第 799—800 页。
③ 同上书，第 819 页。

经验主义者把个人经验当成客观实际，把主观想象当成绝对真理，把局部工作当作整个大局，忽视科学理论的指导作用，在实际工作中常常是跟着感觉走、凭着经验干。教条主义和经验主义的具体表现虽然不同，但产生的根本原因却是一样的，都是理论与实际相背离，主观与客观不统一，都是主观主义的表现形式和形而上学的思维方式，都是不良学风导致的错误倾向。

　　那么，有书本知识、做研究工作的人如何避免只把兴趣放在脱离实际的空洞的"理论"研究上，如何向实际方面发展，避免犯教条主义的错误呢？做实际工作、有工作经验的人如何避免单凭热情、把感想当政策，如何向理论方面学习，使经验上升成为理论，避免犯经验主义错误呢？我们党近90年的建设历程特别是延安整风运动的成功经验证明，坚持实事求是的思想路线，发扬马克思主义的优良学风，才能根本解决教条主义和经验主义问题，才能真正使这样的"两种人"互相结合起来："有书本知识的人向实际方面发展，然后才可以不停止在书本上，才可以不犯教条主义的错误。有工作经验的人，要向理论方面学习，要认真读书，然后才可以使经验带上条理性、综合性，上升成为理论，然后才可以不把局部经验误认为即是普遍真理，才可不犯经验主义的错误。"① 在当前，虽然世情、国情、党情发生了重大变化，党的建设面临着一系列的新情况新问题，但要使这样的"两种人"互相结合起来，避免教条主义和经验主义的错误，同样必须坚持实事求是的思想路线，发扬马克思主义的优良学风，把建设的重点放到马克思主义理论的学习和实践上来。

二

　　如何纠正做研究工作的人经常犯的教条主义错误呢？方法和措施很多，但主要问题是缺乏社会实践经验，解决问题的关键是理论要与实际相结合。具体来讲，在当代中国，从事研究工作的人，基本理论学习得比较多，文化知识掌握得比较全，但缺乏的是实际工作经历和社会实践经验。

---

① 《毛泽东选集》第3卷，人民出版社1991年版，第818—819页。

解决这一矛盾，并不是为了获得丰富的实践经验，做研究工作的人都转行去做纯粹的实际工作，而是要发扬我们党善于总结经验的优良学风，依靠马克思主义认识论在理论和经验之间架起一座桥梁，在总结经验过程中实现理论与实际相结合。

纠正教条主义错误应当善于总结自己的实践经验。做研究工作的人经常以没有从事过实际工作，没有丰富的实践经验为借口，不愿意或不能够把理论与实际结合起来。实际上，理论学习和研究，也是社会实践的重要组成部分。在经济全球化的时代大背景下，文化交流和传播日益频繁，文化创造和理论研究已经成为社会发展的重要内容，成为市场经济建设的重要推动力量，在文化建设和社会建设中发挥着越来越大的作用。所以说，理论研究已经成为研究工作者获得社会经验的重要渠道之一。从另一个角度讲，做研究工作的人不可能完全脱离社会，也并不是不能在社会实践中获得丰富的社会经验。做研究工作的人从事的工作是理论研究，但不可能完全待在象牙塔中——至少会作为消费者参与到市场经济建设之中，作为公民（有知识有文化的公民）参与到政治生活之中，作为具有特定身份（父母子女、领导职工等）的社会成员参与到社会生活之中。因此，理论工作者既应该重视总结自己学习研究的经验，也应该及时总结参与各种社会实践的经验，用生动具体的社会经验还原抽象理论的丰富内涵，验证马克思主义的科学性。

纠正教条主义错误应当善于总结他人的实践经验。一个人不可能事事都去实践，也不可能直接获得所有的经验。要从事理论研究，既需要分析个人的直接经验，又需要总结他人的间接经验。毛泽东关于学习和借鉴国内外军事理论的态度，为我们正确总结他人经验提供了范例。他指出：前人或今人总结战争经验得出的军事理论应该着重学习，"然而还有一件事，即是从自己经验中考证这些结论，吸收那些用得着的东西，拒绝那些用不着的东西，增加那些自己所特有的东西。这后一件事是十分重要的，不这样做，我们就不能指导战争。"① 今天，我们学习借鉴前人或今人的经验，

---

① 《毛泽东选集》第1卷，人民出版社1991年版，第181页。

同样需要在社会实践中考证这些结论，吸收用得着的东西，拒绝用不着的东西，特别是要增加自己的东西即自己的实践经验，只有这样，才能有效避免教条主义、科学指导社会实践。

善于总结经验，其目的是要把握事物发展的基本规律，这正是实事求是的态度，是马克思主义的优良学风和党风。毛泽东指出："'实事'就是客观存在着的一切事物，'是'就是客观事物的内部联系，即规律性，'求'就是我们去研究。我们要从国内外、省内外、县内外、区内外的实际情况出发，从其中引出其固有的而不是臆造的规律性，即找出周围事变的内部联系，作为我们行动的向导。……这种态度，就是党性的表现，就是理论和实际统一的马克思列宁主义的作风。这是一个共产党员起码应该具备的态度。"① 对于从事研究工作的人来讲，就是要用马克思主义这根"矢"，去射中国革命和建设这个"的"，立足中国实际国情，总结中国革命和建设的丰富经验，研究中国现实问题，探讨解决问题的有效途径和方法，从而使理论研究有的放矢，使研究成果富有创新性、体现时代性、把握规律性。这也是纠正当前理论界存在的空话连篇、空洞无物、无的放矢、装腔作势等等不良现象的重要法宝。同时，正是在总结经验、揭示规律、指导实践的过程中，才能深刻感受马克思主义改造世界的强大力量。

三

如何纠正做实际工作的人经常犯的经验主义错误呢？方法和措施也很多，但主要问题是理论学习不深入，解决问题的关键是自觉加强马克思主义理论学习和应用。具体来讲，在当代中国，在党员特别是领导干部中，从事实际工作、具有丰富工作经验的人并不是没有文化知识，也不是没有学习过马克思主义基本理论，而是没有把实际工作与所学的理论知识紧密结合起来，没有自觉地用科学理论指导实际工作。解决这一矛盾，同样不

---

① 《毛泽东选集》第 3 卷，人民出版社 1991 年版，第 801 页。

是要他们放下实际工作，专门从事理论学习和研究，而是应该发扬我们党重视理论学习的优良学风，干中学、学中干，把实际工作与理论学习真正结合起来，学以致用、学用相长。

应当把思想实际与理论学习紧密联系起来，用马克思主义理论武装头脑。总结一些违犯党纪国法干部的腐化堕落的历程我们就会发现，这些人常常是在权力、金钱等诱惑面前由于一念之差（当然这也不是偶然的，而是社会环境影响、个人思想退化等因素共同作用的结果）而丧失了立场、丢掉了原则，这个"念"就是理想信念，就是人生观价值观；常常是这个"念"转变为了"贪"之后，基本的人生原则、远大的理想信念被抛之脑后，金钱利益、权力虚荣等人生观价值观主导了思想言行；长此以往，一念之差就转变为习以为常、心安理得，最终导致身败名裂、银铛入狱。这也正是党中央多次指出的"形式主义、官僚主义严重"、"腐败案件影响恶劣，一些领域腐败现象易发多发"等严峻问题产生的重要原因之一。由此可见，理想信念是思想和行动的"总开关"、"总闸门"，理想的滑坡是最致命的滑坡，信念的动摇是最危险的动摇。所以，加强理想信念教育是当前党的建设的重中之重。用科学理论武装头脑，就是要把马克思主义转化为为党和人民的事业不懈奋斗的坚定理想信念。有了崇高的理想信念，就有了立身之本，就能站得更高，眼界更宽，心胸更开阔，就能有效抵制各种诱惑，更加自觉地为党和人民的事业而奋斗。坚守这一崇高的理想信念，就是要自觉地把个人追求融入全体人民的共同理想之中，把个人奋斗融入中国特色社会主义建设伟大事业之中。

应当把工作实际与理论学习紧密联系起来，把马克思主义转化为全面的工作能力。"哲学家们只是用不同的方式解释世界，问题在于改变世界。"[①] 学习马克思主义理论，就是要掌握这一强大理论武器，指导我们改造客观世界和主观世界。建设中国特色社会主义伟大事业，任重道远，既需要我们党和国家制定正确的路线方针政策，又需要每一位党员特别是领导干部不断提高综合素质和工作能力，用自己的实际行动贯彻这些路线方

---

① 《马克思恩格斯选集》第 1 卷，人民出版社 1995 年版，第 57 页。

针政策，在贯彻落实中展示马克思主义的强大力量。把马克思主义转化为全面的工作能力，就是要坚持一切从实际出发，不断提高调查研究的能力，全面掌握事物发生发展的基本动态；坚持唯物辩证法，深入剖析事物的内在矛盾，不断提高分析矛盾的能力，探求决定事物发展趋势的主要矛盾和矛盾主要方面；坚持走群众路线，不断提高集思广益的能力，寻求解决问题的最好途径；坚持实事求是，不断提高决策的能力，权衡利弊制订最佳的工作方案；坚持科学的认识论，不断提高总结经验教训的能力，努力把感性经验提升为理性认识，转化为理论成果。

应当把解决实际问题与理论学习紧密联系起来，把马克思主义转化为研究和解决问题的科学方法。"马克思的整个世界观不是教义，而是方法。它提供的不是现成的教条，而是进一步研究的出发点和供这种研究使用的方法。"① 马克思主义既是社会主义革命和建设的科学指南，也是实际工作的科学工作方法。当前，在建设中国特色社会主义过程中，不但整个社会上出现了很多新情况，而且每个社会成员都会面临不少新问题，每个党员和干部都会面临很多新挑战。认识问题、研究问题、解决问题，可以有多种多样的立场和方法，得出的结论也是五花八门，最终的结果常常是大相径庭。大量的事实证明，只有从马克思主义基本立场出发，运用矛盾分析方法、阶级分析方法、由抽象到具体的方法等科学研究方法，观察新情况，思考新问题，才能从眼花缭乱的社会现象中抓住事物的本质，才能在纷繁复杂的社会生活中找准问题的关键，解决问题的思路才会更具有创新性，制定政策才能更加符合实际情况，做出决定才能真正代表人民群众的根本利益。毛泽东教导我们："现在很多干部没有读书的习惯，把剩余的精力放到打扑克、看戏、跳舞上面去。大家不应该把时间浪费掉。"② 在风云变幻的国际形势下，在日新月异的现代化建设实践中，面对当前出现的新情况新问题，我们应该在做好实际工作的同时，把剩余的精力集中到读书学习上面来，在理论学习中提升实际工作的境界、拓展实际工作的领

---

① 《马克思恩格斯选集》第 4 卷，人民出版社 1995 年版，第 742—743 页。
② 《毛泽东文集》第 7 卷，人民出版社 1999 年版，第 265 页。

域，总结实际工作的经验教训，探求实际工作的基本规律，进而丰富和发展基本理论。

四

发扬优良学风，加强理论学习与社会实践，从事研究工作的人努力成长为真正的理论家，从事实际工作的人努力成长为懂理论的实干家，是时代的要求、人民的希望。

那么，我们需要的真正的理论家是什么样的人呢？毛泽东提出："能够真正领会马克思列宁主义的实质，真正领会马克思列宁主义的立场、观点和方法，真正领会列宁斯大林关于殖民地革命和中国革命的学说，并且应用了它去深刻地、科学地分析中国的实际问题，找出它的发展规律，这样才是我们真正需要的理论家。"① 同样，在社会主义建设实践中，我们真正需要的理论家，并不在于他发表了多少篇理论文章、出版了多少部学术著作，也不在于他的名气有多大、获得了什么样的荣誉和奖励，而在于他是否研究实际问题，能否把握事物的本质、揭示事物发展的客观规律，能否提出解决问题的切实可行的方案措施，其研究成果是否反映了人民群众的现实需要和根本利益。在当代中国，人民群众和现代化建设需要的真正的理论家应该是政治方向正确、理论功底扎实、研究视野开阔、勇于开拓创新、善于联系实际的理论研究工作者。

如何成长为真正的理论家呢？真正的理论家应该关注重大现实和理论问题。在现实生活中，经济形势的变化直接影响着人民的日常生活，政策措施的实施直接调整着人民的实际利益，社会格局的变动直接反映着人民的现实境遇。所以，人民群众普遍关注的热点难点问题，多是社会建设中的重点问题，多是关系人民群众切身利益的大事，也应该是开展理论研究的最佳切入点。这样才能使研究具有强烈的现实针对性，以避免理论研究无的放矢、文章著作言之无物等现象的产生。

---

① 《毛泽东选集》第3卷，人民出版社1991年版，第814页。

　　真正的理论家应该立足中国实际。毛泽东指出："我们研究中国就要拿中国做中心，要坐在中国的身上研究世界的东西。……不研究中国的特点，而去搬外国的东西，就不能解决中国的问题。"① 可见，研究当代中国的各种社会问题，虽然需要吸收和借鉴外国的优秀成果，但不能站在西方的思想立场，完全运用西方的话语体系，一味遵循西方的研究方法，照抄照搬西方的理论（这也是一种教条主义），而是应该以中国为中心，从中国的实际国情出发，运用马克思主义的研究方法，构建中国特色的话语体系，探讨解决问题切实有效的思路和方法。

　　真正的理论家还应该具有开阔的研究视野。学术研究是分专业的，但是，大多数社会问题的产生却是不分专业的，其解决也常常不是某类专业知识所能独立完成的。因此，在研究社会问题时，既要发挥本专业的研究特长，从专业角度提供自己的看法，又要有意识地学习借鉴相关学科的优势，形成一种开阔的研究视野。这样，就可以突破专业的条条框框，避免教条主义的研究，开展跨学科探索，从客观实际出发，全面把握事业的大局，理论和实践上才会有创新，才可能找到解决问题的真正途径。

五

　　那么，我们需要的懂理论的实干家是什么样的人呢？毛泽东指出，这样的实干家不能是庸俗的事务主义家——"他们尊重经验而看轻理论，因而不能通观客观过程的全体，缺乏明确的方针，没有远大的前途，沾沾自喜于一得之功和一孔之见。这种人如果指导革命，就会引导革命走上碰壁的地步。"② 这难道不是当前一些党员干部的生动写照吗？不做庸俗的事务主义者，关键是要提倡读书，养成读书的好习惯。"我们提倡读书，使这些同志不要像热锅上的蚂蚁，整年整月陷入事务主义，搞得很忙乱，要使他们有时间想想问题。"③ 通过读书学理论，可以开阔工作视野，提升思想

---

① 《毛泽东文集》第2卷，人民出版社1993年版，第407页。
② 《毛泽东选集》第1卷，人民出版社1991年版，第291页。
③ 《毛泽东文集》第8卷，人民出版社1999年版，第75—76页。

境界，掌握科学方法，坚定理想信念。当然，要读的书很多，要学的知识也很广，对于党员和干部来讲，最根本的是要读马克思主义的书，学马克思主义的理论。总之，懂理论的实干家应该是用马克思主义理论武装起来的人，既善于总结经验又善于自觉运用理论，能够把实际工作与远大目标统一起来；既精通实际事务又具有世界眼光，能够从事业大局高度谋好一域工作；既可以处理复杂的实际问题又可以把握工作的基本规律，能够把坚持和发展马克思主义结合起来，在社会实践中实现理论创新。

如何成长为懂理论的实干家呢？方法和途径很多，除了积极参加社会实践外，关键的一条是要学习，学习马克思主义。如何学好马克思主义呢？从学习的内容上来讲，既要学习马克思主义的基本理论，更要学习其立场和方法，"不应当只是学习马克思列宁主义的词句，而应当把它当成革命的科学来学习。不但应当了解马克思、恩格斯、列宁、斯大林他们研究广泛的真实生活和革命经验所得出的关于一般规律的结论，而且应当学习他们观察问题和解决问题的立场和方法。"[①] 从学习的途径上来讲，既要学习书本，更要学习社会实践，"学习马克思主义，不但要从书本上学，主要地还要通过阶级斗争、工作实践和接近工农群众，才能真正学到。"[②] 从学习的方法上来讲，既要从不自满开始，又要抓住一切学习的机会，"学习的敌人是自己的满足，要认真学习一点东西，必须从不自满开始。"[③] 工作忙、看不懂怎么办？"工作忙就要'挤'，看不懂就要'钻'，用这两个法子来对付它，学习是一定可以获胜的。"[④] 怎样才算学好了马克思主义呢？检验的标准只有一条，那就是实践。"对于马克思主义的理论，要能够精通它、应用它，精通的目的全在于应用。如果你能应用马克思列宁主义的观点，说明一个两个实际问题，那就要受到称赞，就算有了几分成绩。被你说明的东西越多，越普遍，越深刻，你的成绩就越大。"[⑤]

---

① 《毛泽东选集》第2卷，人民出版社1991年版，第533页。
② 《毛泽东文集》第7卷，人民出版社1999年版，第273页。
③ 《毛泽东选集》第2卷，人民出版社1991年版，第535页。
④ 《毛泽东文集》第2卷，人民出版社1993年版，第182页。
⑤ 《毛泽东选集》第3卷，人民出版社1991年版，第815页。

　　怎样才算学好了马克思主义理论呢？实践是检验真理的唯一标准，也应该是检验理论学得好不好，是不是真学、真懂、真信、真用的试金石。当前，真正学好马克思主义，不是指把基本理论挂在嘴上、写在纸上、讲在会上，而是要把握马克思主义的精神实质并内化在心里，并把它转化为科学方法以克服教条主义和经验主义，转化为理论武器以指导社会实践，转化为实际工作中的行为准则，转化为指导人生走向的崇高理想信念。

　　坚持实事求是的思想路线，发扬理论联系实际的优良学风，学好了马克思主义，那么，在革命战争年代，我们就能战胜任何强大的敌人，"学风和文风也都是党风。只要我们党的作风完全正派了，全国人民就会跟我们学。党外有这种不良风气的人，只要他们是善良的，就会跟我们学，改正他们的错误，这样就会影响全民族。只要我们共产党的队伍是整齐的，步调是一致的，兵是精兵，武器是好武器，那末，任何强大的敌人都是能被我们打倒的。"[1] 在和平建设时期，我们就能够提高全党的思想政治水平，增强党的执政能力，使我们党在世界形势深刻变化的历史进程中始终走在时代前列，在应对国内外各种风险和考验的历史进程中始终成为全国人民的主心骨，在发展中国特色社会主义的历史进程中始终成为坚强的领导核心。

---

[1] 《毛泽东选集》第 3 卷，人民出版社 1991 年版，第 812 页。

第九章
理想指引征程

在理想与现实之间徘徊，是生活的一种常态。崇高的理想，表达着我们对生活的追求；现实的磨砺，记载着生活对我们的考验。理想与现实的交织争斗，贯穿于人生的始终：豆蔻年华时节，对美好理想充满了向往；风华正茂岁月，壮志凌云充满心胸；而立之年，为生活奋斗挣扎，人生境遇变化无常；两鬓斑白时，面对现实回顾理想，满目沧桑；理想与现实，永远伴随在我们的左右。生活实践表明，马克思主义是沟通理想与现实的科学理论支点。

第一节　时代召唤理想

在理想与现实之间徘徊，既是人们生活经历的一种生动描述，也是我们这个特殊时代进程的形象表征。正是在现实生活的抗争过程中，我们深刻体验了追求崇高理想的悲壮，体验了超脱现实生活的艰辛，感受了马克思主义的伟大力量。在新的形势下，如何在发生深刻变革的时代大背景中，响应崇高理想的召唤，重树理想主义，是我们面临的严峻考验。

一

理想有两层含义：一是敢想，甚至可以有些野心，就是要发挥人的主观能动性，去谋划未来发展的远大目标。这实际上是对一个人信心的挑战和能力的激励。马克思在中学毕业时的论文中就表达了要为全人类而奋斗的理想。正是在这种远大理想的激励下，马克思与恩格斯穷一生之力，探索人类解放的真理，创立了指导无产阶级革命和建设的科学理论。二是理性，理性的设想区别于空想、幻想、胡思乱想，是以现有的客观环境为前提条件，建立在对客观环境和主观条件的理性认识之上做出的规划，是具有现实可能性的、真实的理想。列宁指出："理想只能是现实的某种反映。"① 这里有一个自由与必然的关系问题。客观环境就是时代，不以人的意志为转移，我们应该珍惜这个时代给我们提供的条件，这是我们远大理想的前提和基础。但是，在这个客观条件基础上，你可以充分发挥自己的聪明才智，去实现理想，引领现实。从这个意义讲，"真实的理想并非应该是现实，而乃是现实的，并且是唯一现实的东西。"② 由此可见，理想与

---

① 《列宁全集》第 1 卷，人民出版社 1994 年版，第 393 页。
② 黑格尔：《哲学史讲演录》第 2 卷，贺麟、王太庆译，商务印书馆 1959 年版，第 247 页。

现实，既具有对立的一面，又具有统一的基础。

理想来自现实。理想是人们对美好未来的向往，但任何真实的理想都不能脱离社会现实的基础，都是客观世界在人脑中主观反映的一种形式，都应该符合社会现实发展的客观规律，"恩格斯把自己的全部生命献给一个非常崇高的目的：解放无产阶级。他也曾有过'理想'，但是他的理想从来没有脱离过现实。他的理想，也就是现实。但这是明天的现实，是将要发生的现实。它将要发生并不是因为恩格斯是一个有理想的人，而是因为目前的现实的属性就是如此，因为那可以叫做恩格斯的理想的明天的现实，是应该从目前的现实中，应该按照目前的现实本身的内部规律发展而来的。"① 由此可见，理想的目标虽然可以是主观设想的，但其本质内容、借助手段、实现程度等，又都是由经济发展水平、社会进步程度、政治管理模式、文化传统等多种社会现实因素决定的。同时，理想还应该符合最广大人民群众的根本利益，这既是理想实现的重要条件，也是理想能够得到人民支持的重要前提。

二

现实召唤理想。理想来自现实，同时现实也在召唤理想。人类社会是极其复杂的，光明与黑暗、真实与虚假、进步与落后、善良与罪恶、美好与丑陋，等等，都在现实生活中存在。向往光明、追求真理、渴望真善美，是人类的天性，是社会发展的趋势，也是现实对美好理想的召唤。所以，现实之中有理想的基因，真正的理想必然是具有一定社会现实基础的理想；理想之中有现实的内在要求，真正的理想是对现实社会中真善美的张扬、对假恶丑的斗争。理想之所以能够吸引人们克服重重困难去追求，就是因为它是对现实社会的超越，对美好生活的向往，对光明前景的渴望。毛泽东指出："社会主义制度的建立给我们开辟了一条到达理想境界的道路，而理想境界的实现还要靠我们的辛勤劳动。有些青年以为到了社会主义社会就应当

---

① 恩格斯：《路德维希·费尔巴哈和德国古典哲学的终结》，人民出版社 1973 年版，第 105 页。

什么都好了，就可以不费气力享受现成的幸福生活了，这是一种不实际的想法。"① 因此，美好的理想不但需要大胆的假设和丰富的想象，更需要脚踏实地的工作作风，"美好的前景如果没有切实的措施和工作去实现它，就有成为空话的危险。为了在不长的时间内实现四个现代化，我们需要大力提倡能把崇高理想逐步变为现实的脚踏实地的革命作风。"②

理想引领现实。理想虽然是主观的，但因为它以社会现实为基础，以美好的追求为目标，所以能够引领现实。具体来讲，美好理想能够指明一个人前进的方向，正如爱因斯坦指出的那样，"每个人都有一定的理想，这种理想决定着他的努力和判断的方向。就在这个人意义上，我从来不把安逸和享乐看作是生活目的本身——这种理论基础，我叫它猪栏的理想……人们所努力追求的庸俗的目标——财产、虚荣、奢侈的生活——我总觉得都是可鄙的。"③ 把爱因斯坦的这一经典论述与马克思关于人生理想的观点对照起来，我们可以生动地感受到理想对一个人人生的重大影响。

美好理想能够激发一个人的无限动力，"一个人追求的目标越高，他的能力就发展得越快，对社会就越有益；我确信这也是一个真理。"④ 无数的人生事例也充分表明，一个具有崇高人生理想的人，虽然不一定能够成就一番大事业，做出惊天动地的大贡献，但一定会在理想的激励下不断努力和进步，为社会作出自己的最大贡献；相反，如果一个人没有崇高的人生理想，最终会在困难和挫折面前败下阵来；如果一个人丧失了崇高的理想，即使已经拥有了较高的社会地位和政治权力，也会在各种诱惑和考验中失败。由此可见，美好的理想追求，能够激发一个人的无限动力，能够推进社会不断前进。

三

在现实生活世界中，有的人，在与命运抗争之后完全沉沦于现实生活

---

① 《毛泽东文集》第 7 卷，人民出版社 1999 年版，第 226 页。
② 《邓小平文选》第 1 卷，人民出版社 1994 年版，第 110 页。
③ 《爱因斯坦文集》第 3 卷，许良英等编译，商务印书馆 1979 年版，第 43 页。
④ ［俄］高尔基：《论文学》，人民文学出版社 1978 年版，第 340 页。

之中，过着平凡的生活，追求着世俗的价值；有的人，在与命运抗争中，企图完全脱离人间烟火，独善其身，与现实生活格格不入；有的人，既不能脱离世俗生活的诱惑，又不愿放弃对崇高理想的追求，始终在理想与现实之间痛苦地徘徊；有的人，获得了科学理论的支持，在理想与现实之间游刃有余地生活和工作，在现实生活中开拓崇高理想，在追求理想中提升现实生活。要实现这种游刃有余的境界，必须寻求正确的理论支点。实践表明，马克思主义正是沟通理想与现实的强大理论武器。理想虽然美好，但要成为现实，既不能乞求上帝，也不能依靠机遇，而是要在马克思主义的科学指导之下，通过脚踏实地的社会实践，依靠扎扎实实的日常工作。

列宁指出："实践高于（理论的）认识，因为它不仅具有普遍性的品格，而且还具有直接现实性的品格。"[①] 正是实践具有这样的特殊品质，决定了社会实践成为架构理想和现实、理论与实际之间联系的真实桥梁。毛泽东指出："马克思主义的哲学辩证唯物论有两个最显著的特点：一个是它的阶级性，公然申明辩证唯物论是为无产阶级服务的；再一个是它的实践性，强调理论对于实践的依赖关系，理论的基础是实践，又转过来为实践服务。判定认识或理论之是否真理，不是依主观上觉得如何而定，而是依客观上社会实践的结果如何而定。真理的标准只能是社会的实践。实践的观点是辩证唯物的认识论之第一的和基本的观点。"[②]

共产主义是我们的崇高追求，但是，"共产主义对我们来说不是应当确立的状况，不是现实应当与之相适应的理想。我们所称为共产主义的是那种消灭现存状况的现实的运动。"[③] 在当代，中国特色社会主义是实现共产主义的必经阶段，是马克思主义与中国实际相结合的产物，是马克思主义中国化的必然结果，是中华民族走向繁荣富强的必由之路，是当代中国人民共同的崇高理想。崇高的理想信仰，不是一时冲动的口号，不是停留在书面上的思想，而是敢于面对现实生活中的各种考验，敢于应对工作实践中的各种挑战，始终不渝地坚守，永志不忘地追求。当然，在中国特色

---

① 《列宁全集》第 55 卷，人民出版社 1990 年版，第 183 页。
② 《毛泽东选集》第 2 卷，人民出版社 1991 年版，第 707—708 页。
③ 《马克思恩格斯选集》第 1 卷，人民出版社 1995 年版，第 87 页。

社会主义这一共同理想的前提下，每个人都会在学习和实践过程中形成适合自己的具体理想。也正是千百万人的具体理想，汇集成为一个伟大的共同的理想。所以，崇高的理想信念，应该分解为许许多多具体的理想，沉降到现实生产生活之中，转化为人民群众的实际行动，凝聚巨大力量，才能得以不断推进和最终实现。

第二节　理想指引生活

在和平时期的当代中国，生活是平静的，恰如一条小溪，无声无息地流逝，每天面对的是吃穿住行、家长里短，既没有战争年代的动荡无常，也没有建国初期的清贫艰难，有的是对新生活的期盼。工作是平淡的，恰如一泓清泉，无滋无味地流泻，每天面对的是琐碎的小事、复杂的关系，既不需要舍生忘死地冲锋陷阵，也不需要披星戴月地辛苦劳作，需要的是脚踏实地和按部就班。人生是平凡的，恰如一条小路，无休无止地向前，每天面对的是人事的纷扰、利益的纠缠，既少有大起大落的机遇，也罕见惊天动地的挑战，有的是扑朔迷离的人事变幻。但是，人生注定要有所向往，生活越是平静，工作越是平淡，人生越是平凡，人们对美好理想就越是强烈期盼。

一

人生绝不是个体率性而为的自我游戏，而是由时代和社会制约着的奋斗发展。"心事浩荡连广宇，于无声处听惊雷"。[1] 如果把观察世界和人生的焦距拉长再拉长，把个人的生活、工作和人生投放到大历史背景下，即

---

[1] 《鲁迅全集》第7卷，人民文学出版社1981年版，第448页。

投放到改革开放以来的 30 年间，投放到新中国建设的 60 年间，甚至投放到"五四"运动以来的 90 年间。我们就会发现，平静和美的生活，平淡安宁的工作，平凡稳健的人生，绝不是凭空而来，而是得益于艰苦卓绝的革命斗争，得益于新中国建设打下的坚实基础，得益于改革开放取得的全面发展。我们就会发现，只有把现实生活与时代发展紧密联系起来，把日常工作与社会进步紧密联系起来，把个人成长与国家建设紧密联系起来，才能更加深刻地认识这个伟大的时代，更加深刻地理解这个生机勃勃的国家，更加深刻地体验这个充满活力的民族，也才能深入把握生活的真谛、工作的意义和人生的内涵。我们就会发现，"五四"运动以来的 90 年，是中国人民上下求索、最终选择马克思主义指导革命和建设的 90 年；新中国建设的 60 年，是中国人民艰苦奋斗、把马克思主义与中国国情结合起来的 60 年；改革开放的 30 年，是中国人民阔步前进、不断推进马克思主义创新发展的 30 年。

马克思主义在中国的传播发展历程充分证明，它是指引人类社会发展的科学大道，是中国革命取得伟大成功的强大理论武器，是中国特色社会主义建设取得巨大胜利的科学理论指南。当代中国这种和谐有序的社会状态，体现的正是这一科学大道的精神内涵。但是，马克思主义绝不应该仅仅局限于"宏大叙事"，绝不应该停留在指导社会革命和国家建设的宏观层面，应该内化到我们日常生活中间，转化到实际工作中间，沉降到人生追求中间。我们应该拓宽理论视野，不但要用马克思主义的"矢"去射中国革命和建设这个"的"，而且要用这个"矢"去射日常生活和实际工作这个"的"，以求得对日常生活、工作和人生的深刻体验。社会实践生动地表明，把日常生活与科学大道紧密结合起来，推进马克思主义大众化，是坚持和发展马克思主义的内在要求和有益拓展。也只有在这一科学大道的指引下，我们才会在平静的生活中提升素质品位，在平淡的工作中激发不竭动力，引领平凡人生沿着正确的方向不断向前。

二

日常生活虽然平静，但平静之中有波澜。在人心浮躁的时代，票子、位子、房子、车子、面子，等等，似乎成为一个人需要和享受的主要内容，成为衡量生活质量的根本标准，成为评价工作好坏的主要标志，成为人生追求的最终目标。为了可以无限增值的票子，为了追求金字塔式的社会地位，为了越来越豪华的房子和车子，为了一时的美色和虚荣，一些人不惜丧失人格尊严，不顾基本的道德规范，不顾党纪国法铤而走险，不顾良心的拷问，把生活目标降低到动物本能的水平线。要抵制这些需要和享受的无限诱惑，提升生活的质量和品位，必须要有科学大道加以规范。马克思指出："我们的需要和享受是由社会产生的；因此，我们在衡量需要和享受时是以社会为尺度，而不是以满足它们的物品为尺度的。因为我们的需要和享受具有社会性质，所以它们是相对的。"① 在当代世界，各种需要和享受都有其现实基础，所以人难免有俗气，但人生追求不应庸俗；人难免会平庸，但崇高理想不应看淡。在无限的物质欲望和需求诱惑面前，我们应该超越动物的本能，树立高尚的价值观念，追求人的全面发展，用科学理性的心态应对诱惑，达到精神的宁静和心态的安闲。"不管时代的潮流和社会的风尚怎样，人总可以凭着自己的高贵的品质，超脱时代和社会，走自己正确的道路。现在，大家都为了电冰箱、汽车、房子而奔波、追逐、竞争。这是我们这个时代的特征了。但是也还有不少人，他们不追求这些物质的东西，他们追求理想和真理，得到了内心的自由和安宁。"② 从这个意义上讲，只要我们正确理解了科学合理的需求，共产主义的理想——各尽所能、按需分配，也就具有实现的空间。

实际工作虽然平淡，但平淡之中有挑战。在实际工作中，大多数社会问题，常常是由历史沿革、经济条件、社会环境、思想认识等多种因素造成的。问题的解决，不但需要精深的专业知识和能力，而且需要综合素质和全面的才干，需要马克思主义理论的指导。"我们应该学习的是布尔什维克的聪明。我们的眼力不够，应该借助于望远镜和显微镜。马克思主义的方法就是政治上军事上的望远镜和显微镜。"③ 同样，马克思主义也是研

---

① 《马克思恩格斯选集》第 1 卷，人民出版社 1995 年版，第 350 页。
② ［美］爱因斯坦：《爱因斯坦的智慧》，林郁编，文汇出版社 2002 年版，第 93—94 页。
③ 《毛泽东选集》第 1 卷，人民出版社 1991 年版，第 212 页。

究社会运行的显微镜，它从商品这一社会"细胞"出发，运用高超的唯物辩证方法，科学考察资本主义社会产生、发展、衰亡的历程，可以使我们充分认识社会运行的内在机制和复杂多变性。马克思主义还是观察时代发展的望远镜，它揭示了人类社会发展的客观规律，可以使我们从历史长河中吸取各种社会经验，坚定理想信念。也正是在学习和研究过程中，我们的辩证思维能力得以训练，理论素养得以增强，综合能力得以提升，工作视野得以拓展。

漫长人生虽然平凡，但平凡之中有考验。人生是日常生活的轨迹，是实际工作的沉淀。对于大多数人来讲，人的一生中大部分时间和精力面对的都是平凡的小事。但正是在这些平凡的小事中，考验着一个人的理想追求和人生走向。在当代世界，社会思潮五彩缤纷，人生理论五花八门，既为人们选择生活方式提供了参考，也对人生走向提出了严峻考验——生命只有一次，如何度过应该慎重选择判断。"哲学把无产阶级当作自己的物质武器，同样，无产阶级也把哲学当作自己的精神武器"。① 马克思主义高度关注人类的生存与发展问题，与社会实践密切联系，体现的是日常生活的逻辑，预测的是社会发展的趋势，既是无产阶级的精神武器，也是追求崇高者的理想信念。选择了这一科学大道，把马克思主义转化为崇高的理想信念，转化为观察和解决问题的科学方法，转化为指导改造客观世界和主观世界的行为准则，那么，一个人就有了立身之本，就能站得更高，眼界更宽广，心胸更开阔，人生追求也就会更加高远。

三

人类社会的进步和发展，特别是重大的历史变革，有时会表现为惊天动地的残酷战争，有时会表现为波澜壮阔的社会变革，有时会表现为诡谲莫测的政变博弈，有时会表现为风云变幻的历史画卷。但是，运用马克思主义的科学认识方法，透过这些历史的表象，我们可以生动地感受到，在

---

① 《马克思恩格斯选集》第 1 卷，人民出版社 1995 年版，第 15 页。

这汹涌澎湃的历史长河中，深藏在其中的巨大潮流，是波澜不惊的日常生活，是默默无语的劳动人民的生产实践。放眼历史发展的历程，我们可以深切地感受到，日常生活虽然是平静的，但恰恰是平静的生活推动着人类社会的不断发展；实际工作虽然是平淡的，但恰恰是平淡的工作孕育着社会进步和变革的滚滚惊雷；漫长人生虽然是平凡的，但恰恰是千百万人平凡的人生绘就了一幅幅波澜壮阔的历史画卷。

也正是在这种澄清社会历史真相的过程中，在认识日常生活本质的过程中，在追问平凡人生真谛的过程中，我们深刻地体会到，马克思主义是科学的理论，虽然其基本理论是抽象的，但一切科学的抽象，都是对客观世界本质和规律更深刻、更正确、更完全的认识展现；理论常常是灰色的，但生活之树常青，把理论真正运用到社会实践之中，灰色的理论就会变得鲜活起来，日常生活就会不再平凡，实际工作就会不再平淡，漫长人生就会风光无限！

第三节　阔步踏上新征程

"希望是无所谓有，无所谓无的。这正如地上的路；其实地上本没有路，走的人多了，也便成了路。"[①] 鲁迅先生的这一名言，非常贴切地反映了近代以来中华儿女为了民族独立和国家富强这一崇高理想奋斗不息的曲折历程，也给我们个人的生活和人生提供了一种启示和激励。

一

近代以来，中国应该走什么道路，一直是思想理论界争论不休的一个

---

① 《鲁迅文集》（小说、散文卷），当代世界出版社 2006 年版，第 47 页。

重大问题。虽然历史发展是不能假设的，但在中国社会发展道路的选择问题上，总是不断出现这样那样的假设。如有人提出应该用儒学替代马克思主义。这种观点，常常以东南亚地区的繁荣为依据，主张中国要走儒学复兴的道路，表现为当前存在的"国学热"。这种观点，表面上看来很有道理，也得到了不少人的认同和支持，但是深入分析其实质，我们就会发现，这种主张是要中国走回头路。

充分发扬中国传统文化中的优秀成果，充分发掘儒学中积极有益的思想观点，在社会主义和谐社会建设中固然有其一定的现实意义。但是，复兴儒学并不能代替马克思主义在社会主义建设中的指导作用，国学并不能取代社会主义核心价值体系。主张复兴儒学和国学以取代马克思主义的观点，其根源在于没有全面了解近现代中国的革命历史和当代中国的实际国情。认清这种观点的本质，必须对封建主义文化传统有一个科学的认识。对于中国传统文化特别是封建主义文化，我们应该正确对待，"中国的长期封建社会中，创造了灿烂的古代文化。清理古代文化的发展过程，剔除其封建性的糟粕，吸引其民主性的精华，是发展民族新文化提高民族自信心的必要条件；但是决不能无批判地兼收并蓄。必须将古代封建阶级的一切腐朽的东西和古代优秀的人民文化即多少带有民主性和革命性的东西区别开来。"① 以此为指导，我们可以明确认识到，作为封建主义的主流意识形态，虽然具有很多优秀文化成果，能够成为社会主义文化的重要组成部分，但其从根本上已经不能作为中国特色社会主义建设的核心价值体系，不能成为指导现代化建设的主导意识形态。这样一种结论，决不是学者们在书斋里争论出来的，也不是通过纯粹的理论推理得到的，而是由客观的社会现实因素决定的。

正是在这种历史的回顾和现实的反思中，我们更为深刻地认识到，一个国家要发展和繁荣，必须坚持走适合自己国情的道路。同样，一个人只有把自己的理论学习与时代紧密联系起来，把自己的现实生活与社会的进步紧密联系起来，把自己的工作进步与国家发展紧密联系起来，才能真正

---

① 《毛泽东选集》第1卷，人民出版社1991年版，第284页。

理解这个伟大的时代，全面认识这个充满活力的民族，深刻体会这个生机勃勃的国家。也正是在这种反思中，才能重新树立科学的世界观、人生观、价值观，重新建立对马克思主义的信心，才能寻找到沟通理想与现实的途径，即只有与祖国同命运，把个人的奋斗融入改革开放伟大实践之中，才能为社会奉献青春和力量，才能真正踏上新的人生征程。

二

在中国应该走什么道路问题上，还有人不顾近代中国的惨痛教训，不顾当代一些国家经历的苦难，不顾中国的历史和现实国情，提出一些似是而非的观点。如中国应该像日本、东南亚国家那样学习西方，走资本主义道路。这种观点，实质上是要中国人民走上不归路。

向西方学习，向发达国家学习，是发展中国特色社会主义的一条重要经验。但是，学习并不是完全照搬。这种向西方学习就是要走资本主义道路的错误观点，其根源在于不了解中国人民上下求索的艰难历程，表现为对西方理论的盲目崇尚和西方国家社会发展模式的盲目吹捧。虽然它与前一种（回头路）观点在表现形式和理论主张上大相径庭，但思想根源和思维方式却是如出一辙，都是脱离中国现实国情，以一些国家的发展为证据，是一种形而上学的思维方式。正如列宁所指出的："在社会现象领域，没有哪种方法比胡乱抽出一些个别事实和玩弄实例更普遍、更站不住脚的了。挑选任何例子是毫不费劲的，但这没有任何意义，或者有纯粹消极的意义，因为问题完全在于，每一个别情况都有其具体的历史环境。……如果不是从整体上、不是从联系中去掌握事实，如果事实是零碎的和随意挑出来的，那么他们就只能是一种儿戏，或者连儿戏也不如。"① 同样，一个国家发展道路的选择，决不可能完全步他人后尘，而是由具体的历史条件、现实的国情和人民群众的选择等因素共同决定的，是不以人的意志为转移的。

---

① 《列宁全集》第28卷，人民出版社1990年版，第364页。

回顾一百六十余年的中国近代史，总结建国六十余年的发展历程，体验改革开放三十余年来的巨大成就，我们得出的根本结论是不走回头路，警惕不归路，阔步走上特色路。中国特色社会主义道路，是中国人民在民族危机中走出来的一条光明之路。这条路，是千百万中华儿女浴血革命的结果，是人民群众克服艰难险阻的选择，是中国共产党艰苦卓绝斗争的收获。

党的十七大报告指出："中国特色社会主义道路，就是在中国共产党领导下，立足基本国情，以经济建设为中心，坚持四项基本原则，坚持改革开放，解放和发展社会生产力，巩固和完善社会主义制度，建设社会主义市场经济、社会主义民主政治、社会主义先进文化、社会主义和谐社会，建设富强民主文明和谐的社会主义现代化国家。中国特色社会主义道路之所以完全正确、之所以能够引领中国发展进步，关键在于我们既坚持了科学社会主义的基本原则，又根据我国实际和时代特征赋予其鲜明的中国特色。在当代中国，坚持中国特色社会主义道路，就是真正坚持社会主义。"坚持这条路，就是坚持马克思主义伟大真理，就是始终代表中国最广大人民群众的根本利益，就是中华民族振兴富强的最大希望！

三

千里之行，始于足下。高举中国特色社会主义伟大旗帜，实现人生的崇高理想，根本是要全身心投入到火热的社会实践之中。

我们要努力成为市场经济的模范建设者。在社会主义条件下发展市场经济，既是一个伟大创举，又是一个全新课题，既需要党的正确领导，又需要每个人的积极参与。自觉践行马克思主义，就是要按照社会主义市场的内在要求，积极投身到经济建设的大潮之中，努力成为全面推动市场经济发展和完善的模范建设者。当前，建立诚实守信的经济秩序既是市场经济面临的一个紧迫任务，也是促进经济社会全面协调可持续发展的客观需要。实践证明，诚信是一个人高尚的人格力量，是一个单位宝贵的无形资产，是一个社会正常秩序的运行基础，是一个政府和国家良好的国际形象，是建设社会主义市场经济的重要任务。没有诚信就没有秩序，市场经济就不可能健康发展，经济社会就不可能全面协调可持续发展。我们要肩负起中国特色社会主义现代化建设的历史使命，就必须把诚实守信作为高尚的人生追求、永恒的行为品质、立身处世的根本准则，成为诚实守信的模范，引领整个社会形成诚实守信的良好风尚，促进社会主义市场经济的进一步发展和完善，为经济社会的全面发展奠定坚实的基础。

我们要努力成为民主政治的坚定拥护者。人民民主是社会主义的生命。发展社会主义民主政治是我们党始终不渝的奋斗目标。自觉践行马克思主义，就是要在当前的政治体制改革中坚定社会主义方向，努力成为社会主义民主政治的坚定拥护者。我们必须看到，世界多极化和经济全球化的趋势深入发展，国际环境复杂多变，我国进入改革发展的关键时期，经济体制深刻变革，社会结构深刻变动，利益格局深刻调整，思想观念深刻变化，使我国的民主政治建设面临多重挑战：是从中国实际国情出发还是从民主、平等等抽象原则出发，是坚持科学社会主义还是民主社会主义，是代表中国最广大人民的根本利益还是维护"社会精英"和"既得利益集团"的利益。这些挑战，既关系广大人民的根本利益，又关系到我国经济社会发展的根本方向。在这种复杂的国内外形势下，每一位有志之士，都应该成为社会主义民主政治的坚定拥护者，始终坚持民主政治建设的社会主义方向，树立社会主义民主法治、自由平等、公平正义理念，增强以德治国的意识，提高依法治国的能力，自觉把科学社会主义的基本原则贯彻到实际工作中去，把坚持社会主义作为从事一切工作的根本价值导向。

我们要努力成为先进文化的自觉促进者。当今时代，文化越来越成为一个国家和民族凝聚力和创造力的重要源泉、综合国力竞争的重要因素。在我国经济社会发生深刻变化的新形势下，各种思想文化相互交织、相互激荡，人们思想活动的独立性、选择性、多变性、差异性明显增强，对社会主义先进文化建设提出了一系列挑战。自觉践行马克思主义，就是要在这样一个时代大背景下，坚持科学的理论指导，努力成为社会主义先进文化的自觉促进者。每一个人都应该在实际工作中自觉运用马克思主义的基本立场、观点和方法，坚持和巩固马克思主义的指导地位。如果千百万人都能自觉践行马克思主义，那么就能全面展示马克思主义的科学精神，在各种理论学说相互交织中不断增强社会主义意识形态的吸引力和凝聚力；就能高扬马克思主义旗帜，在各种思想观念相互激荡中最大限度地形成思想共识，构筑社会主义核心价值体系；就能积极发挥马克思主义的引导作用，在人民群众思想活动复杂多变中正确引领社会思潮，有力推动社会主义先进文化建设。

我们要努力成为和谐社会的积极构建者。社会和谐是中国特色社会主义的本质属性，是国家富强、民族振兴、人民幸福的重要保证，是我们党不懈奋斗的目标。自觉践行马克思主义，就是要按照民主法治、公平正义、诚信友爱、充满活力、安定有序、人与自然和谐相处的基本要求，努力成为社会主义和谐社会的积极构建者。但是，任何社会都不可能没有矛盾，人类社会总是在矛盾运动中发展进步的。构建社会主义和谐社会是一个不断化解社会矛盾的持续过程。每个人都应该成为社会主义和谐社会的积极构建者，应该始终保持清醒头脑，居安思危，深刻认识我国发展的阶段性特征，科学分析影响社会和谐的矛盾和问题及其产生的原因，更加积极主动地正视矛盾、化解矛盾，最大限度地增加和谐因素，最大限度地减少不和谐因素，不断促进社会和谐。千百万人的实际行动会合起来，就会形成巨大的社会力量，把建设社会主义和谐社会的伟大事业不断推向前进。

如果我们是党员，还要努力成为党的建设的主动参与者。我们党要站在时代前列，带领人民不断开创事业发展新局面，必须以改革创新精神全面推进新的伟大工程，始终成为中国特色社会主义事业的坚强领导核心。自觉践行马克思主义，就是要深入学习贯彻中国特色社会主义理论体系，着力用马克思主义中国化最新成果武装全党，进一步加强党的执政能力建设和先进性建设。这就要求每一位共产党员都应该主动投身到党的建设新的伟大工程之中，加强理想信念教育和思想道德建设，使自己成为实践社会主义核心价值体系的模范，做共产主义远大理想和中国特色社会主义共同理想的坚定信仰者、科学发展观的忠实执行者、社会主义荣辱观的自觉实践者、社会和谐的积极促进者，使党始终作为立党为公、执政为民，求真务实、改革创新，艰苦奋斗、清正廉洁，富有活力、团结和谐的马克思主义执政党存在。

如果，七千万共产党员都能够自觉坚持和运用马克思主义，不断增强综合素质和工作能力，都能努力做好实际工作，那么，我们党的整体素质和执政能力就能够有一个质的飞跃，我们党就能够在世界形势深刻变化的历史进程中始终走在时代前列，在应对国内外各种风险和考验的历史进程中始终成为全国人民的主心骨，在建设中国特色社会主义的历史进程中始终成为坚强的领导核心。如果，数以万计的人民群众能够自觉遵循马克思主义，增强综合素质，提高工作能力，那么，千百万人的实际行动会合起来，就能够形成强大的力量，中国特色社会主义伟大事业就能够稳步前进，我们付出的努力也会在这项伟大的事业中升华为崇高。

参 考 文 献

《马克思恩格斯选集》第1—4卷，人民出版社1995年版。

《马克思恩格斯全集》第1卷，人民出版社1957年版。

《马克思恩格斯全集》第2卷，人民出版社1957年版。

《马克思恩格斯全集》第3卷，人民出版社1960年版。

《马克思恩格斯全集》第23卷，人民出版社1972年版。

《马克思恩格斯全集》第46卷，人民出版社1979年版。

《马克思恩格斯全集》第30卷，人民出版社1995年版。

《马克思恩格斯全集》第31卷，人民出版社1995年版。

《马克思恩格斯全集》第44卷，人民出版社2001年版。

《马克思恩格斯全集》第45卷，人民出版社2003年版。

《马克思恩格斯全集》第46卷，人民出版社2003年版。

马克思：《1844年经济学哲学手稿》，人民出版社2000年版。

北京大学哲学系哲学史组编：《马克思恩格斯列宁斯大林论德国古典哲学》，商务印书馆1972年版。

《列宁选集》第1—4卷，人民出版社1995年版。

《列宁全集》第31卷，人民出版社1985年版。

《列宁全集》第55卷，人民出版社1990年版。

《斯大林全集》第1卷，人民出版社1953年版。

《毛泽东选集》第1—4卷，人民出版社1991年版。

《毛泽东文集》第2卷，人民出版社1993年版。

《毛泽东著作专题摘编》上、下卷，中央文献出版社2003年版。

《毛泽东著作选读》上、下册，人民出版社1986年版。

《邓小平文选》第1—3卷，人民出版社1994年版。

《江泽民文选》第1—3卷，人民出版社2006年版。

《江泽民论有中国特色社会主义（专题摘编）》，中央文献出版社2002年版。

胡锦涛：《高举中国特色社会主义伟大旗帜　为夺取全面建设小康社会新胜利而奋斗》。

胡锦涛：《在省部级主要领导干部提高构建社会主义和谐社会能力专题研讨班上的讲话》。

《中共中央关于加强党的执政能力建设的决定》，人民出版社2004年版。

《中共中央关于构建社会主义和谐社会若干重大问题的决定》，人民出版社2006年版。

中共中央文献研究室：《十六大以来重要文献选编》（上），中央文献出版社2005年版。

中共中央文献研究室：《十六大以来重要文献选编》（中），中央文献出版社2006年版。

朱熹：《四书集注》，岳麓书社1985年版。

《鲁迅全集》第7卷，人民文学出版社1981年版。

艾思奇：《大众哲学》，人民出版社2009年版。

李瑞环：《学哲学，用哲学》，中国人民大学出版社2005年版。

孙伯鍨：《探索者道路的探索》，南京大学出版社2002年版。

孙伯鍨：《卢卡奇与马克思》，南京大学出版社1999年版。

孙伯鍨、侯惠勤主编：《马克思主义哲学的历史和现状》，南京大学出版社2004年版。

孙伯鍨、张一兵著：《走进马克思》，南京大学出版社2001年版。

侯惠勤主编：《正确世界观人生观的磨砺》，南京大学出版社1996年版。

国家教委高校社会科学发展研究中心编：《马克思主义论社会科学研

究的立场观点和方法》，红旗出版社 1991 年版。

孙叔平：《中国哲学史稿》上、下册，上海人民出版社 1981 年版。

冒丛虎等：《欧洲哲学史》，南开大学出版社 1985 年版。

周辅成编：《西方伦理学名著选辑》上、下卷，商务印书馆 1987 年版。

罗国杰、宋希仁：《西方伦理思想史》上卷，中国人民大学出版社 1985 年版。

罗国杰、宋希仁：《西方伦理思想史》上、下卷，中国人民大学出版社 1988 年版。

陈修斋主编：《欧洲哲学史上的经验主义和理性主义》，人民出版社 1986 年版。

王润生：《西方功利主义伦理学》，中国社会科学出版社 1986 年版。

石毓彬、杨远：《二十世纪西方伦理学》，湖北人民出版社 1986 年版。

王觉非编：《英国政治经济和社会现代化》，南京大学出版社 1989 年版。

万俊人：《现代西方伦理学史》上、下卷，北京大学出版社 1990 年版。

周敏凯：《19 世纪英国功利主义思想比较研究》，华东师范大学出版社 1991 年版。

钱乘旦、陈晓律：《在传统与变革之间——英国文化模式溯源》，浙江人民出版社 1991 年版。

庄锡昌：《二十世纪的美国文化》，浙江人民出版社 1993 年版。

俞吾金：《意识形态论》，上海人民出版社 1993 年版。

李强：《自由主义》，中国社会科学出版社 1998 年版。

吴浩：《自由与传统——二十世纪英国文化》，东方出版社 1999 年版。

丁建弘、李霞：《普鲁士的精神和文化》，浙江人民出版社 1993 年版。

黄楠森、龚书铎、陈先达主编：《有中国特色社会主义文化研究》，山东人民出版社 1999 年版。

北京大学哲学系编：《西方哲学原著选读》上、下卷，商务印书馆 1981 年版。

〔英〕洛克:《政府论》(上篇),叶启芳等译,商务印书馆 1964 年版。

〔英〕休谟:《人性论》上、下册,关文运译,商务印书馆 1980 年版。

〔英〕亚当·斯密:《道德情操论》,蒋自强等译,商务印书馆 1997 年版。

〔英〕约翰·密尔:《功用主义》,唐钺译,商务印书馆 1957 年版。

〔英〕约翰·斯图亚特·穆勒:《功利主义》,叶建新译,九州出版社 2007 年版。

〔英〕约翰·穆勒:《约翰·穆勒自传》,吴良健等译,商务印书馆 1987 年版。

〔英〕约翰·穆勒:《政治经济学原理》上、下卷,赵荣潜等译,商务印书馆 1991 年版。

〔英〕边沁:《道德与立法原理导论》,时殷红译,商务印书馆 2000 年版。

〔英〕约翰·密尔:《论自由》,程崇华译,商务印书馆 1959 年版。

〔英〕索利:《英国哲学史》,段德智译,山东人民出版社 1992 年版。

〔英〕史蒂文·卢克斯:《个人主义:分析与批判》,朱红文等译,中国广播电视出版社 1993 年版。

〔英〕霍布豪斯:《自由主义》,朱曾汶译,商务印书馆 1996 年版。

〔英〕威廉·葛德文:《政治正义论》,何慕李译,商务印书馆 1980 年版。

〔英〕亨利·西季威克:《伦理学方法》,廖申白译,中国社会科学出版社 1993 年版。

〔英〕弗里德里希·奥古斯特·哈耶克:《通往奴役之路》,王明毅等译,中国社会科学出版社 1997 年版。

〔英〕培根:《培根论人生》,张毅译,上海人民出版社 1983 年版。

〔德〕康德:《道德形而上学探本》,唐钺译,商务印书馆 1957 年版。

〔德〕黑格尔:《精神现象学》上、下册,贺麟等译,商务印书馆 1979 年版。

［德］黑格尔：《逻辑学》，范扬等译，商务印书馆 1961 年版。

［德］《费尔巴哈哲学著作选集》，荣震华等译，商务印书馆 1984 年版。

［德］马克斯·韦伯：《新教伦理与资本主义精神》，于晓等译，三联书店 1987 年版。

［德］路德维希·艾哈德：《社会市场经济之路》，丁安新译，武汉大学出版社 1998 年版。

［德］P. 科斯洛夫斯基：《资本主义伦理学》，毛怡红译，中国社会科学出版社 1996 年版。

［德］埃里希·卡勒尔：《德意志人》，黄正柏等译，商务印书馆 1999 年版。

［法］托克维尔：《论美国的民主》上、下卷，董果良译，商务印书馆 1988 年版。

［法］皮埃尔·勒鲁：《论平等》，王允道译，商务印书馆 1964 年版。

［美］亨利·斯蒂尔·康马杰：《美国精神》，南木等译，光明日报出版社 1988 年版。

［美］赫伯特·马尔库塞：《单向度的人》，张峰等译，重庆出版社 1988 年版。

［美］丹尼尔·贝尔：《资本主义文化矛盾》，赵一凡等译，三联书店 1989 年版。

［美］塞缪尔·亨廷顿：《文明的冲突与世界秩序的重建》，周琪等译，新华出版社 1999 年版。

［美］约翰·罗尔斯：《正义论》，何怀宏等译，中国社会科学出版社 1988 年版。

［美］米尔顿·弗里德曼：《资本主义与自由》，张瑞玉译，商务印书馆 1986 年版。

［美］理查德·霍夫施塔特：《美国政治传统》，崔永禄等译，商务印书馆 1994 年版。

［美］卢瑟·S·利德基：《美国特性探索》，龙治芳等译，中国社会科

学出版社 1992 年版。

　　［美］斯金纳：《超越自由与尊严》，陈维纲等译，贵州人民出版社 1987 年版。

　　［美］诺姆·乔姆斯基：《新自由主义和全球秩序》，徐海铭等译，江苏人民出版社 2000 年版。

　　［美］马斯洛：《人性能达的境界》，林方译，云南人民出版社 1987 年版。

　　［美］《爱因斯坦文集》第 3 卷，许良英等编译，商务印书馆 1979 年版。

　　［美］爱因斯坦：《爱因斯坦的智慧》，林郁编，文汇出版社 2002 年版。

　　［澳］J. J. C. 斯马特、［英］B. 威廉斯：《功利主义：赞成与反对》，牟斌译，中国社会科学出版社 1992 年版。

　　［苏联］高尔基：《论文学》，人民文学出版社 1978 年版。

后　记

　　2001年6月从南京大学哲学系毕业至今已经九年多了。在这九年中，一直在教育系统从事马克思主义理论研究，观察到了思想理论界的风云变幻，感受到了理论对现实的指导作用，也体验到了现实社会力量的强大。《行进在哲学与生活之间》，是这些年生活实践的感悟和理论研究的总结。在写作过程中，田心铭、侯惠勤、夏伟东、许玉乾、陈世珍、余新华、马建辉、高岸起、黄明理、姜迎春等专家学者提出了许多宝贵意见；人民出版社的柯尊全编审、武丛伟老师为本书的出版付出了大量心血；很多同学、同事、朋友，也给予我各种各样的帮助；我的家人特别是爱人杨志芳、爱子郝杨，也在默默地支持着我的工作学习和研究思考。

　　所有这一切，怎能仅用一个"谢"字表达？唯有尽自己最大的努力，献身于伟大祖国的振兴事业，循正道做小事，在今后的工作和学习中取得更大成绩，为社会进步贡献自己的微薄之力！

郝清杰

2010年8月　北京

责任编辑:武丛伟
整体设计:肖　辉
责任校对:吕　飞

图书在版编目(CIP)数据

行进在哲学与生活之间/郝清杰 著. -北京:人民出版社,2010.9
ISBN 978 - 7 - 01 - 009168 - 6

Ⅰ.①行…　Ⅱ.①郝…　Ⅲ.①马克思主义哲学　Ⅳ.①B0-0

中国版本图书馆 CIP 数据核字(2010)第 149218 号

行进在哲学与生活之间
XINGJIN ZAI ZHEXUE YU SHENGHUO ZHIJIAN

郝清杰　著

人民出版社 出版发行
(100706　北京朝阳门内大街 166 号)

北京瑞古冠中印刷厂印刷　新华书店经销

2010 年 9 月第 1 版　2010 年 9 月北京第 1 次印刷
开本:710 毫米×1000 毫米 1/16　印张:15.75
字数:250 千字　印数:0,001-3,000 册

ISBN 978 - 7 - 01 - 009168 - 6　定价:35.00 元

邮购地址 100706　北京朝阳门内大街 166 号
人民东方图书销售中心　电话 (010)65250042　65289539